文史哲學集成

陳維德著

墨子教育思想研究

文史哲出版社印行

文史哲學集成 ㉛

墨子教育思想研究

著者：陳維德
出版者：文史哲出版社
登記證字號：行政院新聞局局版臺業字五三三七號
發行所：文史哲出版社
印刷者：文史哲出版社
臺北市羅斯福路一段七十二巷四號
郵政劃撥儲金帳戶一六九九五號
電話：三五一一〇二八
實價新台幣四二〇元
中華民國七十年七月初版
中華民國八十三年七月初版二刷

ISBN 957-547-269-1

自序

墨子之學，救世之學也；墨子之教育思想，皆所以挽頹世、鍼末俗之方也；其在當時，足以與儒家分庭抗禮者，厥惟墨家而已。惜乎秦火焚之於前，漢武黜之於後；其書遂塵埋千古，鮮有治之者焉。然其學說之精神，固已深入人心，而成為我民族文化中之一股暗流，繼繼繩繩，亙二千餘年而不衰者也。至於今日之世，世亂方殷——社會上不乏浮靡之風、乖違之行；人心之陷溺，已非一日矣！至於共產凶徒，尤鼓其邪惡怪誕之說，逞其暴虐愚妄之行，以蠱惑世人，製造事端。則欲正人心、息邪說；迴末俗於既頹、拯生靈於塗炭者，實當闡揚墨子學說之精義，以提撕人類之自覺：化彼荒淫庸愚之思，而為淳篤之行；易彼虎狼蛇蝎之心，而恢復其人性。始足以禁奸止暴，致其祥和；而大同之治，亦庶幾其可以馴致焉！此墨子教育思想之眞價值也。

第以墨子之書，昔治之者既鮮，因而錯亂懸隔，苦難通曉者，比比皆是也，而尤以墨經諸篇為最。有清一朝，墨學大興，清儒畢沅、王念孫、王引之、汪中、張惠言、蘇時學、俞樾、孫詒讓、陳澧、章炳麟等，胥相繼董理之；後之學者，承其啟發，聞風興起者，亦衆焉。於是纂述紛陳，難計其數。其抉幽摘微、時饒勝義者，固所在多有；而未能掌握墨子一貫之精神，遂曲為之解者，亦且不少——

尤於墨經諸篇，其或未能宣究，輒任意破字奪句，以足其說；實未足以服人之心，饜人之意；而或援引名家之說，相互混淆，益滋其亂。凡此，皆有待吾人一一予以廓清之，繼而窺探其眞義，闡發其幽恉者也。

予少而喜詩文書畫，及冠，慕李師漁叔之風，因而時相請益焉！幸蒙青睞，置列門牆；每於談文論藝之餘，亦兼及墨學，且以爲勉，遂興治墨之念。壬子夏，漁師遽返道山，予悲愴之餘，益致力於墨學之研探，冀以答漁師之厚望於萬一耳。其間，屢承嚴師靈峯、王師靜芝、周師紹賢等之誘導啓發，乃得以略窺墨學之要恉，皆吾所感念而不忘者也。

丙辰秋，余始爲輔仁大學國文系諸生，講授墨學，爰就歷年在女師專學報所先後發表有關治墨之文，裒而集之，輯爲墨學要義一種，以爲講論之資。第以沿用年所，頗病其內容簡陋，思慮亦多未該；甚者見解或已自相逕庭。乃亟思另撰一體系完備之作，以爲初學者治墨之一助；復緣以平日教學之需，於近世之教育論著，稍有涉獵。且以爲教育乃立國之根本，尤爲今日復興大業所亟應致力之者也。而墨子者，其徒百八十人，皆可使赴火蹈刃，死不旋踵，則其教育之成功，除孔子而外，蓋無可與倫比者矣！然而孔子之教育思想，闡述之者已衆，於墨子則罕覯焉。因而不自揣其固陋，爰就教育之觀點，以論述墨子各項學說，蓋欲以恢宏我國固有之教育思想，以濟今日之用；竊以爲此或較徒取於西洋者，爲尤切合於我社會之狀況也。

惟墨學博大精深，豈駑鈍如維德者，所能闡述其宏恉哉？是則斯篇之作，或義有可采，則皆前賢之所啟發、諸師之所教誨，與夫交遊之所浸漬；其有未當，則以生性愚魯，而學有未逮。尚祈博雅君子，有以匡正之也。

中華民國七十年歲次辛酉六月陳維德謹識於臺北市立師專

墨子教育思想研究　目錄

第一章 導論

第一節 墨子人物考

墨子之生平事蹟，今傳者蓋尠。司馬遷作史記，亦未嘗爲其立傳；僅於孟子荀卿列傳後，附誌二十四字云：「蓋墨翟，宋之大夫，善守禦，爲節用。或曰並孔子時，或曰在其後。」由於史文闕略，其事蹟遂不可考。有清末造，墨學大興，清儒始搜求之。然言者異辭，甚者其姓氏與國籍，亦多異說。此不獨爲墨子之遺憾，且亦爲今日我輩研究墨學者，所引以爲憾者也。玆就諸家之說，證之於墨子書及有關之史料，考訂其姓氏、國籍與年代於后：

壹、姓 氏

墨子姓墨名翟，歷來咸無異說。自元伊世珍瑯環記引賈子說林，謂墨子姓翟、名烏，其母夢日中赤烏入室而生墨子，故以烏爲名。淸周亮工因樹屋書影本其說，而謂：「以墨爲道，今以姓爲名，以墨爲姓，是老子當姓老耶？」其後江瑔、顧實、陳柱、錢穆等學者，亦並主墨乃學派或刑徒之稱；尤有甚者，近人胡懷琛所著墨翟爲印度人辨一文，竟謂墨非姓，翟亦非姓，更非名。而以墨爲貊或蠻之

轉音；翟爲狄之異文。遂判墨子爲「不知姓名之外國人也。」並斷之曰：「墨翟，印度人也。」嗚呼！

墨子地下有知，定當含恨千古矣！茲因諸家之說，原文浩繁，故不具引，僅舉數要端，以證其非是：

一、我國確有墨姓：

宋鄭樵通志氏族略：「墨氏」下引唐林寶元和姓纂云：「孤竹君之後，本墨台氏，後改爲墨氏，望出梁郡。戰國時宋人墨翟，著書號墨子。」又云：「孤竹君之後有墨翟、墨合。」又「台氏」下云：「亦作怡，本墨台氏，避事改爲。」是以墨氏、台氏，並出於「墨台氏」。姓考亦云：「孤竹君，本墨胎氏，改爲墨氏。」莊季裕鷄肋篇載論語音注引春秋少陽篇謂：「伯夷姓墨，名允，叔齊名志。」是皆以孤竹君及夷、齊均姓「墨」。又按世本載：「宋襄公子墨夷須爲大司馬，其後有墨夷睪。」路史謂：「宋成公子墨台之後。」墨台、墨怡、墨夷皆一音之轉，是皆墨姓之所自出。此外，潛夫論有：「禹師墨如」之記載，路史國名記亦云：「怡，一曰默怡，今營之柳城，亦作台，卽墨台。禹師墨如，或云墨台。」此皆古有墨姓之證。（按：台，怡本字；墨、台同在段氏古音第一部，叠韻。）

至於墨子之後，案諸史籍：宋史四九六卷有墨崖、明史三一零卷有墨池。至於焦竑國朝徵獻錄四十卷、雷禮國朝列卿記十七、五十一、五十八卷、何出光蘭台法鑒錄一卷、明人小傳稿本（作者不詳）三十卷及清續通志氏族略等，均載有墨麟其人（字士禎，高陵人，洪武中以國子生擢監察御史，陞北

平按察副史，累拜兵部侍郎，兼少詹事，卒謚榮毅。）。而江瑔讀子卮言稱：「墨之爲姓，墨子一人外，更無所見。」特考之未詳耳。

二、姓氏亦可以爲學派名：

江氏謂：「諸子十家，除墨家外，儒、道、名、法、陰陽、縱橫、雜、農、小說等，各舉其學術之宗旨，以名其家，若聞其名，卽知其爲何學，無一以姓稱其學者。」乍視之，若甚有據。實則儒、墨、名、法之稱，始見於司馬談論六家要旨，並非當時卽有是稱。意者司馬談之稱六家也，除墨家外，儒原爲讀書人之通稱。論語雍也篇載：「子謂子夏曰：女爲君子儒，無爲小人儒。」孔、孟、荀諸哲，學術之宗旨既同，又皆崇尚學術，因以儒稱之；其餘各家，則其學各有所偏尚，故以陰陽、名、法、道德稱之，一望而可知其宗旨。至於墨子，崇尚兼愛、非攻：除强調「兼」之一義外，其宗旨實與儒家爲近，然既不得屬之儒家，又不宜稱之曰「兼」家或「愛」家，其名稱遂難遽定。——因就其創始者之姓，而稱之曰「墨」耳。此正如詩於古體、近體之外，又有「徐、庾體」；書於眞、草、隸、篆諸體之外，又有「顏、柳、歐、趙」諸體。又如「姚江學派」又稱「王學」，其例甚多，何足異乎？

且江氏既以「除墨家外，儒、道、名、法、陰陽、縱橫、雜、農、小說等，各舉其學術之宗旨，以名其家」，而必謂墨家亦不當例外，則謂儒家崇學術、道家論道德、名家究名理、法家倡法治、陰陽家言陰陽五行、……自無不可；然則墨家是欲人人爲刑徒乎？抑敎人舞文弄墨乎？吾不知其「墨」字之何所取義也！

三、學派名不得稱子：

江氏謂：「墨家稱墨，與儒家稱儒同。」然而墨家能有「墨子」，儒家亦有「儒子」之稱者乎？是知儒、道、法、陰陽，皆爲純粹之學派名，係代表某一學派，而不能代表某一個人，因而未見有「儒子」、「道子」、「法子」、「陰陽子」之稱謂者。至於墨家，則以姓氏爲其學派名，故旣可用以代表其學派曰：「墨家」，稱其後學曰：「墨者」，又可用以代表其個人及其書曰：「墨子」，其理至爲明曉；江氏僅知墨之稱墨與儒之稱儒同，而未悟其同中有異也。（按：錢賓四諸子繫年謂：「孟子已言楊氏爲我，墨氏兼愛。若墨子氏墨，確已有證。然孟子書又言墨者夷之，孔子之徒不稱孔者。儒墨命名，必有由來，不得以墨子氏墨爲解。」實則本文二、三兩條，正足以說明此一情況也。）

四、子字加於姓上所以著其爲師：

江氏以爲秦漢以前，絕無以子字加於姓氏之上者。然列子、莊子、呂氏春秋諸書，於列禦寇，並有「子列子」之稱；荀子書於宋鈃有「子宋子」之稱；公羊傳隱公十一年有「子沈子」；哀公四年有「子北宮子」，皆以「子」字冠於姓上。何休注公羊傳云：「稱子冠氏上者，著其爲師也。不但言子曰者，避孔子也；其不冠子者，他師也。」且墨子書於「子墨子」外，又有「子禽子」之稱，亦如論語之有子曾子，其非禽滑氂而誰也？然則墨之爲姓，又何疑乎？

五、以姓氏名書爲諸子之通例：

漢書藝文志中，以「子」名書者，凡八十五家。其中惟關尹子、黔婁子、鶡冠子三家不以姓氏名書；王狄子、臣君子、將鉅子、我子、子晚子、別成子、公勝子、猛子、昭明子九家尚難考定外，餘如晏子、曾子、莊子、愼子、韓子、尹文子、公孫龍子等七十三家，皆以姓氏名書。（按：周亮工謂：「以墨爲姓，是老子當姓老耶？」實則左傳成公十五年有老佐、昭公十四年有老祈、論語有老彭、世本及風俗通義有老童、晉文公時有老古、宋大夫有老成方、楚有老萊。傳說上古神農之師有老龍吉、列禦寇之師有老商世。並皆古有老姓之證。至於史記老莊申韓列傳謂：「老子者……姓李氏，名耳。」疑爲後人所增附。良以春秋時，但有里姓而未見有李姓，戰國後乃有之耳。然則老子之姓老，又何怪乎？）足見以姓氏名書者，正諸子之通例也。

六、墨書中墨子皆以翟自稱：

墨子書中，其弟子言及墨子時，恒稱「子墨子」；墨子耕柱、貴義、公孟、魯問諸篇所引墨子之言，皆自稱曰「翟」，而無一稱墨、稱烏或稱狄者，足證墨其姓，而翟其名也。

七、以史佚爲墨家出於僞託：

江氏謂：「墨子之學出於史佚、史角；史角無書，史佚有書兩篇，漢志列於墨家之首，且謂尹佚爲周臣，在成康時。是先有墨家之學，後有墨子。若以墨爲姓，則不合學派相傳之理。」實則諸子之家數，皆後世評述者，各就其主觀之見解，而爲之分析。故其中確有師承之迹可循，而或思想鮮明可見者，自無疑義；至其思想含混，或內容豐富，兼備諸家之思想者，其分類遂感困難。於是往往因評述者見解之不同，而其人所隸屬之派別亦異。例如宋鈃，漢志列其書於小說家，而自注則以爲「其言黃老意」；而莊子天下篇以與尹文並舉；荀子非十二子篇又以與墨翟同譏：若此者甚衆。至於諸子之家名，亦後人所定，而非各派之始祖，先立一學派之名，以爲號召者。

今觀墨子之書，未嘗言及史佚。且其人遠在周初，以時代衡之，尚不得有私人著述。至於尹佚書，漢以後不傳，近世馬國翰輯本一卷，僅錄左傳、周書所載史佚語及遺事，亦與墨家之旨不類。則漢志所著錄者，或後人所依託，未足據也。故胡適之先生亦謂：「史佚之書，今無所考，其名可見藝文志；其書之在墨家，亦猶晏子之在儒家與伊尹、太公之在道家。若以墨翟之學於史角，爲諸子之學出於王官之證，則孔子所師事者尤衆矣！」（諸子不出於王官論）然則江氏以藝文志將史佚列墨家之首，遂斷墨之非姓，亦未足據也。

八、以墨爲刑徒之稱無害於墨之爲姓：

錢賓四先生云：「蓋墨者，古刑名，……墨家之墨，卽取義於斯。因墨尙勞作，近於刑徒。」並謂：「奴隸之在古代，蓋殊習見，且爲社會重要之一部，而墨家乃以奴隸之道，唱於一世，以與儒家相抗行也。」（先秦諸子繫年卷一之廿三）然觀墨家之學說中，雖以兼愛、利人爲宗旨，且以自苦爲極，固未嘗以奴隸之道相標榜。且果眞以此爲標榜，亦絕非人情所願居也。矧其卽或果出於刑徒，實亦無害於墨之爲姓。漢班固風俗通曰：「氏於事者：巫、卜、陶、匠是也。」然則墨子之先，或果出於徒役，因以墨爲姓，誰曰不可？

由上列所舉之八證而觀之，則墨子之姓墨，殆無可疑矣！

貳、國籍

墨子所最難考定者，則其國籍是也。蓋司馬遷僅稱其爲「宋之大夫」，而未明言其國籍。因而後人有稱其爲宋人者，有稱其爲楚人、魯人及齊人者，甚者有稱其爲印度人及阿拉伯人者，誠可謂南轅北轍，令人無所適從。玆略爲考定如左：

一、墨子非印度人或阿拉伯人：

胡懷琛君以「墨」爲「蠻」、「貊」之轉音，「翟」爲「狄」之異文。然古書雖多假借，終以用本字爲多，今考墨子書及先秦兩漢之書，言子墨子、墨子、墨氏、墨者、墨翟者，無慮千數，未有作蠻、貊者；至於言及「墨翟」者，亦且千百，亦無一作狄者。至於胡懷琛、衞聚賢、金祖同、陳盛良諸先生或據墨子之膚色、相貌，或據墨子之學術思想，或據墨子之宗教信仰，而斷其爲佛教、婆羅門教、或回教之教徒，皆係遷強附會，未足信從。玆以其文字浩煩，遷涉甚廣，而方授楚先生亦已辨之審矣（見墨學源流下卷第二、三、四章）！故不贅焉。

二、墨子非楚人：

以墨子爲楚人，見於畢沅墨子注序及武億授堂文鈔墨子跋。其爲此說，乃因墨子與魯陽文君頗有過從，且又以魯爲楚之魯陽。然考呂氏春秋愛類篇云：「公輸般爲雲梯，欲以攻宋，墨子聞之，自魯往見荆王曰：臣北方之鄙人也。」渚宮舊事亦載：「魯陽文君說楚惠王曰：墨子，北方賢聖人。」是皆以墨子爲北方人。今按之墨子之質實，亦以北方人爲是。且古書亦無言墨子爲楚人者。至於以魯爲魯陽，考之貴義篇云：「墨子南遊於楚。」若自楚之魯陽往，當云「遊於郢」。且按淮南脩務訓云：「自魯趨而往，十日十夜至於郢。」此魯倘果爲魯陽，則何如是其遠也？是知楚人說之亦不能成立也。

三、齊人說之商榷：

宋成皆先生嘗撰「墨子爲齊國人考」，其後又爲續考（見大陸雜誌十一卷八期及十六卷二期），其所持之論證，約有下列五項：

一、據：「子墨子聞之，起於齊。」（見公輸篇）、「高石子三朝必盡言，而言無行者。去而之齊，見子墨子。」（見耕柱篇）等記載，而斷墨子爲齊人。然「起於齊」，淮南作「自魯趨而往」、呂氏春秋及世說新語文學篇注，俱作「自魯往」，且卽或以「起於齊」爲是，亦不過證實墨子當時在齊耳，何況貴義篇亦有「子墨子北之齊」之語，似又其非齊人之證。

二、據墨子弟子之可考者，十三人中，而齊居五人，遂以爲齊人之證。然此亦有未必然者。而況以墨子徒屬之衆，其不可考者尚多耶。

三、據北堂書鈔引：「齊王問墨子曰：古之學者爲己，今之學者爲人。」因謂「己卽自己之國家，齊王因墨子在外作官而發此怨言。」然此亦强爲之說耳！

四、據孟子萬章上曰：「語云：盛德之士，君不得而臣，父不得而子。……」謂孟子以爲非君子之言，乃齊東野人之言，而此「齊東野人」卽指墨子。然孟子之拒墨，皆直言墨翟、墨子或墨氏，而無爲其隱諱之理。且野人乃鄉野之人，亦非罵人之語。

五、宋君以「焦死」、「賓服」等詞，爲「魯東人的土語」，以證墨子書爲齊國之書，而墨子爲齊人。然按：說文：焦通樵，火所傷也。焦死猶言燒死、枯死也；爾雅釋詁：「賓，服也。」疏云：「懷德而服也。」國語楚語：「其不賓也久矣！」禮記樂記云：「暴民不作，諸侯賓服。」是此二詞並非齊之土語也。

四、宋人說之商榷：

以墨子爲宋人者，蓋以史、漢均有墨翟爲宋之大夫之語而推演者也。然觀公輸篇載墨子既止楚攻宋矣！乃「歸，過宋　天雨，庇其閭中，守閭者不內（納）也。」倘墨子果爲宋人，又有大功於宋，何守閭者之不知也？又魯問篇載：「子墨子出曹公於宋，三年而反，睹子墨子。」是知墨子之不居於宋也。

五、魯人說之商榷：

以墨子爲魯人者，其數最多：孫詒讓、梁啓超、錢賓四、胡適之、方授楚、蔣伯潛、陳柱等諸先賢，並主此說。其主要論據，乃以墨書中有「歸而過宋」之語，可證其非宋人；貴義篇云：「墨子自魯卽齊。」魯問篇云：「越王爲公尚過束車五十乘以迎子墨子于魯。」呂氏春秋愛類篇載：「公輸般爲雲梯，欲以攻宋，墨子聞之，自魯往見荆王曰……」淮南脩務訓云：「自魯趨而往，十日十夜。」貴義篇云：「子墨子南游於楚。」「子墨子南游使衞。」「子墨子北之齊。」等語，而據以爲魯人之證。又舉呂氏春秋當染篇載：「魯惠公使宰讓請郊廟之禮於天子，桓王使史角往，惠公止之，其後在於魯，墨子學焉。」亦幷爲墨子魯人之證。

然衡諸此說，亦僅能證明魯國爲墨子經常居留之地，未足以證明其必爲魯人也。且僅據「歸而過宋」之語，而證其必非宋人，理由亦不夠充分。設若某書記載：「有某一旅居美國之人士焉，因赴港辦事，返美之時，順道至台灣一遊。」若此，亦可據以斷其必不爲中國人，必不爲旅美學人或華僑，而必爲美國人乎？且墨子之止楚攻宋也，百舍重繭，固爲其兼愛、非攻之表現，然又焉知其非緣於與其祖國之感情，因而益使之若此其急切邪？

六、結論

由以上之論述，可知墨子必爲中國人，且必爲北方人。至其爲齊、爲宋、爲魯，由於文獻不足，實難以遽定。然自其以魯國爲其最常居留之地而觀之，則其爲魯人之可能性，自亦最大耳。孔子云：「君子於其所不知，蓋闕如也！」余既末學膚受，尤不敢自必，聊述其所知者，以俟方家之啓我也。

叁、年　代

關於墨子之年代，亦殊難考定。史記云：「或曰並孔子時，或曰在其後。」劉向則云：「墨子書有文子；文子，子夏之弟子，問於墨子。如此，則墨子者，在七十子後也。」（史記索隱引別錄）畢沅則以爲「六國時人，至周末猶存。」（墨子注序）諸說前後相去，竟達二百餘年，誠令人疑惑。茲就管見所及，略爲考定於后：

今按墨子生平事蹟中，最爲人所熟知者，莫如止楚攻宋。而攻宋之謀，乃肇自公輸般之造雲梯。而魯問篇載：

「公輸子自魯南遊楚，焉始爲舟戰之器，作爲鉤拒之備：退者鉤之，進者拒之。量其鉤拒之長，而制爲之兵；楚之兵節，越之兵不節，楚人因此若執，亟敗越人。公輸善其巧，以語子墨子曰：『我舟戰有鉤拒，不知子之義，亦有鉤拒乎？』」

是公輸般之游楚，最先爲楚作爲鉤拒之備以敗越。今考楚世家云：

「惠王十六年，越滅吳；四十二年，楚滅蔡；四十四年，楚滅杞。是時，越已滅吳，而不能正江淮北，楚東侵廣地至泗上。」

所謂「江淮北」者，正義謂：「徐陵縣徐泗等州也。」則是楚之侵越，循江沿淮，蓋以水戰爲主，而其所以獲勝者，實賴於公輸「鉤拒之備也」。

至於楚既得志於江、淮之北，公輸般乃乘其見寵於楚王，因復製爲雲梯以圖宋。及至墨子聞之，自魯趨而往，且與公輸般論戰，公輸般乃以「鉤拒之備」，以自炫耀。則其事當在楚惠王四十四年（西元前四四五年）後之三數年年間。其時墨子既已有弟子禽滑釐等三百餘人，則其年齡，當不少於三十歲。

又按：魯問篇載：「子墨子見齊大王曰」云云，蘇時學刊誤以爲「卽太公田和也。」俞曲園、孫詒讓、梁任公等，並主此說。且魯問篇又有：「魯君謂子墨子曰：『吾聞齊之攻我也，可救乎？』」之記載，則其受魯君之託，而往見齊太公，亦甚合理。而此魯君，孫氏閒詁以為「疑即穆公」，錢賓四先生亦以為言。至於墨子往見田和之時間，衡之魯問篇所載：「子墨子曰：『並國覆軍，賊殺百姓，孰將受其不祥？』大王俯仰而思之曰：『我受其不祥。』」之語，可知田和蓋因穆公之初立，而欲乘「三侵魯地」之餘威，而欲圖兼併之，既而因墨子之說，而打消併兼之念。按之史記六國年表，自魯穆公即位之年（周威烈王十九年，西元前四〇七年）至魯穆公十四年，齊伐魯取最，其間未有侵魯之記載，亦甚相符。此時上距孔子之卒，已七十餘年；自墨子尚能自魯即齊，以說田和之事而觀之，其年歲當亦不逾於是。是墨子之未及見孔子也，明矣！而此時上距止楚攻宋，約已三十五至三十七年。設若彼時墨子年三十餘，此時亦且七十歲矣！衡之常理，庶幾近之。

至於墨子之卒年，梁任公據魯問篇「魯陽文君曰：『先生何止我攻鄭也？我攻鄭，順於天之志；鄭人三世殺其父（君），天加誅焉，使三年不全。……』」之記載，以為「墨子既及見鄭繻公之弒，且弒後三年與文子談其事。」今按繻公之弒，在周安王六年，則弒後三年，當為周安王九年（西元前三九三年），則墨子已八十餘歲矣！

葛洪神仙傳云：「墨子年八十二，入周狄山學道。」此事雖屬虛誕，然墨子之壽，當在八十二歲以上，自屬可信。至於梁任公據呂覽上德篇記吳起之死（周安王廿一年，西元前三八一年），墨家鉅子已為孟勝，故墨子必死於吳起前。其言甚辯。惟所待補充者，則吳起死時，不特墨子已死，且並禽滑釐亦已必死。然則墨子之墓木，或已合抱矣！故錢賓四先生以爲「其卒當在安王十年左右，不出孟子生前十年。」（見先秦諸子繫年墨子生卒考）庶幾得之。

總上所述，可知墨子約生於周敬王末年至周元王初年之間（西元前四七九年—四七三年），卒於周安王九年（西元前三九三年）以後之數年間，壽可八十餘歲耳。

第二節　墨子之思想淵源及時代背景

大凡一種思想或一種學說之產生，皆有其所自來。卽或憑空杜撰者，亦必有其所以憑空杜撰之原因。故今日欲硏究墨子之學說，而思所以瞭解其敎育思想之眞象，則必探究其思想之淵源及其所處之時代背景，然後乃可以明其統緒，窺其義蘊，而免於郢書燕說之誚耳！玆分別論述於后：

壹、思想淵源

關於墨子之思想淵源，說者頗多紛歧，然歸納之，約有下列數端：

一、原於堯舜者：

韓非子顯學篇曰：「孔子、墨子，俱道堯、舜，而取舍不同，皆自謂眞堯、舜；堯、舜不復生，將誰使定儒、墨之誠乎？」司馬談論六家要旨亦謂：「墨者亦尙堯、舜道，言其德行。」而韓愈讀墨子亦謂：「儒、墨同是堯、舜，同非桀、紂。」是皆以墨子之思想，蓋原於堯、舜者也。

二、原於夏禹者：

莊子天下篇曰：「墨子稱道曰：『昔者禹之湮洪水，決江河，而通四夷九州也，名山三百，支川三千，小者無數。禹親自操橐耜，而九雜天下之川；腓無胈、脛無毛、沐甚雨、櫛疾風、置萬國。禹，大聖也，而形勞天下也，如此；使後世之墨者，多以裘褐爲衣，以跂蹻爲服，日夜不休，以自苦爲極。曰：不能如此，非禹之道也，不足謂墨。」而淮南要略訓亦謂：「墨子學儒者之業，受孔子之術，以爲其禮煩擾而不悅，厚葬靡財而貧民，久服傷生而害義，故背周道而用夏政。」此皆以墨子之學，蓋原自夏禹也。

三、原於史佚、史角者：

呂氏春秋當染篇曰：「魯惠公使宰讓請郊廟之禮於天子。桓王使史角往，惠公止之；其後在於魯、墨子學焉。」

按：漢書藝文志謂：「墨家者流，蓋出於清廟之守。」而所列墨六家，八十六篇，則首尹佚二篇。原注：「周臣，在成康時也。」是以墨子之學，出於史佚。史角疑卽尹佚之後。近人江瑔讀子卮言本之曰：「墨子之學，出於史佚、史角；史角無書，史佚有書二篇。漢志列於墨家之首，且謂周臣，在成康時也。則由史佚歷數百歲而後至墨子，未有墨子之前，已有墨家之學。」是皆以墨子之學，原於史佚、史角者也。

四、原於孔子者：

淮南要略雖謂墨子「背周道而用夏政。」然亦以其嘗「學儒者之業，受孔子之術。」而近人夏曾佑氏中國古代史曰：「墨子名翟，孔子之弟子也。」而十力語要談墨子亦謂：「墨子生競爭之世，悼人相食之禍，而謀全人類之安寧，因承孔子春秋太平、禮運大同之旨而發揮之。」「墨子蓋深受儒家思想之影響，而卒與之反。」則以墨子之思想，乃儒學之反動，是亦原於儒學者也。甚者亦有直指其爲孔子之弟子如夏曾佑氏之論者矣！

五、原於宋襄公者：

俞正燮癸巳類稿曰：「左傳公子目夷謂襄公未知戰：『若重傷，則如勿傷，愛其二毛，則如服焉。』兼愛非攻，蓋宋人之蔽。……據左傳襄公沒後，華元、向戌皆以止兵爲務。墨子出，始講守禦之法。」馮氏中國哲學史亦助成其說曰：「宋人以愚著稱。……墨子之道，其生也勤，其死也薄，其道大觳，以自苦爲極，……亦有宋人之風，……又合宋人兼愛非攻之教，遂成墨學矣！」此以墨家兼愛、非攻之思想，蓋出於宋襄公也。

六、原於自創者：

清儒汪中述學墨子後序云：「墨子質實，未嘗援人以自重。其則古昔，稱先王，言『堯、舜、禹、湯、文、武』者六；言『禹、湯、文、武』者四；言『文王』者三，而未嘗專及『禹』。墨子固非儒而不非周也。又不言其學之出於禹也。公孟謂：『君子必古言服然後仁。』墨子旣非之，而曰：『子法周而未法夏，則子之古，非古也。』此因其所好而激之，且屬之言服，甚明而易曉。然則謂墨子背周而從夏者，非也。惟夫墨離爲三，取舍相反，倍譎不同，自謂別墨，然後托於禹以尊其術，而淮南著之書耳」由此觀之，則墨子之學，既非原於堯、舜，亦非原於夏政也，明矣！故汪氏又云：「墨子者，蓋學焉而自爲其道者也。故其節葬曰：『古聖王制爲葬埋之法。』又曰：『子墨子制爲葬埋之法。』則謂墨子自制者是也。」近人方授楚墨學源流亦謂：「墨子之學，長於詩、書、春秋，學問之基礎，固與孔子相同也。而卒至於大異者，此墨子有創造之精神與獨特之學說，非儒家之官學所能包也。」

七、作者之管見：

以上六說，皆他家所述，而非墨子自道者也。今觀墨子書中，未嘗言及史佚，而尹佚一書，或爲後人所依託。此在本章第一節第八項，已加論證，故不贅焉。至謂原於宋襄公者，亦不過非攻之旨耳。實則非攻之思想，乃時勢使然，而追求和平之渴望，除窮兵黷武者外，固莫不皆然者也，豈獨宋襄公也哉？至謂原於孔子及原於堯、舜、禹、湯者，則堯、舜、禹、湯，實乃我中華文化及道統之所自出，而孔子者，則集其大成者也。故謂墨子於此傳統之思想，亦必有所取捨，自屬必然；若必謂僅原於某人，則未免失之拘牽矣！此在前項所引清儒汪中之語，亦可以爲此說之證明。

今按：墨子耕柱篇云：「古之善者則誅（述）之，今之善者則作之，欲善之益多也。」此足見墨子蓋以述、作並重者也。至其何所述？何所作乎？則可於三表法中見之：「有本之者，有原之者，有用之者。於何本之？上本之於古者聖王之事；於何原之？下原察百姓耳目之實；於何用之？發以爲刑政，觀其中國家百姓人民之利。」（非命上）此所謂「本之者」，卽所以見其思想之淵源，蓋有原之於古先聖王如堯、舜、禹、湯者也，此「古之善者則述之」也；所謂「原之者」，乃原察百姓耳目之實，或徵以先王之書也。足見其思想之淵源，亦有兼採時人之說及典册之記載而加以論斷者也，此述、作並用也；至於「用之者」，乃根據學理而爲推論者也，此所謂：「今之善者，則作之。」是卽墨子所獨創者也。此雖爲墨子用以量度是非之標準，然亦適所以說明其思想之所從出矣！

貳、時代背景

墨子生於春秋之季，長於戰國之初；其間，正爲我國歷史上，變動最遽之時代。因而其思想之中，處處透發其對此一時代所產生之強烈反應。因而欲瞭解其思想，必先瞭解其所處之時代；此較之探究其師承之關係爲尤重要者也。玆分爲數項以討論之：

一、政治方面

㈠封建解體：

西周行宗法之制，社會階級甚嚴。左傳昭公七年載芋尹無宇之言曰：「天子經略，諸侯正封，古之制也。封略之內，何非君土？食土之毛，誰非君臣？……天有十日，人有十等；下所以事上，上所以共神也。故王臣公，公臣大夫，大夫臣士，士臣皁，皁臣輿，輿臣隸，隸臣僚，僚臣僕，僕臣臺；馬有圉，牛有牧，以待百事。」在此種制度之下，平民自無由參政。而貴族對於此一階級之劃分，乃視爲天經地義之事。及至春秋末葉，此一制度，乃益見其弊端，於是上下失義，相爭日繁，而封建之制，遂以日見其解體。此於叔向語晏子之言，可知矣：

「叔向曰：『……戎馬不駕，卿無軍行，公乘無人，卒列無長；庶民罷敝，而宮室滋侈；道殣相望，而女富溢尤；民聞公命，如逃寇讎；欒、郤、胥、原、狐、續、慶、伯，降在皁隸；……晉之公族盡矣！肸聞之，公室將卑，其宗族枝葉先落，則公從之。肸之宗十一族，唯羊舌氏在而已。』」（左傳昭公三年）

面對此一變局，墨子乃主張徹底推翻舊有之制度，而另行建立以賢人爲主體之政治制度。並提出「官無常貴，而民無終賤。」（尚賢上）之呼聲：此其「尚賢」思想之所自出也。

(二)大夫專政：

春秋中葉以降，諸侯之公室既日益卑弱，而世卿巨族，以其土地日廣，人口日多，是以實力漸强，每凌駕公室而上之，遂往往造成大夫專政之局。此觀叔向、晏嬰所相與語者，可知矣！

「晏子曰：『此季世也，吾弗知，齊其爲陳氏矣！公弃其民，而歸於陳氏：……其愛之如父母，而歸之如流水，欲無獲民，將焉辟之。箕伯、直柄、虞遂、伯戲，其相胡公、大姬，已在齊矣！』叔向曰：『然，雖吾公室，今亦季世也。……政在家門，民無所依；君日不悛，以樂慆憂：公室之卑，其何日之有？……』」（左傳昭公三年）齊、晉如此，他國亦難自免。於是天下乖戾，無君君之心。故子家子曰：「諸侯僭於天子，大夫僭於諸侯，久矣！」（左傳昭公廿五年）面對此一混亂之局面，墨子乃主張「尚同」以統一之。

㈢兼併激烈：

自幽厲失德，王室卑弱，於是征討不出於天子，而天下亂矣！及至戰國，戰禍益甚；併大兼小，競進無厭；兵革不休，流血滿野。至於三家分晉，田氏篡齊，則其尤著者也。而向戌之徒所謂「弭兵」之議，已不足以挽回此一頹勢。故墨子乃從根本上倡導兼愛，並以濟弱扶傾爲其職志。此其「兼愛」、「非攻」思想之所自出，而亦爲其科技發明之動力也。

二、社會方面

㈠人心敗壞：

自王綱解鈕，禮義亦日漸銷微。尤自戰國以後，社會日趨於現實，於是儒術之士，捐棄於世；而游說權謀之徒，見貴於俗。遂致詐僞並起，謀用是作，世道人心，敗壞極矣！故墨子乃揭櫫「天志」、「明鬼」之說，闡明「兼愛」、「貴義」之旨，蓋所以正人心而杜亂源，以改善此一社會之現狀也。

㈡風氣糜爛：

春秋末葉以降，貴族競尚奢靡，胥惟聲色犬馬之是務。上焉者，或緐飾音樂，爲樓閣亭臺之觀以自娛；下焉者，或拘女累千，以爲酒池肉林；或殺人以殉，動逾數十百人。且以爲「我民有命，毋僇（勠）其務。」（非命中）遂使社會風氣，糜爛極矣！墨子傷之。因倡爲「非樂」、「節葬」之說，並闡述「非命」之論，以圖廻此狂瀾也。

㈢民生困苦：

春秋戰國之際，凡國勢愈大，物力愈豐，專制之力愈強，則其奢侈之程度亦愈甚。又因鐵器之使用，使生產狀況與經濟結構，產生重大之變化。益以交通之方便，更帶動商業之發展。故經濟之兼併與政治之兼併，齊頭並進。觀范蠡十九年而三致千金；子貢結駟連騎，所至，國君無不與之分庭抗禮；猗頓以鹽鹽起家；郭縱以鐵冶成業：皆能與王者埒富。可以概見富商大賈與一般貴族階級勢力之浩大；而平民資產，被掠日甚。益以戰亂之頻繁，百姓轉死於溝壑者，蓋不可勝計。故墨子乃提出「節用」之呼籲，並主張「取飾車食馬之費與繡衣之財，以畜士。」（貴義）「賴其力者生，不賴其力者不生。」（非樂上）而以「多財而不以分貧。」（魯問）爲不祥。蓋欲以建立以勞力爲本位之互助社會也。

三、學術思想方面

㈠思想勃興：

由於社會之動盪，兼併之激烈，國際間隨時有興亡之事發生，因而列國時君，率皆需才孔急。故凡能出奇智異謀，轉危爲安，易弱爲强者，雖布衣亦可以致卿相；益以楚材晉用，封賞不限於本國，於是客卿在位，大開仕宦之門。是以才智之士，各逞所能，以取合於諸侯，影響所及，遂使學術思潮，風起雲湧，一時蔚爲大觀。而儒、墨、道三家，是其當時之尤者也。其勢力之大，均足傾倒一世。其餘諸賢，亦皆本其所學，著書立言，別樹一幟，而競鳴於當時，此學術極盛之時代也。益以王官失勢，社會無一定之是非，於是各縱臆說，各逞口辯，而「辯學」亦因以興起矣！

㈡講學之風盛行：

古時但有六經，皆三代治化之所繫。而官守其書，是以有官學而無私學。然自孔子首開講學之風，於是私人設教，寖假普及。故左傳襄公九年，乃有「其士競於教」之說。且魯國爲當時之文化中心，其所存之文獻，蓋富於他國。且其俗，喜學術、好技藝，故墨家之學，亦乘時而興，其徒屬，乃遍及於天下矣！

㈢儒道兩家之反動：

戰國之世，儒道二家之思想並行，墨子則爲此二種思想之反動。

蓋墨子居於魯，而魯爲守禮之邦，乃舊式文明之代表，故其俗，至爲保守。儒家受其影響，亦帶有保守之色彩。益以孔子卒後，諸大弟子中，獨子夏克享高齡，且爲魏文侯師，故此派乃盛極一時。由於此派，崇尚虛文，爲墨子所不喜。益以其個性之極端，遂致舉儒家之一切思想而反對之，因而「非儒」。故儒家主「敬鬼神而遠之」，墨家則主「天志」、「明鬼」；儒家居喪盡禮，墨家則主

「節葬」；儒家重禮樂絃歌之化，墨家則「非樂」；儒家倡「知命」，墨家則主「非命」——皆儒學之反動也。

此外，道家之放任主義，亦爲崇尚力行之墨子所反對。故老子主張「不尚賢使民不爭」，而墨子則力主「尚賢」；老子主張「無爲」，墨子則「摩頂放踵，利天下爲之。」至於楊朱極端爲我之享樂主義，尤爲墨子所不容，故主張「交相利」，且「以自苦爲極」。

四、宗教信仰方面

人類於神權時代，一面由現實之世界向天神求接近，與天神相交通；另一面爲生活所需，亦逐漸創造若干物質文化與非物質文化。寖假演進而至周朝，不僅現實人生臻於繁複，文化思想臻於發達，且逐漸擺脫神權之羈絆，而進入另一新之思想領域。及至墨子，則以社會之亂，歸咎於人們之不相信鬼神，因而又回頭倒向天神之懷抱。不僅承認天、鬼之存在，且強調其意志及賞善罰暴之德能，於是大倡「天志」、「明鬼」之說，且以爲其一切學說之理論根據。此其大要也。

第三節　墨子書及其諸篇之考證

壹、墨子書之流傳

墨子書，非墨子一人所著，且多爲其弟子及後學，各述所聞，綴輯而成。漢書藝文志著錄墨子七十一篇；隋書經籍志則云十五卷，目一卷；庾仲容子鈔則爲十六卷；馬總意林仍之，蓋合目於書也；唐書經籍志則言十五卷，與今本卷數同；宋陳振孫直齋書錄解題載：中興館閣書目，有墨子十五卷，六十一篇。則至宋已亡十篇，目一卷亦亡，故文題亦無考。宋以後又亡八篇，故今本爲十五卷，存五十三篇耳。

蓋墨子之學說，既經孟子斥爲無父。益以漢武帝罷黜百家，獨尊儒術，而墨子之書，遂致塵霾千古，幾致廢絕，是以譌文脫簡，觸目皆是。及至有清一朝，畢秋帆沅、王懷祖念孫、伯申引之、汪容甫中、張皋文惠言、愈蔭甫樾等，始相繼治墨，頗有整紛剔蠹之功；至於孫仲容詒讓墨子閒詁之書出，乃集諸說之大成，而庶幾能恢復其舊觀矣！

貳、墨子諸篇之考證

墨子書現存五十三篇，胡適適之，梁啓超任公，均將之分爲五組，頗便說明。玆依其分類，並略爲考訂如下：

第一類（卷一）
- 甲
  - 親士
  - 修身
  - 所染
- 乙
  - 法儀
  - 七患
  - 辭過
  - 三辯

右「親士」、「所染」二篇，唐魏徵羣書治要未錄；「親士」之首，略似「尚賢」，而文體不一，且其中「銛者必先挫」、「甘井近竭，招木近伐，靈龜近灼，神蛇近暴」、「太盛難守也」等語，似道家言；「修身」似儒家言，文似禮記、易傳；「所染」載墨子見染絲之事，雖見於呂覽當染篇，然文似荀子勸學，殆出各家性說已盛之後，故疑爲後人因墨子嘗見染絲而歎，爲之學者，乃增成其說耳。梁任公先生謂：「這三篇非墨家言，純出僞託。」（見墨子學案一章三節）蓋得之。

「法儀」、「七患」、「辭過」、「三辯」，孫仲容謂：蓋「天志」、「節用」、「非樂」之餘義；梁任公先生則謂：「這四篇是墨家記墨學概要，很能提綱絜領。」皆具卓識。

第二類

- （卷二）尚賢上、中、下
- （卷三）尚同上、中、下
- （卷四）兼愛上、中、下
- （卷五）非攻上、中、下
- （卷六）節用上、中／節葬下
- （卷七）天志上、中、下
- （卷八）明鬼下／非樂上
- （卷九）非命上、中、下／非儒下

右自「尚賢上」至「非命下」，凡二十三篇，爲墨學之綱目，亦墨書之中堅；文辭質樸，條理明晰。除「非攻上」外，皆有「子墨子曰」云云，可證爲其門人傳述其師之作。且其篇目與魯問篇答弟子魏越之言，全然相符，足證其爲墨子思想之主要內涵。至於文分上、中、下三篇，俞樾墨子閒詁序曰：「墨子死而墨分爲三：有相里氏之墨，有相夫氏之墨，有鄧陵氏之墨；今觀尚賢、尚同、兼愛、非攻、節用、節葬、天志、明鬼、非樂、非命，皆分上、中、下三篇，字句小異，而大旨無殊；意者此乃相里、相夫、鄧陵三家相傳之本不同，後人合以成書。故一篇而有三乎？」其說甚近情理。

至於「非儒」一篇，無「子墨子曰」云云，而內容多涉誣詆，疑係墨子後學臆說之詞，又不敢以誣其師。惟孔叢子詰墨篇多引其詞，是此篇當成於嬴秦之世，孔叢子成書之前也。

第三類
- （卷十）
  - 經上、下
  - 經說上、下
- （卷十一）
  - 大取
  - 小取

右「經上」、「經下」、「經說上」、「經說下」四篇，卽叔時所謂「墨辯」，其後胡適之先生以「大取」、「小取」二篇附益之，統稱之曰墨辯。且以爲此六篇，若非施、龍作，則必爲其同時人所作。其所持之理由有四：

㈠與他篇文體不同。

㈡與他篇理想不同。

㈢小取兩稱墨者，故決不出墨子之手。

㈣所言與惠施、公孫龍相同，當爲龍、施之徒所作。

且解天下篇「倍譎不同，相謂別墨」之語，謂治墨辯一派之墨者，與舊墨學「倍譎不同」因自稱爲「別墨」，「別墨」卽「新墨學」云云。（見中國哲學史大綱）

今按：梁任公與胡適之同時治墨，頗相沆瀣，而於此則所見殊異；其墨經校釋，曾爲逐條致駁，其大要如下：

㈠經之文體與他篇不同，此正乃經爲墨子自著之確證。蓋諸篇皆有「子墨子曰」，經上下則無，且墨經之文，與易象傳及春秋頗相類，決非施龍時代之產物。

㈡墨子之教，曰智與愛。他篇多敎愛之言；此經多敎智之言：其範圍本應有別。且此經根本理想，實與墨敎一致。

㈢大取、小取，既不名經，自是後世墨者所記；斷不能因彼篇中有「墨者」之文，而牽及經之眞僞。

㈣施、龍輩確爲「別墨」，其學說確從墨經衍出。然斷不能謂墨經爲龍、施輩所作。蓋龍、施輩所祖述者，不過墨經中一小部分，而其說之內容，又頗與經異也。

並謂：「『別墨』者，言非墨家之正統派也！胡氏讀『相謂』爲『自謂』大非宜。」又謂：「若如胡氏說，則所謂『俱誦墨經』者，究誦何物？明明有經兩篇，必指爲非經，而別求經於他處，甚無謂也。」

以上梁任公之駁胡適之，其言甚辨，顧仍有未盡者，因舉數則，以爲續貂：

㈠莊子天下篇既謂：「苦獲、己齒、鄧陵子之屬，俱誦墨經，而倍譎不同，相謂別墨。以堅白同異之辯相訾，以觭偶不仵之辭相應。以巨子爲聖人，皆願爲之尸。」足見「墨經」爲其共同之讀本。第以墨經義旨幽微，閫奧難窺，而小取篇亦謂：「辟、侔、援、推之辭，行而異，轉而危，遠而失，流而離本。」是以後世之墨者，說解或有相忤，於是皆是其所是，而指他人爲「別墨」，而自謂「眞墨」。其文義原甚明曉；不知胡適之先生易「相謂」爲「自謂」者，何也？且下云「以堅白同異之辯相訾」，足見所謂「倍譎不同者」，乃於堅白同異之看法不同，此正爲今本墨經之部分部內容，且亦爲諸派墨者所俱誦者，而胡適之先生必謂莊子所稱之「墨經」，乃尙同、兼愛諸篇者，又何也？

(二)兼愛、非攻諸篇，文分上、中、下，文雖有異，內容則多複沓，明爲墨家後學，人各有記，因而綴集成書者，烏得稱之曰「經」？

(三)名、墨兩家，流派有別。墨經與公孫龍，於物理之觀測，截然不同，論旨亦異。孫仲容讀經，未能宣究，往往誤名爲墨，或又釋墨爲名。例如經下：「狗、犬也。而殺狗非殺犬。說在重。」此乃引辯者「殺狗非殺犬」之說，而斷之曰：「說在重」。蓋經說下另有「重則過」、「不重則不過」之說也。故本條經說下云：「狗，犬也。謂之殺犬，可。若兩䏿。」孫仲容未察，遂任意竄改經說，而謂「以經文校之，當作『而殺狗謂之殺犬，不可。』」於是其義全然相反，而釋墨爲名矣！且無解於「若兩䏿」之義。其往往如此。（參見本書第六章第七節）

(四)胡適之先生以爲墨經「全是科學家和名學家的議論，這可見這六篇書，決不是墨子時代所能做得出的。」然考魯問篇載墨子能斲三寸之木爲車轄，而任五十石之重。韓非子外儲說左上則載「墨子爲木鳶，三年而成，蜚一日而敗。」列子湯問篇亦云：「墨子之飛鳶。」張注云：「墨子作木鳶，飛三日不集。」淮南子齊俗訓亦有相同之記載。至於「公輸般九設攻城之機變，子墨子九距之。公輸般之攻械盡，子墨子之守圉有餘。」（公輸篇）尤爲人所盡知者。至於施、龍輩，除却爲苛察繳繞之說外，科學之成就，則無聞焉？然則若謂墨子不能，謂施、龍輩能之乎？

由以上諸論證而觀之，則墨經上、下當爲墨子所自著，經說上、下，則爲墨子口說，而弟子所記。惟亦有後人所增補者。大取、小取，則爲後學所著者耳。

第四類
- （卷十一）耕柱
- （卷十二）貴義、公孟
- （卷十三）魯問、公輸

右五篇，乃墨家後學記墨子應答時人及弟子之言，兼記其行事。頗似孔門之論語。可作爲考訂墨子生平事蹟之參考。當係其門弟子所記。

備城門
備高臨
備梯
備水
（卷十四）
備突
備穴
備蛾傅
第五類
迎敵祠
旗幟
（卷十五）
號令
雜守

右十一篇，專言守禦備敵之法。文中有「子墨子曰」云云，當係門弟子所記。史記言墨翟善守禦，當卽本此。其中文辭尙多訛誤，尤以「備水」、「備突」二篇，甚爲簡略，疑前後並有脫文。然以今日之眼光衡之，皆已失去實用之價値，特聊備一格耳。

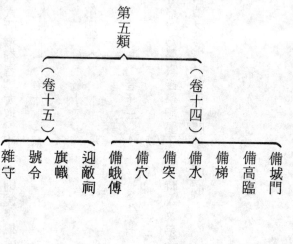

第二章　墨子教育思想之基礎

大凡一種思想之產生，其背後必有某一種哲學或某一種觀念，作爲其一切理論之基礎，然後依之以引申舖陳，而構成一完整之思想體系。然則墨子教育思想之基礎爲何？竊以爲蓋植基於其對天、人之體認也。玆分述於后：

第一節　墨子之宗教思想

人類於鴻古時期，卽具有天、帝、鬼、神之觀念，詩、書二經中言之數矣！至孔、老二子出，乃賦天以哲學之意義；至於鬼神，則存而弗論。及至墨子，則一本其虔誠之宗教信仰，於是倡爲天志、明鬼之說，爲其一切學說之理論根據，故其一切學說，無不與此二者，具有密切之關係。

壹、對天之看法

墨子之學說，蓋以天志、明鬼、兼愛、非攻、節用、節葬、非樂、非命、尙同、尙賢、貴義諸端爲其主體，而此諸端，又無一不植基於天志之觀念。故天志上云：「我有天志，譬若輪人之有規，匠人之有矩。輪、匠執其規矩，以度天下之方圜，曰：『中者是也，不中者非也。』今天下之士君子之書不可勝載，言語不可盡記，上說諸侯，下說列士；其於仁義，則大相遠也。何以知之？曰『我得天下之明法以度之。』」

然所謂「天」者，究爲何物？馮友蘭於中國哲學史中析其義爲五。曰：「物質之天」、「主宰之天」、「運命之天」、「自然之天」、「義理之天」。（見中國哲學史第一篇第三章）至於墨子所稱之天，當係「主宰之天」，而其所包含之意義，又有下列數端：

一、天爲萬有之原

墨子以天爲萬有之根原，大自宇宙，小至人事，莫非天所安排。此與佛教無所不從此法界流之說相似。而與基督教義亦且相合。其言曰：

「且吾所以知天之愛民之厚者有矣！曰：磨爲日月星辰以昭道之；制爲四時春秋冬夏以紀綱之；實降雪霜雨露以長遂五穀麻絲，使民得而財利之；列爲山川谿谷，播賦百事，以臨司民之善否；爲王公侯伯，使之賞賢而罰暴；賊金木鳥獸，從事乎五穀麻絲，以爲民衣食之財。」（天志中）

按：新約使徒行傳十四章十七節云：「常施恩惠，從天降雨，賞賜豐年；教你們飲食飽足，滿心喜樂。」羅馬書十三章一節至二節云：「在上有權柄的，人人當順服他，因爲沒有權柄不是出於上帝的。凡掌權的，都是上帝所命的，所以抗拒掌權的，就是抗拒上帝的命，抗拒的必自取刑罰。」與此義正相契合。

二、天至貴至聖

墨子以天爲至貴至聖，無與倫比。雖貴爲天子，亦不能不聽命於天。且天亦爲一切義之所從出，故凡一切言行，皆當以天爲法：

「天子未得次（恣）己而爲政，有天政之。」（天志上）

「義不從愚且賤者出，必自貴且知者出。……然則孰爲貴，孰爲知？曰：天爲貴，天爲知而已矣！」（天志中）

「故父母、學、君三者，莫可以爲治法。然則奚以爲治法而可？故曰：莫若法天。」（法儀）

按：啓示錄十五章三、四節云：「主上帝，全能者啊！你的作爲大哉奇哉！萬世之王啊！你的道途義哉誠哉！主啊！誰敢不敬畏你，不將榮耀歸於你的名呢？因爲獨有你是聖的，萬民都要在你面前敬拜。」馬太福音十九章十七節云：「除了上帝以外，沒有一個是良善的。」其義正同。

三、天有意志、操賞罰之權

墨子以天欲義而惡不義，且兼愛天下之人，是爲具有位格之神，有意志，有好惡，且操生、殺、予、奪之權，而未有能與之抗衡者也：

「然則天亦何欲何惡？天欲義而惡不義。」（天志上）

「順天意者，兼相愛，交相利，必得賞；反天意者，別相惡，交相賊，必得罰。」（天志上）

「昔之聖王禹、湯、文、武，兼愛天下之百姓，率以尊天事鬼，其利人多，故天福之，使立爲天子，天子諸侯皆賓事之；暴王桀、紂、幽、厲，兼惡天下之百姓，率以詬天侮鬼，其賊人多，故天禍之，使遂失其國家，身死爲僇於天下。」（法儀）

按：新約羅馬書二章七至十一節云：「凡恆心行善，尋求榮耀尊貴和不能朽壞之福的，就以永生報應他們；惟有結黨不順從眞理，反順從不義的，就以忿怒惱恨報應他們，將患難困苦，加給一切作惡的人。……却將榮耀、尊貴、平安，加給一切行善的人……因爲上帝不偏待人。」與此義正合。所不同者，則墨子所言之賞罰，乃在於人世，而基督所言之賞罰，則著重於死後之審判。此入世出世之別也。

四、天無所不在，無所不明

墨子以爲天無閒不入，無所不在，無所不知，無所不明，雖處幽隱，莫不充塞。故凡得罪於天者，將無所避逃之：

「若處家得罪於家長，猶有鄰家所避逃之。……處國得罪於國君，猶有鄰國所避逃之。……晏日焉而得罪，將惡避逃之？曰：無所避逃之！夫天不可爲林谷幽澗無人，明必見之。」（天志上）

按：羅馬書二章三節云：「你以爲能逃避上帝的審判麼？」馬太福音六章六節云：「你禱告的時候，要進你的內屋，關上門，禱告你在暗中的父，你父在暗中察看，必然報答你。」其言上帝無所不在，無所不明之義，蓋亦若合符節。

五、天廣大悉被永恆不變

墨子以上天之德，廣大悉被，絕無偏私，且能恆久不變，永不衰退。

「天之行廣而無私，其施厚而不息（原作德，據治要改），其明久而不衰。」（法儀）

「周詩曰：『王道蕩蕩，不偏不黨；王道平平，不黨不偏；其直若矢，其易若厎；君子之所履，小人之所視。』」（兼愛下）

按：羅馬書二章十一節云：「上帝不偏待人。」羅馬書一章廿節云：「自從造天地以來，上帝的永能和神性是明明可知的。」皆與墨家之言同一旨趣。

由此可知，墨子心目中之天，實與基督教所稱之上帝極爲近似：既爲最完美之象徵，又具有無上之權力。因而教人敬天、法天。

貳、對鬼神之看法

墨子爲多神論者，故除卻信仰天或上帝之外，亦相信鬼神之存在，並立說以明之。

一、鬼神之存在

人類於原始時代，卽相信鬼神之存在。然春秋以後，民智漸開，於鬼神多持懷疑之態度；墨子則太息痛恨於人們之不信鬼神，因而導致天下之亂。

「逮至昔三代聖王既沒，天下失義，諸侯力正。是以存夫爲人君臣上下者之不惠忠也，父子弟兄之不慈孝弟長貞良也……是以天下亂，此其故何以然也？則皆以疑惑鬼神之有與無之別。」（明鬼下）

天下之亂，既由於人們懷疑鬼神之存在，故墨子乃極力以證實之。而其所據以證實之者？則三表法是也：

㈠本之於古先聖王之事：蓋古先聖王，皆智、德雙全，而爲後人所景仰，則人們之一切言行，乃至於對宗教之信仰，自可以以之爲依歸矣！此其第一表也，故明鬼下云：

「姑嘗上觀聖王之事：昔者武王之攻殷誅紂也，使諸侯分其祭曰：使親者受內祀，疏者受外祀。

故武王必以鬼神爲有。……昔者三代之聖王，其始建國營都日，必擇國之正壇，置以爲宗廟。……故古聖王治天下也，必先鬼神而後人者，此也。」

㈡原察百姓耳目之實或徵以先王之書：墨子極注重耳目之實，故曰：「有聞之，有見之，謂之有；莫之聞、莫之見，謂之亡。」（非命上）而先王之書，必不我欺也。故皆得而爲依據焉。此其第二表也，其明鬼下云：

「若以衆之所同見與衆之所同聞，則若昔者杜伯是也。周宣王殺其臣杜伯而不辜。杜伯曰：吾君殺我而不辜，若以死者爲無知則止矣！若死而有知，不出三年，必使吾君知之。其三年，周宣王合諸侯，而田於圃田；車數百乘，從數千，人滿野。日中，杜伯乘白馬素車，朱衣冠，執朱弓，挾朱矢，追周宣王，射之車上，中心折脊，殪車中，伏弢而死。當是之時，周人從者莫不見，遠者莫不聞，著在周之春秋。」（明鬼下）

「大雅曰：『文王在上，於昭于天。周雖舊邦，其命維新。有周不顯，帝命不時。文王陟降，在帝左右。穆穆文王，令問不已。』若鬼神無有，則文王既死，彼豈能在帝之左右哉？」（同上）

㈢發以爲刑政，觀其中國家百姓之利：墨子爲功利主義者，故一切皆以國家百姓之利爲前提。利則爲之、信之；不利，則不爲之、不信之。此其第三表也。明鬼下云：

「今若使天下之人，偕若信鬼神之能賞賢而罰暴也。則夫天下豈亂哉？今執無鬼者曰：鬼神固無有，旦暮以爲敎誨乎天下，疑天下之衆，使天下之衆皆疑惑乎鬼神有無之別，是以天下亂。是故子墨子曰：今天下之王公大人士君子，實將欲求興天下之利，除天下之害，故當鬼神有與無之別，以爲將不可以不明察者，此也。」

按：墨子所用以證明鬼神之有者，是否科學，在此姑置弗論，然其信仰之虔誠，救世之苦心，於此可見矣！

二、鬼神之類別

原始時代，人們卽持多神之說。國語晉語文公四年載胥臣之言曰：「億寧百神，柔和萬民。」國語周襄王五十八年載：「王曰：昔我先王之有天下也，規方千里，以爲甸服，以供上帝、山川百神之祀。」而孔子亦云：「非其鬼而祭之，諂也。」（論語爲政）足見鬼神之衆多。

至於墨子，則亦一本此傳統之多神論，而將鬼神分爲三類：

「古之今之爲鬼，非他也。有天鬼，亦有山水鬼神，亦有人死而爲鬼者。」（明鬼下）

其所謂「天鬼」，意者卽墨子明鬼下引大雅所謂：「文王陟降，在帝左右。」之類，乃處上帝左右，以助上帝者也。至於「山水鬼神」者，乃天地山川之精，凝聚而成，無所不在者也。墨子曰：「雖有深谿博林幽澗毋人之所，施行不可以不董，見有鬼神視之。」（明鬼下）殆卽此也。明鬼下載：「有神入門而左，鳥身」者，或亦此類也。至於「人死而爲鬼者」，則明鬼下所載：杜伯、莊子儀之屬也。

三、鬼神之特性

墨子以天爲無所不明，既如前述，然卽其說而觀之，則鬼神之明，似亦不遑多讓：

「故鬼神之明，不可爲幽澗廣澤山林深谷，鬼神之明，必知之。」（明鬼下）

「巫馬子謂子墨子曰：『鬼神孰與聖人明智？』子墨子曰：『鬼神之明智於聖人，猶聰耳明目之與聾瞽也。』」（耕柱）

此外，鬼神殆亦與天同其好惡，而能賞善罰暴，其罰之所加，人亦不得而抗拒之：

「古聖王必以鬼神爲賞賢而罰暴，是故賞必於祖，而僇必於社。」（明鬼下）

「鬼神之罰，不可爲富貴衆強，勇力強武，堅甲利兵，鬼神之罰必勝之。」（明鬼下）

「古聖王皆以鬼神爲神明，而爲禍福，執有祥不祥，是以政治而國安也；自桀紂以下，皆以鬼神爲不神明，不能爲禍福，執無祥不祥，是以政亂而國危也。」（公孟篇）

鬼神既如此明察，又如此具有威靈，故墨子乃主張「事鬼」，因而教人「潔爲酒醴粢盛，以祭祀天、鬼。」（天志中）此其對鬼、神之信仰也。

第二節　墨子之人生哲學

墨子之教育思想，固植基於其虔誠之宗教信仰，然墨子究竟是人，而人恆不能脫離現實。故其人生哲學，於其各項學說，自亦具有舉足輕重之影響。而況宗教思想與人生哲學，實爲一體之兩面，二者交互影響，固爲相輔相成，互爲因果者也。

壹、對人及人性之體認

墨子所處之時代較早，且爲實利主義者，故於人之爲人，以及人性之善惡等問題，未遑作深入之探討。然若就其學說而分析之，亦不難獲知其梗概：

一、生之意義

墨子以爲人之所以爲人，乃因具有形骸與知覺。當此形骸與知覺相與並處，則謂之「生」；反之，則謂之死。故曰：

「生：刑（形）與知處也。」（經上）

蓋徒有形骸而無知覺，則爲死屍；徒有知覺而無形骸，則爲靈魂——卽墨子所謂「人死而爲鬼者。」（明鬼下）皆不得謂之生。

惟普天之下，芸芸衆生，多屬後知後覺，甚至不知不覺，故其貌雖有若「生」然，然其形之是否眞能與知相共處，則不可必也。故曰：

「生。盈（原作楹，據閒詁改。）之生，常（原作商，據閒詁改。）不可必也。」（經說上）

按：此段經說，係承以上之經文而引申之。梁任公墨經校釋釋之曰：「故生常不可必也。此與佛說無常義頗相合。」諸家亦率多從之。然竊以爲此於墨家積極進取之旨，殊不相合。故愚意以爲此所謂「不可必」，乃謂欲求芸芸衆生「形與知處」之不可必，蓋所以傷衆生之渾渾噩噩，蒙懂無知，而必賴先知先覺者，爲之先導耳。經說上云：「知也者，所以知也，而不（據梁校增）必知，若目。」與此義正可相互發明。（參見本節次項知識論）皆所以喩世人必用其心以求知，庶不負生之意義，而亦所以說明敎育之重要也。區區管見，未知當否，尙祈博雅君子，有以敎之。

二、知識論

人類之生，旣爲「形與知處」，然則何謂「知」？則墨經中亦有詳細之論述：

㈠知之體：經上云：「知，材也。」經說上云：「知材。知也者，所以知也，而不必知，若目（原作明，墨經校釋改作眼，墨子學案又改爲目，玆從之。）。」所謂「材」，卽爲「感官」，亦卽「形與知處」之「形」。乃「知」所賴以產生之本體。故曰：「知，材也。」然而僅具知之本體，而或缺乏求知之意願，或雖欲知，而無人以啓導之，則亦將如莊子所謂：「大惑者，終身不解；大愚者，終身不靈。」（莊子天地篇）而已矣！此亦猶夫徒具能見之「目」，而或缺乏明察物理之意念，或無光明以照耀之，無先知以啓蒙之，則亦將與瞽者無以異矣！故曰：「知（卽經上所謂之『材』）也者，所以知也，而不必知。」此「行」之所以可貴，而教育之所以為必需也。

㈡知之用：經上云：「慮，求也。」經說上云：「慮也者，以其知有求也，而不必得之，若睨。」「感官」為知之「體」；「思慮」則為知之用。故曰：「慮也者，以其知有求也。」（愚按：「以其知有求也」之「知」，與以下兩條「以其知遇物」、「以其知論物」之「知」，是卽前條「知，材也！」之「知」，皆指「感官」而言也。）然而事有隱、顯，慮有周、疏。故雖藉感官而慮矣，亦未必有所得。譬之如以眼斜視，不甚經意，則雖視矣，然未必能看清物象也！故曰：「未必得之，若睨。」此蓋亦勉人必竭其心智以求知，乃能望其有所獲耳。

㈢知之種類：天下之事物，有具像者，如山、川、草、木是也；亦有不具像者，如仁義、道德是也。故吾人之知，亦可分為「形象」之知與「事理」之知。經上：「知，接也。」經說上：「知。知也者，以其知遇（舊作過，依梁校改。）物，而能貌之。若見。」此「形像」之知也；經上：「㤫，明也。」經說上：「㤫也者，以其知論物，而其知之也著。若明。」此「事理」之知也。形像之知，以視覺為主，以觀察具像之事物。故凡藉觀察而熟知物之形象者，則謂之「知」矣！至於事理之知，則以心為主，以探究不具像之事物。故另造「㤫」字以區別之。蓋凡藉心識以探究事物，而能了悟其事理者，然後乃謂之「㤫」矣！

此外，經上有：「知：聞、說、親。」經下有：「知而不以五路。」，皆所以論知所賴以產生之方法。容於第三章第四節「教學之方法」中討論之。

三、人性論

荀子正名篇云：「生之所以然者，謂之性；性之和所生，精合感應，不事而自然，謂之性。」又云：「性者，天之就也。」性惡篇云：「不可學，不可事，而在人者，謂之性。」是知所謂性者，乃與生俱來，不學而然者也。故物有物性，而人亦有人性。例如：「口之於味也，有同嗜焉；耳之於聲也，有同聽焉；目之於色也，有同美焉。」（孟子告子篇）此種人之所同然之現象，即人性之所存焉。然則人之性果若何哉？墨子雖未正面論及之，然就其書而探究焉，亦不難見其端倪：

㈠欲生而惡死：求生，爲人類之本能，亦爲人類最根本之欲望；既欲生矣！自必惡死。故墨子曰：「民生爲甚欲，死爲甚憎。所欲不得，而所憎屢至，自古及今，未嘗能有以此王天下，正諸侯者也。」（尚賢中）此正足以說明欲生而惡死，乃人性之所同然。其能超脫生死，逍遙物外者，乃緣於後天之修養，非人性之所本然也。故墨子恆以「使不得終其壽。」（天志上）「使身死而爲刑戮。」（尚賢中）之語，以儆戒世人，而使之從善棄惡。惟人性雖欲生而惡死，然其程度，每因價值觀之不同，而有差異。故墨子曰：「予子天下，而殺子之身，子爲之乎？必不爲！何故？則天下不若身之貴也！爭一言以相殺，是義貴於其身也。」（貴義）此與孟子所謂：「生亦我所欲，所欲有甚於生者，故不爲苟得也；死亦我所惡，所惡有甚於死者，故患有所不辟也。」（告子篇）之語，正相契合。然此一價值判斷，實以後天之影響力居多，終未若欲生而惡死之出於自然，且爲人類之所同然也。

㈡趨利而避害：墨子天志上曰：「我爲天之所欲，天亦爲我所欲。然則我何欲何惡？我欲福祿而惡禍祟。」尙賢下曰：「天下之士君子，皆欲富貴而惡貧賤。」蓋福祿富貴者，人之所同利也，而人皆趨之；禍祟貧賤者，人之所同患也，而人皆避之。故知趨利而避害者，實亦人性之所同然。考宗教信仰之所以產生，陰陽休咎之說所以盛行，實皆發端於此。墨子亦深察之，故恆以「愛人、利人者，天必福之。」（法儀）以激勵世人；而以「惡人、賊人者，天必禍之。」（同上）以警惕世人。且以「不義不富，不義不貴，不義不親，不義不近。……有能則擧之，無能則下之。」（尙賢下）作爲勸賢之手段。皆所以就其性之所向，而誘導之也。

㈢好逸而惡勞：喜安樂而惡勞苦，亦人性之所同然也。孟子曰：「口之於味也，目之於色也，耳之於聲也，鼻之於臭也，四肢之於安佚也：性也！」（盡心篇）對於此一人性之自然傾向，墨子亦持相同之看法，故曰：「身知其安也，口知其甘也，目知其美也，耳知其樂也。」（非樂上）例如墨子鼓勵製造舟、車，卽以其能使「君子息其足焉，小人休其肩背焉。」（同上）深合於此一人性之自然傾向也。至其反對大鐘鳴鼓琴瑟竽笙之聲、刻鏤文章之色、犓豢煎炙之味、高臺厚榭邃野之居者，非以其爲不樂、不美、不甘、不安也，乃以其「上考之，不中聖王之事，下度之，不中萬民之利。」（俱見非樂上）因而非之耳。此墨子既承認此一人性之傾向，又主張有以節之也。

㈣務私而難公：自私亦爲人性之一種傾向，此一傾向，墨子雖未正面言及之，然自其「言而非兼，擇卽取兼。」（兼愛下）「吾不識孝子之爲親度者，亦欲人愛利其親與，意欲人之惡賊其親與？以說觀之，卽欲人之愛利其親也。然卽吾惡先從事卽得此。」（同上）之說而觀之，足見墨子亦深知人性之自私自利也。因而墨子一方面闡明愛人、利人，正所以愛己、利己之理，以順應其性；一方面誘導人們轉而法天，以濟其先天之缺失。其用心亦可謂苦矣！

㈤欲榮而惡辱：墨子以爲人性皆欲榮而惡辱，故凡能獲得榮耀者，事雖甚難，然亦樂爲之。故曰：「乃若夫少食惡衣，殺身而爲名，此天下百姓之所皆難也。若苟君說之，則衆能爲之。」（兼愛中）並以「家日益、身日安、名日榮。」爲得；以「家日損、身日危、名日辱。」爲害。（見所染篇）至於政令之推行，亦以「勸之以賞譽，威之以刑罰。」（兼愛下）爲主要之手段。此皆緣於其對此一人性之體認也。

由以上之論述，吾人可以概見墨子對人性之體認。至於人性之善、惡，雖未見其有所論斷，然自以上之論述，復證之以「古者民始生未有刑政之時，……至有餘力，不能相勞；腐朽餘財，不以相分；隱匿良道，不以相敎——天下之亂，若禽獸然。」（尙同上）之語，與「天下之爲父母者衆，而仁者寡，若皆法其父母，此法不仁也。……天下之爲學者衆而仁者寡，若皆法其學，此法不仁也。……天下之爲君者衆，而仁者寡，若皆法其君，此法不仁也。……然則奚以爲治法而可？故曰：莫若法天。」（法儀）之論，可知墨子心目中，蓋以人性爲具有「惡」之傾向。此或卽荀子性惡論之先導也。

人性既具有惡之傾向，自然不足爲法，因而墨子乃敎人「法天」、「順天」，而其兼愛、貴義、節用、非樂諸端，所以不植基於「人性」，而植基於「天志」者，亦以此也。

四、天人關係

墨子對天及鬼神之體認，已見前節所述。至於在墨子心目中，人類處於天及鬼、神之間，究竟居於何種地位，實亦為吾人所應探究之者也。

許愼說文解字云：「人！天地之性，最貴者也。」「大：天大、地大、人亦大焉。象人形。」中庸云：「唯天下至誠為能盡其性；能盡其性，則能盡人之性；能盡人之性，則能盡物之性；能盡物之性，則可以贊天地之化育；可以贊天地之化育，則可以與天地參矣！」凡此，皆在於說明人性之足貴，與人類地位之崇高。

蓋我國於孔子之時，對於天之觀念，已逐漸由主宰之天，而轉化為自然之天，與義理之天，而人類之地位，亦因以提高，乃至於「可以贊天地之化育」，而「可以與天地參矣！」孟子曰：「萬物皆備於我矣！反身而誠，樂莫大焉。」（盡心上）蓋即此一境界之具體說明。

墨子既以人性為具有惡之傾向，因而不但主張法天以補救之，且一反儒家之道，而將天之觀念，回轉至主宰之天，以宰制人類之一切思想行為。故曰：

「順天之意，謂之善意行；反天之意，謂之不善意行。」（天志中）

「順天意者，兼相愛、交相利，必得賞；反天意者，別相惡、交相賊，必得罰。」（天志上）

不但一般人應順從天意，卽天下之共主——天子，亦必聽命於天。故曰：

「天子爲政於三公諸侯士庶人，天下之士君子，固明知；天之爲政於天子，天下百姓未得明知之也。」（天志上）

「天子爲善，天能賞之；天子爲暴，天能罰之。」（天志中）

由是而觀之，則天乃凌駕於天子之上之眞主矣！故法儀篇曰：

「今天下無大小國，皆天之邑也；人無長幼貴賤，皆天之臣也。」

天志上曰：

「天有邑人，何用弗愛也。」

由此更可以確信，在墨子心目中，天之於全體人類，乃形同天子之於臣民，故人類事事皆必依天意而爲之耳。

至於鬼神，則居於天人之間，故曰：「其事上尊天，中事鬼神，下愛人。」（天志上），其地位，當如同天子之欽差大臣，亦具有極大之權威，故其賞罰之所加，人類亦不得而抗拒之。（見本章第一節第二小節）且其既爲上天之心腹，且亦可代表上天，故人類亦必敬事之，否則，亦將干上天之怒矣！故曰：

「焉率以敬上帝山川鬼神。天以爲從其所愛而愛之，從其所利而利之，於是加其賞焉。」（天志下）

「紂越厥居，不肯事上帝，棄厥先神祇不祀，……天亦縱棄紂而不葆。」（天志中）

由以上之論述而觀之，可見墨子對天及鬼、神之嚴恭寅畏，亦已極矣！而在此種理論之下，全體人類，遂皆爲天及鬼神之附庸矣！

貳、墨子之人生態度

墨子對天、人之體認，既如上述，因而，其對人生所持之態度，亦恆受此一天人思想所左右。玆舉其要端以申訴之：

一、法天、順天

墨子既以人性爲具有惡之傾向，故「父母、學、君三者，莫可爲治法。」（法儀）因而主張法天。「然則奚以爲治法而可？故曰莫若法天。天之行廣而無私，其施厚而不息（原作德，治要作息。德，古作悳，息、悳形近而訛。愚按：天既欲人潔爲粢盛酒醴以敬祀之，則非『生而不有，爲而不恃。』與不德之義，蓋不相侔也，故當從治要作不息，且與不衰相對應。）其明久而不衰，故聖王法之。」（法儀）

蓋上天之德，廣大悉被，毫無偏私；普施萬物，厚而不息；洞鑒幽微，久而不衰。確足爲吾人所效法。故古之聖王如堯、舜、禹、湯者，亦莫不法天。而法天之具體表現，則在於順天，故主張：「動作有爲必度於天：天之所欲則爲之，天之所不欲則止。」（法儀）而其一切學說，亦莫不以此爲依歸者也。

蓋墨子既以「天必欲人之相愛相利，而不欲人之相惡相賊。」（法儀）故主張兼愛、非攻；「天欲其生而惡其死，欲其富而惡其貧，欲其治而惡其亂。」（天志上）而奢侈浪費、厚葬、久喪與繁飾音樂，皆將導致民衣食之財不足，而凍餒之患至，而況「富貴者奢侈，孤寡者凍餒，雖欲無亂，不可得也。」（辭過）故主張節用、節葬、非樂；「天欲義而惡不義。」（天志上）故主張尚賢、貴義；「天下有義則生，無義則死；有義則富，無義則貧；有義則治，無義則亂。」（同上）「順天意者，兼相愛，交相利，必得賞；反天意者，別相惡，交相賊，必得罰。」（同上）故凡賞罰禍福，皆人所自招，非命定也，（公孟）因而主張非命；「天爲貴，天爲知（智）。」（天志中）故主張尚同；而鬼神者，蓋天之附庸也，故主張明鬼。是知墨子一生之思想言行，果皆以天志爲依歸矣！天志上曰：「我有天志，譬若輪人之有規，匠人之有矩……以度天下之方圜。曰：中者是也，不中者非也。」更爲其明證也。

二、平等互惠

墨子雖生長於封建時代，然其思想之中，則充滿平等之觀念。

蓋墨子既主張法天，而「天之行廣而無私。」（法儀）實爲最公正、最平等之象徵，而「人無長幼貴賤，皆天之臣也。」（法儀）其所處之職位容或不同，而其爲上天之臣民則一，故亦不應有高、下之分。本此平等之精神，故墨子主張君臣、兄弟、父子間之關係，皆爲相互對待者，其言曰：「臣子之不孝君父，所謂亂也。……雖父之不慈子，兄之不慈弟，君之不慈臣，此亦天下之所謂亂也。」（兼愛上）此與孟子：「君之視臣如手足，則臣視君如腹心；君之視臣如犬馬，則臣視君如國人；君之視臣如土芥，則臣視君如寇讎。」（孟子離婁）之說，蓋有異曲同工之妙，皆足以說明人格之平等也。至於尙賢上云：「官無常貴，而民無終賤；有能則舉之，無能則下之。舉公義，辟私怨。」則在於强調政治地位之平等也。至如非樂上云：「賴其力者生，不賴其力者不生。」節用中曰：「凡足以奉給民用則止；諸加費，不加于民利者，聖王弗爲。」則在於强調經濟地位之平等也。

荀子天論篇曰：「墨子有見於齊，無見於畸。」其意雖在於攻詆，然亦適所以說明墨子學說之平等性。至於非十二子篇曰：「上功用，大儉約，而慢差等；曾不足以容辨異，縣君臣。」王念孫釋之曰：「曼差等，卽無差等。」楊倞曰：「慢，輕也；輕慢差等，謂欲使君臣上下同勞苦也。」又曰：「上下同等，則其中不容分別，而縣隔君臣也。」亦所以說明其平等性。又如富國篇謂：「墨子大有天下，小有一國，將蹙然衣麤食惡，憂戚而非樂；……將少人徒，省官職，上功勞苦，與百姓均事業，齊功勞。」則其平等之精神，尤昭然若揭矣！

本此平等之精神，墨子又强調互惠。故曰：「無言而不讎，無德而不報。投我以桃，報之以李。卽此言愛人者，必見愛也。」（兼愛下）又曰：「卽必吾先從事乎愛利人之親，然後人報我以愛利吾親也。」（同上）蓋「兼相愛」之行爲，必將獲得「交相利」之結果，於人、於己，咸獲其利。此其互惠之原則也。

三、探求眞理

墨子既以「知」爲人生之要件，故亦甚重求知，莊子稱其：「好學而博不異。」（莊子天下）呂氏春秋謂：「孔丘、墨翟，晝日諷誦習業，夜親見文王周公旦而問焉。」（博志篇）而抱朴子亦謂：「墨翟大賢，載文盈車。」（勗學篇）皆足以說明墨子之好學不倦也。今觀墨子書中，屢徵引詩、書與各國春秋，以爲立論之依據，亦足以見其精研經籍，博通古今之一斑矣！

經下曰：「學之益也，說在誹者。」經說下曰：「學也，以爲不知學之無益也，故告之也，是使智學之無益也。是敎也，以學爲無益也，敎誖。」按：此乃駁斥誹者以「學爲無益」之說也。蓋其既以「學爲無益」之說敎人，是使人明白「學爲無益」之理，是亦使人學矣！故墨子以爲此等以學爲無益之敎，實屬悖謬。此亦足見其重視學矣！

然墨子最可貴者，不僅在於求知，尤在於其探求眞理，絲毫不苟之精神。公孟篇載墨子問儒者：「何故爲樂？」儒者應之以：「樂以爲樂也。」耕柱篇載葉公子高問仲尼曰：「善爲政者若之何？」仲尼對曰：「善爲政者，遠者近之，而舊者新之。」墨子皆譏其未能中其肯綮，不足以解人之惑，釋人之疑。凡此，皆足以說明墨子之質實，而事事皆必窮究其根源也。

尤有進者，墨子爲恐其立論之涉於主觀也，故制爲三表法，以爲其立論之依據。更創爲辯學，以建立正確之思維方法。而其所以能革新進取，創造發明者，亦皆爲此一精神之體現也。至其詳細內容，容於六、七兩章中，詳加介紹，於此姑置弗道耳。

四、身體力行

墨子固然注重「求知」，然而更注重「力行」。蓋能知而不能行，則其知不特毫無意義，且將爲他人所不齒。故「告子謂子墨子曰：『我（能）治國爲政。』子墨子曰：『政者，口言之，身必行之；今子口言之，而身不行，是子之身亂也；子不能治子之身，惡能治國家。』」（公孟）基於此，故墨子恆以能行與否，以斷其知之有無：

「今瞽者曰：『鉅（豈）者白也，黔者黑也。』雖明目者無以易之；兼白黑，使瞽取焉，不能知也。故我曰：瞽者不知白黑者，非以其名也，以其取也。」（貴義）

且以徒託空言而不能力行踐履者爲「蕩口」：

「言足以遷行者，常之；不足以遷行者，勿常。不足以遷行而常之，是蕩口也。」（貴義）

經上曰：「名實合，爲。」經說上曰：「所以謂，名也；所謂，實也。名實耦，合也；志（疑當作知）行，爲也。」卽謂知、行必須合一，然後乃得謂之名實相符矣！經下曰「知其所不知，說在以名取。」經說下釋之曰：「知。雜所智與所不智而問之，則必曰：是所智也，是所不智也。取去俱能之，是兩智之也。」此所謂「以名取」，是卽小取篇所謂「以名舉實」。既能以名舉實，則是「知其所不知」矣！此卽據其行爲之表現，以斷其知之否也。

本乎此，故墨子終其身，皆勇於實踐，雖愈挫而愈奮，枯槁而不舍。

「子墨子自魯即齊，過故人。故人謂子墨子曰：『今天下莫爲義，子獨自苦而爲義，子不若已。』子墨子曰：『今有人於此，有子十人，一人耕而九人處，則耕者不可以不益急矣！何故？則食者衆而耕者寡也。今天下莫爲義，則子如勸我者也，何故止我？』」（貴義）

此種精神，此種願力，蓋與耶穌獨背負人類十字架之精神，相互輝耀，而其爲善不欲人知，惟義之是務，但求眞理，不計毀譽之態度，尤有足多者。

「巫馬子謂子墨子曰：『子之爲義也，人不見而服，鬼不見而富，而子爲之，有狂疾。』子墨子曰：『今使子有二臣於此，其一人者，見子從事，不見子則不從事；其一人者，見子亦從事，不見子亦從事，子誰貴於此二人？』巫馬子曰：『我貴其見我亦從事，不見我亦從事者。』子墨子曰：『然則是子亦貴有狂疾者。』」（耕柱）

「翟聞之，爲義非避毀就譽。去之苟道，受狂何傷？」（耕柱）

梁任公先生曰：「論到人格，墨子眞算千古的大實行家，不惟在中國無人能比，求諸全世界，也是少見。孟子說：『奮乎百世之上，百世之下，聞者莫不興起也。非聖人而能若是乎？』我們讀這位大聖人的書，總要有『聞而興起』的精神，纔算不辜負哩。」（墨子學案第六章）此眞能知墨子者也。

五、犧牲奉獻

墨子提倡兼愛，主張「愛人不外己，己在所愛之中。」（大取）然其所以「摩頂放踵，利天下，爲之！」（孟子盡心上）「日夜不休，以自苦爲極。」（莊子天下篇）者，實爲其「犧牲奉獻」之精神，有以致之也。

經上曰：「任：士損己而益所爲也。」經說下曰：「任。爲身之所惡，以成人之急也。」惟其能損己以利人，故能犧牲自己，而不憚爲其身之所惡，以成全他人也。魯問篇曰：「美善在上，而怨讎在下，安樂在上，而憂戚在臣。此翟之所謂忠臣者也。」亦正爲此說之註脚。至於大取篇云：「斷指與斷腕，利於天下，相若無擇也；死生利若，一無擇也。」尤見其達於死生之分，而惟義之是從已！

本乎此，故墨子教導其徒衆，亦以犧牲奉獻，吃苦耐勞，爲第一要務。莊子天下篇云：「墨子稱道曰：『昔者禹之湮洪水，決江河，而通四夷九州也，名山三百，支川三千，小者無數，禹親自操槖耜，而九雜天下之川。腓无胈，脛无毛，沐甚風，櫛甚雨，置萬國。禹大聖也，而形勞天下如此。』使後世之墨著，多以裘褐爲衣，以跂蹻爲服，日夜不休，以自苦爲極。曰，不能如此，非禹之道也，不足謂墨。」蓋最能顯示墨子此一精神者也。

今觀墨子，一生奔走天下，始終爲人而不爲己。故越王欲以故吳之地，方五百里以封之，乃曰：「越王將聽吾言，用我道，則翟將往，量腹而食，度身而衣，自比於群臣，奚能以封爲哉？抑越王不聽吾言，不用吾道，而吾往焉，則是我以義糶也。」（魯問）其止楚攻宋，則十日十夜而至於郢，百舍重繭，不辭勞瘁。莊子歎其「其生也勤，其死也薄。」「雖枯槁不舍也」（天下篇）此非具有極度之犧牲精神，曷克臻此。至於呂氏春秋上德篇載墨子弟子孟勝等百八十人死陽城君之難，其事蹟尤爲壯烈感人。此種精神，寖假推演，遂造成俠義之風，而漢之朱家、郭解，其著者也。忘己身之安危，挺身以救人，以抑制强暴，扶助弱小，至今此風不衰，皆墨子之流風餘韻，有以致之。

梁任公墨子學案第二自序云：「夫所謂『摩頂至踵利天下』者，質言之，則損己以利他而已；利億萬人固利他，利一二人亦利他也；汎愛無擇固利他，專注於其所親亦利他也；己與他之利不可得兼時，當置他於第一位，而置己於第二位，是之謂『損己而益所爲。』是之謂墨道。今之匹夫匹婦，曷嘗知有墨子其人者，然而不知不識之中，其精神乃與墨子深相懸契。其在他國，豈曰無之，然在彼則爲畸行，在我則爲庸德。嗚呼！我國民其念之：此庸德者非他，乃墨翟、禽滑釐、孟勝、田襄子諸聖哲，濺百餘年之心力，以蒔其種於我先民之心識中，積久而成爲國民性之一要素焉。我族能繼繼繩繩，與天地長久，未始不賴是也。」可謂能深體墨子此一犧牲奉獻之精神者也。

六、實利主義

儒家崇尚仁義，而以求利爲非。故孔子曰：「君子喻於義，小人喻於利。」（論語里仁）而孟子亦謂：「何必曰利？亦有仁義而已矣！」（孟子梁惠王）墨子則不然；試觀其書中之言利者，蓋陳篇累牘，甚者至謂：「義，利也。」（經上）竟然將儒家認爲絕不相容之兩種觀念，合而爲一，不免令人詫異。然而究其實，蓋亦不迕也。易文言云：「利者義之和也。」又云：「利物足以和義。」左傳亦謂：「義，利之本也。」可見義、利二者，本不相悖，且眞正之利，必蘊義而生；至如悖義妄爲，則雖或可獲一時之利，然終不能期於久遠。而況墨子所倡導者，決非褊狹之利己主義，而乃追求「天下百姓人民之利」也。至於儒家之所以反對之者，乃恐人們蔽於私利而不務公義，若此，則「上下交征利」之結果，必將導致天下之亂，因而以「義」代之，庶免於人們之誤解耳。

基於墨子對於此一利字之體認，故墨子主張人類日常之生活，亦當以實利爲依歸，故凡「諸加費不加民利者」，皆在其反對之列。

「是故聖王作爲宮室，便於生，不以爲觀樂也；……爲衣服，適身體，和肌膚而足矣！非榮耳目而觀愚民也；……其爲食也，足以增氣充虛，彊體適腹而已矣；……作爲舟車，以便民之事。其爲舟車也，全固輕利，可以任重致遠，其爲用財少，而爲利多。」（辭過）

魯問篇載：「公輸子削竹木以爲鵲，鵲成而飛之，三日不下，公輸子自以爲至巧。子墨子謂公輸子曰：『子以爲鵲也，不如翟之爲車轄。須臾，劉三寸之木，而任五十石之重。故所爲巧，利於人謂之巧，不利於人謂之拙。』」足見其事事皆必以實利之多寡，而衡量其存在之價値也。非樂上曰：「利人乎卽爲；不利人乎，卽止。」其義尤爲鮮明。

今觀墨子之所以「非樂」、「非命」、「非厚葬久喪」者，固緣於此公利之心靈意識，卽其「兼愛」、「非攻」之理論，亦無不以「交相利」爲其基礎。然則前賢之所以以「實利主義」者目之，固其宜也。

第三節　墨子天人理論評析

由以上之論述，可知墨子教育思想之基礎，乃植基於天志之觀念。至其人生哲學，固於其教育思想具有深遠之影響，然而探究其本源，則仍根源於法天、順天之根本觀念。是則雖謂墨子教育思想之基礎，全在於天志，亦無不可。無如此一思想之理論基礎，實甚薄弱，未足以饜世人之心也。茲舉數事以明之：

壹、天志理論之缺失

墨子之於天志也，蓋信誓旦旦，然以今日吾人之眼光視之，其理論實欠圓滿。

天志上曰：

「然則何以知天之愛天下之百姓？以其兼而明之；何以知其兼而明之？以其兼而有之也；何以知其兼而有之？以其兼而食焉；何以知其兼而食焉？曰：四海之內，粒食之民，莫不犓牛羊，豢犬彘，潔爲粢盛酒醴，以祭祀上帝鬼神。」

夫衆人之祭祀上帝鬼神，何遽能肯定其非出於迷信？又何以能作爲其「兼而食焉」之明證？至於「兼而食焉」，是否即代表其「兼而有之」？「兼而有之」，何以必然「兼而明之」？「兼而明之」，又何以證明其非自然之現象，而必視之爲愛天下之百姓？此種無必然因果之論，何能視爲有效之論證？此其一。

墨子既以一切禍福，乃至於疾疫，莫非天、鬼之所爲。然公孟篇載跌鼻以墨子爲聖人，何故有疾？因而懷疑鬼神之明。墨子應之曰：

「鬼神何遽不明？人之所得於病者多方，有得之寒暑，有得之勞苦。——是猶百門而閉一門焉，則盜何遽無從入。」（公孟）

既云如此，則非一切皆由天、鬼作主也，明矣！而況事實上，個人之禍福，雖與行爲之善惡，具有因果之關係，却非出於必然。且「修身正行，不能來福；戰慄戒愼，不能避禍。」（論衡累害篇）之事例，固亦所在多有，是何天、鬼之不明也？此其二。（按：關於此點，佛家有六道輪迴之說，耶教有死後審判之論，故能圓轉融通。墨子專言現世之禍福，遂立見其缺失耳。）

夫以上天之至貴至聖，且爲萬有之根源，却欲人「犓牛羊、豢犬彘，潔爲粢盛酒醴，以祭祀上帝、鬼神。」（天志上）然後乃降之以福。至於「不肯事上帝，棄厥先神祇不祀。」則天將「縱棄之而不葆。」（天志中）是何天、鬼之現實而鄙吝也？若此，烏得謂「至貴至聖」？且其既需賴人類仰給煙火，又烏得爲萬有之原？又烏得「久而不衰」？此其三。

凡此，皆顯示其矛盾互見，罅漏百出，其不饜於人心也，固矣！

貳、明鬼說之涉於迷信

墨子之天志理論固多缺失，而其明鬼之說，尤涉於迷信。蓋墨子所用以證實鬼神之實有者，乃運用其三表法：其第一表，不過藉古先聖王之傳說而申論之；第二表，則根據列國春秋之記載，而肯定之。然此，曷足爲確切不移之證據哉？且其所引證之故事，多爲鬼神報讎作祟之事，不過欲收震懾人心之效果，並無學理之依據，甚無謂也。至於第三表，則純就其效果言之，其用心固然良苦，亦終不能成爲確有鬼神之依據。且其明鬼下云：「雖使鬼神誠亡，此（祭祀）猶可以合驩聚衆，取親於鄉里。」是其本身對鬼、神之觀念，亦不夠堅實矣！

總之，墨子明鬼之說，除與天志理論具有同樣之缺失外，且毫無哲學之意義，其結果，徒然獎勵人們非理智之迷信，雖亦能收若干之效果，終未足以得有識者之信從也。

叁、舍人而言天之不當

儒家重視人性，强調人類之地位，故曰：「萬物皆備於我矣！」而不假他求。雖亦主張法天，然所法者，乃哲學之天，而不帶有迷信之色彩。

墨子則以人性爲具有惡之傾向，因而不足爲法。又以人爲上天之附庸，是無異於自貶人類之身價。

人類之身價既失，則人生之意義亦將令人疑惑。且其不從人類道德心性之上立說，而惟天志之是從；不從道德心性之上，以誘發人類向上、向善之意志，却專以天、鬼之賞罰，以為人類行為之鞭策，是直淪人性而為牛馬矣！此豈為有識者，所樂取哉？

再就其效果言之，則天、鬼之說，並不能獲得確切之明證，亦在於人類之信仰而已。故信仰堅，則天志效；信仰衰，則天志化為烏有。實不若從道德心性上，作根本之建設，為探其本耳。

第三章　墨子之教育理論

第一節　教育之功能

夫教育者，乃國家、民族精神與文化之所託，而亦爲社會文明進步之原動力，是以古今中外有識之士，未有不重視教育者也。墨子爲我國古代之教育家，亦積極强調教育之重要，主張「有道者勸以教人」（尙賢下）並以「隱匿良道而不相教誨。」（尙賢下）爲社會之病態。足見其對教育之重視。至於墨子何以特別重視教育，則可於魯問篇中見之：

「魯之南鄙人有吳慮者，冬陶夏耕，自比於舜。子墨子聞而見之，吳慮謂子墨子曰：『義耳！義耳！焉用言之哉？』子墨子曰：『子之所謂義者，亦有力以勞人，有財以分人乎？』吳慮曰：『有！』子墨子曰：『翟嘗計之矣！翟慮耕而食天下之人矣！盛，然後當一農之耕；分諸天下，不能人得一升粟；籍而以爲得一升粟，其不能飽天下之飢者，旣可睹矣！翟慮織而衣天下之人矣！盛，然後當一婦人之織；分諸天下，不能人得尺布；籍而以爲得尺布，其不能煖天下之寒者，既可睹矣！翟慮被堅執銳，救諸侯之患，盛，然後當一夫之戰；一夫之戰，其不御三軍，既可睹矣！翟以為不若誦先王之道，而求其說；通聖人之言，而察其辭。上說王公大人，次匹夫徒步之士。王公大人用吾言，國必治；匹夫徒步之士用吾言，行必脩。故翟以為雖不耕而食飢，不織而衣寒，功賢於耕而食之，織而衣之者也。……天下匹夫徒步之士，少知義，而教天下以義者，功亦多。何故弗言也？若得鼓而進於義，則吾義，豈不益進哉！』」

蓋一人之力量，至為微弱，故雖有為人類謀求福祉之意願與崇高之理想，然而盡心力而為之，亦不過當一夫之功耳！然則欲擴大其功能，莫若從教育著手。教育一旦成功，則不啻一人而化身為千百人，然後可以集此千百人之才智與心力，以共謀人類之福祉，促進社會之進步，以實現其理想之目標。此墨子所以謂：「不耕而食飢，不織而衣寒，功賢於耕而食之，織而衣之者也。」而亦為教育功能之具體說明。古今教育家之所以見重於世，不以此歟？

由以上之論述，可知墨子以為教育之功能，乃在於實現其社會之理想。至於個人知識之探求，品德之感化，則為實現此一理想之工具耳。

第二節　教育之目標

教育之必有目標，亦猶夫射箭之必有鵠的，航行之必有歸趨。蓋射箭而無鵠的，則為無的放矢；

航行而無歸趨，則將隨波逐流。不惟徒勞無功，甚者後果堪虞。是以從事教育事業者，於推展教育之初，必先確立其目標，然後依之以研訂其實施之內容與方法，循序漸進，乃克期於有成。

然而教育之目標，每因時代之不同、客觀環境之需要與夫主觀認知之歧異，而有所不同。固不可一概而論也。

壹、我國古代傳統之教育目標

吾國於上古時期，民智未開，於人與人之基本關係，猶未盡瞭然，——例如子女但知何人為母，而未必知何人為父。是則父子之間，應如何以相對待，尚且不知，而兄弟姊妹之關係更無論矣！若此，則與禽獸之相去也，幾希。故當時教育之主要目標，乃在於使人們確定人倫之序，以促進人己之關係，造成和諧之社會。書堯典云：

「帝曰：契！百姓不親，五品不遜，汝作司徒，敬敷五教，在寬。」（按：鄭注云：「五教，謂父義、母慈、兄友、弟恭、子孝也。」）

孟子亦云：

「人之有道也，飽食煖衣，逸居而無教，則近於禽獸。聖人有憂之，使契為司徒，教以人倫：父子有親，君臣有義，夫婦有別，長幼有序，朋友有信。」（孟子滕文公上）

及至春秋之時，由於社會之進步，人與人之關係亦日趨複雜，又由於封建之解體，人慾之橫流，原始之倫理觀念，已不足以範一世之人心。故孔子乃思所以從人之心性中，作根本之建設，因而標舉「仁」之義旨，以教化當世之人。使人人皆有崇高之人格與夫仁民愛物之胸懷，以達修、齊、治、平之目標。此卽大學所謂：「大學之道，在明明德，在新民，在止於至善。」此其大較也。

貳、墨子之教育目標

墨子生逢亂世，目睹戰禍之慘烈，民生之困苦，因而發其悲天憫人之胸懷，苦心焦思，亟欲整頓社會之秩序，拯救斯民於水火之中。當此之時，疏濶之理論，旣不足以符實際之需要，而應急持危之道，但須洞察天下禍亂之根源，然後本其愛世、救世之熱忱，以力圖矯治之，足矣！

「聖人以治天下爲事者也，必知亂之所自起，焉能治之；不知亂之所自起，則不能治。」（兼愛上）

「子墨子自魯卽齊，過故人，謂子墨子曰：『今天下莫爲義，子獨自苦而爲義，子不若已。』子墨子曰：『今有人於此，有子十人，一人耕而九人處，則耕者不可以不益急矣！何故？則食者衆而耕者寡也！今天下莫爲義，則子如勸我者也，何故止我？』」（貴義）

至於心性之陶冶，道德之修爲，則未遑多致其意焉。

按：墨子書中，雖常言及聖人、賢人，且有尚賢之篇以申明賢人之足貴。然其心目中之聖、賢，乃是「謹其言、愼其行、精其思慮，索天下之隱事遺利，以上事天，則天鄉其德；下施之萬民，萬民被其利，終身無已。」（尚賢中）「蚤朝晏退，聽獄治政，……收斂關市山林澤梁之利以實官府。」

（尚賢中）之實行家。故曰：「嘿（默）則思，言則誨，動則事。使三者代御，必爲聖人。」（貴義）此與儒家「尊德性而道問學。」（中庸）且要人「明德」、「新民」而「止於至善」之義旨，頗異其趣。蓋儒家兼顧「尊德性」與「道問學」，重視禮樂之教，師法之化，而以之爲「內聖外王」之基本功夫，並以「止於至善」爲其終極之目標。其理論圓滿周到，故究其極也，雖聖人亦有所不能至，亦非日月所能見其功。墨子急於救世，故「以爲其禮煩擾而不悅。」（淮南要略訓）因而偏重於求事功之表現。此其所以爲功利主義也。又按：墨子既以人性具有惡之傾向，不足爲法，因而主張法天，至於禮樂之教，師法之化，固非所重也。故公孟篇曰：「夫知者必尊天事鬼，愛人節用，合焉爲知矣！今子曰：孔子博於詩書，察於禮樂，祥於萬物，而曰可以爲天子，是數人之齒，而以爲富。」亦可以見其所偏尚矣！

梁任公先生謂：「墨學之全體大用，可以兩字包括之：曰愛、曰知。尙同、兼愛等十篇，都是教愛之書，是要發揮人類的情感；經上下、經說上下、大取、小取六篇，都是教智之書，是要發揮人類的理性。」（墨子學案第七章）蓋能兼愛衆人，然後能思所以利天下而解百姓之倒懸；能以理性思惟，然後可以堅其學說之壁壘，而於百家爭鳴，交相攻詆之時代中，自立於不敗之地。

「以其言非吾言者，是猶以卵投石也。——盡天下之卵，其石猶是也，不可毀也。」（貴義）

「言無務爲多，而務爲智；無務爲文，而務爲察。」（修身）

故究其教育之主要目標，非若儒家之要人「文質彬彬」，成聖、成賢，而在於教人法天、順天，以培育急公好義，任勞任怨，「沐甚風，櫛甚雨。」「日夜不休以自苦爲極。」「摩頂放踵，利天下，爲之。」甚者雖赴湯蹈火，亦在所不辭之實行家，以實踐其救世利民之學說耳。淮南子曰：

「孔子弟子七十人，養徒三千人，皆入孝出悌，言爲文章，行爲儀表，教之所成也；墨子服役者百八十人，皆可使赴火蹈刃，死不旋踵，化之所致也。」（泰族訓）

正足以說明儒、墨二家教學目標之差異也。

第三節　教學之態度

我國私人講學之風，蓋肇始於孔子，而其「學不厭，教不倦」之精神，允宜爲後世之爲人師表者所效法。至於墨子，則積極之教學態度，尤有過之。

壹、强聒說教

孔子雖主張「有教無類」（論語衞靈公），然猶必「自行束修以上」（論語述而）然後誨之；而曲禮亦有「禮聞來學，不聞往教。」之說。此所以樹立師道之尊嚴也。墨子則出身於平民，既無士大夫矜持之作風，又緣於救世之急切，故一本宗教家之熱忱，主張「偏從人而說之」，强聒而不舍。

「公孟子謂子墨子曰：『實爲善，人孰不知？譬若良玉，處而不出，有餘糈；譬若美女，處而不出，人爭求之；行而自衒，人莫之取也！今子偏從人而說之，何其勞也？』子墨子曰：『今夫世亂，求美女者衆，美女雖不出，人多求之；今求善者寡，不强說人，人莫之知也。』」

（公孟篇）

蓋好逸惡勞者，人之性也！而況亂世之中，人人求自保之不暇，奚暇於學而爲善哉？然則欲宣揚其學說，又必坐待他人之來學，勢不能如其所願，其理至顯。韓非子曰：「仲尼，天下之聖人也。修行明道，以遊海內，海內悅其仁，美其義，而爲服役者七十人。蓋貴仁者寡，能義者難也。故以天下之大，而爲服役者七十人。」（韓非子五蠹篇）墨子蓋亦有鑑及此，故曰：「仁義鈞，行說人者，其功亦多，善亦多，何故不行說人也。」（公孟篇）因而主張「强聒說教」。推此義也，故墨子於孔子所謂：「不憤不啓，不悱不發。」（論語述而）之理論，與夫禮記：「善待問者如撞鐘——叩之以小者，則小鳴；叩之以大者，則大鳴。」（學記）之說，頗有異議。

「公孟子謂子墨子曰：『君子共（恭）己以待，問焉則言，不問焉則止。譬若鍾然：扣則鳴，不扣則不鳴。』子墨子曰：『是言有三物焉，子乃今知其一耳，又未知其所謂也。……』」

（公孟篇）

「今擊之則鳴，弗擊則不鳴，隱知豫力，恬漠待問而後對，雖有君親之大利，弗問不言。若將有大寇亂，盜賊將作，若機辟將發也，他人不知，己獨知之；雖其君親皆在，不問不言，是夫大亂之賊也。」（非儒下）

由此可知，墨子蓋主張積極而主動之教學態度，冀能擴大其對社會之影響力。故絕不輕易坐失任何宣揚其學說之機會。此種積極、進取之精神，實令人爲之肅然起敬。而其以一介匹夫，竟能徒屬滿天下，因而造成一股龐大之勢力，在當時與儒家分庭抗禮，並稱顯學，豈偶然哉？

貳、窮究原委

儒家之言教學，主張：「不憤，不啓；不悱，不發。」（論語述而）故其教學也，恒「道而弗牽，强而弗抑，開而弗達」（禮記學記），而其待學者之問也，必「待其從容，然後盡其聲。」（同上）其目的，則在於使學者能「和易以思」（同上）。而使其自得之也。

墨子則不然，蓋墨子旣有探求眞理之精神，復繼之以强聒說敎之教學態度，故事事皆不僅要「知其然」，且必探求其「所以然之故」及「所以爲之之道」。公孟篇載：

「子墨子問於儒者曰：『何故爲樂？』曰：『樂以爲樂也。』子墨子曰：『子未我應也。今我問曰：「何故爲室？」曰：「多避寒焉，夏避暑焉，且以爲男女之別也。」則子告我爲室之故矣！今我問曰：「何故爲樂？」曰：「樂以爲樂也！」是猶曰：「何故爲室？」曰：「室以爲室也。」』」

此卽所以探求其「所以然之故」亦卽經說上所謂「問故觀宜」也。至於耕柱篇載：

「葉公子高問政於仲尼曰：『善爲政者若之何？』仲尼對曰：『善爲政者，遠者近之，而舊者新之。』子墨子聞之曰：『葉公子高未得其問也；仲尼亦未得其所以對也。葉公子高豈不知善爲政者之遠者近也，而舊者新之哉？問所以爲之若之何也。……』」此則在於探求「所以爲之之道」也。小取篇云：「其然也，有所以然；其然也同，其所以然不必同。其取之也，有所以取之；其取之也同，其所以取之不必同。」凡此，皆足以說明墨子事事皆必窮究其原委之精神。而此一精神，亦正爲今日國人所亟應重振之者也。否則，則我國之科學文明，將永無迎泰西諸先進之頭而趕上之之日矣！嗚呼！勉之哉！

第四節　教學之方法

教育者，乃謀求個人與團體之生存與發展之工具也；既有良好之工具矣！又必熟諳其使用之方法，乃克充分發揮其效用，而獲致預期之成果。韓非子有云：「夫良馬固車，使臧獲御之，則爲人笑；王良御之，而日取千里。車馬非異也，或至乎千里，或爲人笑。則巧拙之相去遠矣！」（韓非子難勢）此方法之所以不可不講求也。

墨子既爲實行家，自亦甚講求方法。經上曰：「法，所若而然也。」經說上曰：「意、規、員（圓）三也俱，可以爲法。」是知所謂法者，乃模式之謂也！經下曰：「物之所以然，與所以知之，與所以使人知之，不必同。」此法之運用也。玆就認知教學、實踐教學、教學之術三方面討論之：

壹、認知教學

國父孫中山先生嘗謂：「革命的基礎，在於高深的學問。」墨子爲實行家，雖以儒家之禮爲煩擾而不悅，然於實用之知識、技能，與夫行爲之規範，固極重視。經下曰：「學之益也，說在誹者。」經說下曰：「學也，以爲不知學之無益也，故告之也，是使知學之無益也，是教也。以學爲無益也，教悖。」此其斥誹者「以學爲無益」之說。亦見其重視學矣！其言認知之方法，可於墨經中得之：

「知：聞、說、親。」（經上）

「知。傳受之，聞也；方不㢓，說也；身觀焉，親也。」（經說上）

所謂「聞」，乃經傳授而知者，余名之曰「傳授法」；所謂「說」，乃經推論而知者，余名之曰「推論法」；所謂「親」，乃由經驗而知者，余名之曰「求證法」。

梁任公先生並將此三種求知之方法與「三表法」相對應。其言曰：「『有考（按：非命上、中具作「本」，非命下作「考」。）之者。』便是『聞知』的應用；『有原之者。』便是『親知』的應用；『有用之者。』便是『說知』的應用。」（墨子學案第七章第二節）

此外，另有一種不藉「五路」而獲得知識之方法：

「知而不以五路，說在久。」（經下）

「知。以目見，而目以火見，而火不見，惟以五路知。久，不當以目見，若以火見。」（經說

下）

按：「五路」者，知覺所經由之五種途徑也。若佛典以眼、耳、鼻、舌、身爲「五入」是也。蓋人之得知識，多恃五路。例如見火，目爲能見，火爲所見。火與目離，則火不能獨成見也，故曰：「惟以五路知。」然亦有不藉五路而知者。例如「久」之觀念，乃因心靈對時間之感應而認定者。此種求知之方式，余名之曰「感應法」。玆分述如下：

一、傳授法

吾人於教學中所最常見者，卽爲傳授法。而人類歷史、文化之傳遞，亦胥惟是賴。例如吾人於古代之歷史，既未嘗親身經歷以知之，亦無法藉推論而得之，然則吾人之所以能知者，乃於書籍或他人之口授中而得知也。墨子曰：「吾非與之並世同時，親聞其聲，見其色也；以其書於竹帛，鏤於金石，琢於盤盂，傳遺後世子孫者知之。」（兼愛中）卽此類也。除此而外，凡吾人欲承受他人之知識與經驗，亦皆有賴於是。此之謂「聞知」。其用於教學，卽爲「傳授法」。此法於墨子書中，蓋俯拾卽是：

「昔者文王之治西土，若日若月，乍光于四方，于西土。不爲大國侮小國，不爲衆庶侮鰥寡。」（兼愛中）

「古者人之始生未有宮室之時，因丘陵掘穴而處焉；聖王慮之，以爲掘穴，曰：冬可以辟風寒；

逮夏，下潤濕上熏烝，恐傷民之氣，于是作爲宮室而利民。」（節用中）

「禽子再拜頓首，願遂問守道曰：『敢問客衆而勇，堙資吾池，軍卒並進，雲梯旣施，攻備已具，武士又多，爭上吾城，爲之奈何？』子墨子曰：『問雲梯之守邪？雲梯者，重器也！亓（其）動移甚難，守爲行城雜樓，相見以環亓中，以適廣陜（狹）爲度，環中藉幕，毋廣亓處。行城之法，高城二十尺，上加堞廣十尺，左右出巨（距）各二十尺；雜樓高廣，如行城之法。爲爵（雀）穴煇（熏）鼠，施荅亓外。機衝棧城廣與隊等，雜亓閒以鐫劍。持衝十人，執劍五人，皆以有力者。合案目者視適（敵）以鼓發之，夾而射之，重而射之，披機藉之，城上繁下矢石沙灰以雨之，薪火水湯以濟之。審賞行罰，以靜爲故（固）。從之以急，毋使生慮；若此，則雲梯之攻敗矣！』」（備梯）

此種教授方法，旣可以使人多識於歷史掌故，亦可以古證今，申述義理，更可藉之以傳授知識、技能，其爲用亦云大矣！

按：梁任公先生以「考之者」便是「聞知的應用」，其言信然。惟「聞知」則不局限於「考之者」。蓋「考之者」，僅限於「考之先聖大王之事。」（非命下）其爲用，特「以古證今」耳，則其範圍固狹窄多多矣！

二、推論法

傳授法之作用固多，其缺點則在於只能陳述已知之事理。若事理未明，或史生闕文，則當以「推論法」以輔助之，此卽經上所謂「說知」，經說上所謂「方不庳」也。（按：庳同障；方不庳，謂不因境域之限制，而使吾之知，受到阻礙也。）然則如何以推論之？小取篇言之審矣！

「推也者，以其所不取之同於其所取者，予之也。是猶謂也（它）者同也，吾豈謂也（它）者異也。」

按：「取」，謂取而觀察、比較、分析、歸納也。「予」，說文云：「予，推予也。」卽推論之意。故推也者，卽自所未知之事物中，找出其與已知之事物中所共同之點，而加以推論。例如：

「天下莫不欲與其所好，度（廢）其所惡；今子聞其鄉有勇士焉，必從而殺之。是非好勇也，是惡勇也。」（耕柱）

「聞有勇士，則殺之。」吾不知其是否爲「好勇」之表現。然而人之常情，皆於其所好者，則思友之；於其所惡者，則思除之。今「子聞有勇士，則殺之。」是思「除之」，而非思「友」之明矣！然則子之「惡勇」也，亦明矣！此之謂「推論法」。此法在墨書中亦屢見不鮮：

「子墨子仕人於衞。所仕者至而反。子墨子曰：『何故反？』對曰：『與我言而不當（按：應從下文作審，實也。）！曰：「待女（汝）以千盆！」授我五百盆，故去之也！』子墨子曰：『授子過千盆，則子去之乎？』對曰：『不去！』子墨子曰：『然則非爲其不審也，爲其寡也！』」（貴義）

「民有三患：飢者不得食、寒者不得衣、勞者不得息。……然卽（則）當爲之撞巨鐘、擊鳴鼓、彈琴瑟、吹竽笙而揚干戚，民衣食之財將安可得乎？則我以爲未必然也！……是故子墨子曰：爲樂非也。」（非樂上）

此種推論，誠所謂一針見血，而令對方無辭以對。故具有極大之說服力。此外，墨子以爲未來之事，亦可以藉過去之經驗而推論之。

「彭輕生子曰：『往者可知，來者不可知。』子墨子曰：『藉設而親在百里之外，則遇難焉，期以一日也；及之則生，不及則死；今有固車良馬於此，又有奴馬四隅之輪於此，使子擇焉，子將何乘？』對曰：『乘良馬固車，可以速至。』子墨子曰：『焉在不知來？』」（魯問篇）

凡此種種教授方法，皆可以引發思辨之能力，許多新知，亦緣此而生，至足貴也。惟梁任公先生以爲「用之者，便是說知的應用。」其理固宜，然二者亦非全然相等。蓋「用之者」，僅限於「發以爲刑政，觀其中國家百姓人民之利。」（非命上）換言之，僅限於推論某一學說、某一制度或某一做法，是否合乎國家百姓人民之利已耳。並不能包含一切推論。而推究其根本精神，則又與「求證法」相通，固不宜强爲比附也。

按：墨家極注重哲學方法，容於第六章中，詳加論述，茲不贅言。

三、求證法

上述二種教學法，固有其優點，終不若親身體驗之爲眞切。然則欲使學者有更眞切之體認，必使之親自觀察或親自實驗然後可。此之謂「親知」，乃最積極之求知態度也。此種實驗求證之態度，墨書中亦不乏其例：

「有聞之，有見之，謂之有；莫之聞，莫之見，謂之亡（無）。」（非命中）

「然則吾爲明察此，其說將奈何而可？子墨子曰：是與天下之所以察知有與無之道者，必以衆之耳目之實，知有與亡爲儀者也。」（明鬼下）

按：以上二例，乃强調「親知」之原則。惟梁任公先生以：「『有原之者』便是親知的應用。」亦有待商榷。例如鬼神之有無，蓋無法以「身觀焉」之「親知」以相證驗。故墨子明鬼下以「原之者」證實鬼神之有，乃根據「周之春秋」，而謂「以若書觀之，則鬼神之有，豈可疑哉？」則是「原之者」直爲「聞知」而非「親知」矣！梁任公先生曰：「即如明鬼篇講許多鬼，據墨子說來，都是衆人共見共聞，難道便算得科學的有鬼論嗎？即此可見親知之外，更須有聞知、說知爲之補助了。」（墨子學案第六章第二節）殊不知墨子所謂「原之者」，乃多憑古書以證實「有與無之別」耳，雖具有「親知」之求證精神，實則仍屬於「聞知」。既爲「聞知」，自屬「非科學之有鬼論矣！」且非命中有云：「於其原之也，徵以先生之書。」益可證明「原之者」，並不同於「親知」。此所以不能將三表法與聞、說、親三者强爲比附也。

實則墨子最能表現「實驗求證」之精神者，仍在第三表「用之者」。墨子之根本精神在此，而墨家之所以能創造發明、實踐力行者，亦在此：

「用而不可，雖我亦將非之。」（兼愛下）

「今天下之君子之名仁也，雖禹湯無以易之；兼仁與不仁，而使天下之君子取焉，不能知也。故我曰天下之君子不知仁者，非以其名也，亦以其取也。」（貴義）

墨子魯問篇載：「公輸子自以爲至巧。子墨子曰：『子以爲鵲也，不如翟之爲車轄。』須臾斲三寸之木，而任五十石之重。」公輸篇載：「子墨子解帶爲城，以牒爲械；公輸盤九設攻城之機變，子墨子九距之；公輸盤之攻械盡，子墨子之守圉有餘。」皆爲現身說法，令對方「親知」之餘，而心服口服也。凡此，皆屬於墨子實驗求證之教學法也。

梁任公先生曰：「秦、漢以後儒者所學，大率偏於聞知、說知兩方面。偏於聞知，不免盲從古人，摧殘創造力；偏於說知，易陷於『思而不學則殆』之弊，成爲無價值之空想。中國思想界之受病確在此。墨經三者並用，便調和無弊了。」（墨子學案第七章第二節）信哉！斯言。凡我中華兒女，當於此三致其意焉。

四、感應法

經下曰：「知而不以五路。說在久。」蓋通常吾人對外界之事物能有所知者，多憑目視、耳聞、鼻嗅、舌嚐、身觸——所謂「五路」以知之。然亦有非五路所能得知者，例如「久」之觀念是也。於此，但能藉心靈之感應以知之。故凡吾人欲瞭解「抽象」之事物，輒賴此法，以濟五路之窮。惟心靈之感應，往往因人、因時、因事而異。例如「一日不見，如隔三秋」，蓋以一日為久；「哀吾生之須臾，羨長江之無窮」，則又以數十年為短暫。再如墨子以「四海之內，粒食之民，莫不犓牛羊，豢犬彘，潔為粢盛酒醴，以祭祀於上帝鬼神。」因而深信天之「兼而有之，兼而食焉。」（見天志上）實亦藉心靈之感應耳。若夫虔誠之宗教徒聞之，必將產生相同之感應；而無神論者聞之，必將斥之為荒謬。是卽能感應與不能感應之別耳。

貳、實踐教學

墨子固注重「認知」，而其根本精神則在於「實踐」。經下云：「知其所不知，說在以名取。」既知其「名」矣！又能「取」之而無誤，乃謂之知。其貴義篇云：

「今瞽者曰：鉅（豈）者白也，黔者黑也，雖明目者無以易之；兼白黑使瞽取焉，不能知也。故我曰：瞽者不知白黑者，非以其名也，以其取也。」

蓋徒有認知之教學，輒易流於空言理論，而與現實脫節。若此，是何異於瞽者之言黑白哉？西哲亞里斯多德嘗謂：「德由實踐而得……一如琴師藉操琴而精鍊其技。」足見中西哲人所見略同。其貴義篇又云：

「商人之四方市，賈（價）信（倍）徙，雖有關梁之難，盜賊之危，必為之；今士坐而言義，無關梁之難，盜賊之危，此爲信（倍）徙不可勝計，然而不爲；則士之計利，不若商人之察也。」

夫商人爲求倍蓰之利，不惜冒關梁之難、盜賊之危，而爲之。今行義之利，豈止倍蓰，且無關梁之難、盜賊之危，而士多徒知坐而言義，不知起而力行。嗚乎！斯無怪乎墨子之必起而大聲疾呼矣！

墨子既如此重視實踐，則其誘導弟子由認知而走向實踐，亦自有其道焉。茲分述如下：

一、確定目標

實踐教學中，當以確定目標，使受教者能明確瞭解施教者之意願，以爲努力之標的，爲首要之務。近世之教學，恒强調所謂「行爲目標」者，蓋卽此也。倘目標欠明，而或閃爍不定，將難免產生偏差，或使受教育者無所適從。墨子尚同中云：

「是以先王之書，周頌之道曰：『載見辟王，聿求厥章。』則此語古者國君諸侯之以春秋來朝聘天子之廷，受天子之嚴教，退而治國。政之所加，莫敢不賓。當此之時，本無有敢紛天子之教者。」

蓋天子既已有明確之教矣，故無有敢紛亂之者。此卽目標之所以不可不先爲確立也。兼愛中載：

「昔者晉文公好士之惡衣，故文公之臣，皆牂羊之裘，韋以帶劍，練帛之冠，入以見於君，出以踐於朝。……楚靈王好士細腰，故靈王之臣，皆以一飯爲節，脅息然後帶，……越王句踐好士之勇，教馴其臣，和合之，焚舟失火，試其士曰：『越國之寶盡在此。』越王親自鼓其士而進之。士聞鼓音，破碎亂行，蹈火而死者，左右百人有餘。……」

此數君者，其臣下之所以皆有此令人滿意之表現者，固緣於臣下之欲投其所好，然而使臣下皆能確知其意願，實有以致之。

今觀墨子諸篇中，不論宣揚何種主張，無不明確揭櫫其所欲受教者達到之目標：

「正長既已具，天子發政於天下之百姓，言曰：『聞善而不善，皆以告其上；上之所是，必皆是之；所非，必皆非之；上有過，則規諫之；下有善，則傍（訪）薦之；上同而不下比，此上之所賞，而下之所譽也。……」（尚同上）

「為宮室之法曰：室高足以辟潤濕，邊足以圉風寒，上足以待雪霜雨露，宮牆之高，足以別男女之禮，謹此則止。……」（辭過）

「然則天亦何欲何惡？天欲義，而惡不義。」（天志上）

「順天意者，兼相愛，交相利，必得賞；反天意者，別相惡，交相賊，必得罰。」（同上）

凡此，莫不意旨明確，而使受教者知所遵循也。

二、以身作則

目標既經確定，則施教者，即當「以身作則」。樹立教師之榜樣，決不可徒託空言。墨子曰：

「政者，口言之，身必行之；今子口言之，而身不行，是子之身亂也；子不能治子之身，惡能治國政。」（公孟）

蓋施敎者倘不能自踐其言，將何以服受敎者之心？孔子曰：「其身正，不令而行；其身不正，雖令不從。」（論語子路）與此義正相契合。爲政如此，敎導學生又何獨不然？故墨子主張：

「言足以復行者，常之；不足以擧行者，勿常。不足以擧行而常之，是蕩口也。」（耕柱）

凡此，皆所以說明「言行合一」之重要也。

方授楚墨學源流引淮南子曰：「墨子服役者百八十人，皆可使赴火蹈刄，死不旋踵，化之所致也。」（泰族訓）因申之曰：「化字最能傳達神恉，亦卽所染篇之染也。死乃人所最難，而能赴火蹈刄，視死如飴，則墨子之感人，必有在學問、文字、言語以外者。古語曰：『以言敎則訟，以身敎則從。』其此之謂矣！」（墨學源流第七章第一節）今觀墨子之言「兼愛」，則「摩頂放踵，利天下，爲之。」（孟子盡心上）；倡「非攻」，則止楚攻宋（見公輸篇）、止魯陽文君攻鄭（見魯問篇）、止齊伐魯（同上），並自爲守圉之器以助人防守；言「節用」，則「以裘褐爲衣，以跂蹻爲服，日夜不休，以自苦爲極。」（莊子天下篇）；言「貴義」，故辭越王之封（見魯問篇）「獨自苦而爲義。」（貴義）；言「非命」，故不聽日者之言（見貴義篇）。凡此，皆足以說明墨子爲能踐其言者也，則其敎學之所以成功，豈偶然哉？

三、注重環境

墨子注重學習之環境，可於所染篇中得之。其言曰：

「子墨子見染絲者而歎曰：染於蒼則蒼，染於黃則黃；所入者變，其色亦變；五入必而已，則爲五色矣！故染不可不愼也。」（所染）

按：墨子所染篇雖出於僞託，然墨子見染絲者而歎，亦見於呂氏春秋當染篇，則其事應屬可信。故清儒汪中云：「墨子蓋嘗見染絲者而歎之，爲墨之學者，增成其說耳。」（述學墨子序）

蓋敎師之循循善誘，固能予人以深遠之影響，然而環境之移人，尤不可忽視。故孔子有「里仁爲美」之說，孟子有「一傳衆咻」之喻。而家語六本篇云：「與善人居，如入芝蘭之室，久而不聞其香，卽與之化矣；與不善人居，如入鮑魚之肆，久而不聞其臭，亦與之化矣！」正可與此，相互發明。

至於注意環境，自以謹愼其所從遊爲第一要務，蓋所以收浸染之效焉，故曰：

「其友皆好仁義，淳謹畏令，則家日益，身日安，名日榮，處官得其理矣！……其友皆好矜奮，創作比周，則家日損，身日危，名日辱，處官失其理矣！」（所染）

此與孔子所謂「益者三友、損者三友。」（論語季氏）之說，蓋若合符節也。故凡欲其敎之成者，可不愼其所染哉？

四、觀察動機

墨子爲功利主義者，故其行爲價值之判斷，恆以「現實之利」爲依歸，然亦未嘗不著重於動機之觀察也。墨子魯問篇載：

「魯君謂子墨子曰：『我有二子：一人者好學；一人者好分人財。孰以爲太子而可？』子墨子曰：『未可知也。或爲賞譽爲是也！釣者之恭，非賜魚也；餌鼠以蟲，非愛鼠也。吾願主君之合其志功而觀焉。』」（魯問篇）

其所爲也，雖若合於善者，然或別有所求，甚者糖衣毒藥，自不能謂之善矣！故於善、惡之判斷，必合「志」（卽動機）、功（卽功效）二者而觀之，然後可爾！

據此，故墨子以爲：凡有善良之動機，則雖未見其實效，亦當鼓勵之；反之，則雖未見其賊害，亦當排詆之。

「巫馬子謂子墨子曰：『子兼愛天下，未云利也；我不愛天下，未云賊也。功皆未至，子何獨自是而非我哉？』子墨子曰：『今有燎者於此，一人奉水，將灌之；一人摻火，將益之。功皆未至，子何貴於二人？』巫馬子曰：『我是彼奉水者之意，而非夫摻火者之意。』子墨子曰：『吾亦是吾意，而非子之意也。』」（耕柱篇）

此卽「與人爲善」之道也！

然則墨子之據以判斷其動機之善惡者，何也？曰：蓋以其符合「天意」與否為斷也。

「觀其意、行，順天之意，謂之善意行；反天之意，謂之不善意、行。」（天志中）

此則墨教之根本精神也。

五、因勢利導

墨子主張强聒說教，已見前述。然亦有因其人，或誘之以所好，或喻之以至理，或責之以所能；皆所謂因勢而利導之也。公孟篇謂：

「有游於子墨子之門者，身體强良，思慮徇通，欲使隨而學。子墨子曰：『姑學乎！吾將仕子！』勸於善言而學。其（朞）年，而責仕於子墨子。子墨子曰：『不仕子，……子不學，則人將笑子，故勸子於學。』」（公孟篇）

此因其所好以誘之也，雖不無欺罔之嫌，然其動機，固出於愛之也。是所謂：「善意之謊言也。」又謂：

「有游於子墨子之門者，子墨子曰：『盍學乎？』對曰：『吾族人無學者。』子墨子曰：『不然！夫好美者，豈曰吾族人莫之好，故不好哉；夫欲富貴者，豈曰吾族人莫之欲，故不欲哉？好美、欲富貴者，不視人，猶强為之；夫義，天下之大器也，何以視人？必强為之！』」（同上）

此喻之以至理，而令對方不得不從其言也。又：耕柱篇謂：

「子墨子怒耕柱子。耕柱子曰：『我毋愈於人乎？』子墨子曰：『我將上大行，駕驥與牛，子將誰敺？』……耕柱子曰：『以驥足責。』子墨子曰：『我亦以子爲足責！』」（耕柱篇）

此因其材性，責之以所能也，乃所以鼓勵而鞭策之，亦春秋責備賢者之義焉。

由以上三事而觀之，亦足見墨子循循而善誘之一斑矣！

六、賞罰並重

「賞」、「罰」二者，常爲教學者用作達到教學目標之一種手段，特方式各異，輕重有別耳。墨子於實踐教學中，亦極强調賞、罰。經上有四條專門闡釋賞、罰之定義：

「功：利民也。」

「賞：上報下之功也。」

「罪：犯禁也。」

「罰：上報下之罪也。」

合以上四條而觀之，可知墨子賞罰之標準，乃在於視是否有利人之行爲與是否曾違反禁令爲定。此卽天志上所謂：「順天意者，兼相愛，交相利，必得賞；反天意者，別相惡，交相賊，必得罰。」至於賞罰之方式，則着重於「報」。亦卽「我爲天之所欲，天亦爲我所欲。」（天志上）「不爲天之所欲，而爲天之所不欲，則夫天亦且不爲人之所欲，而爲人之所不欲矣！」（天志中）此種方式，殆卽今日道德教育中，所謂「報應性的賞罰」（Retributive justice）其目的在使爲善者得到若干利益，以資報償；使違規者，遭受剉折與痛苦，以爲報復。呂氏春秋載：

「墨者鉅子有腹䵍，居秦，其子殺人。秦惠王曰：『先生之年長矣，非有他子也，寡人已令吏弗誅矣！先生之以此聽寡人也。』腹䵍對曰：『墨者之法，殺人者死，傷人者刑，此所以禁殺傷人也。夫禁殺傷人者，天下之大義也！王雖爲之賜而令吏弗誅，腹䵍不可不行墨者之法。』不許惠王，而遂殺之。」（呂氏春秋去私篇）

此正爲報應性懲罰之典型。而此種「法律之前，人人平等。」之精神，實亦正爲後世法家所本。至於天志中又云：

「聚斂天下之美名而加之焉。……書於竹帛，鏤之金石，琢之槃盂，傳遺後世子孫。……聚斂天下之醜名而加之焉。……又書其事於竹帛，鏤之金石，琢之槃盂，傳遺後世子孫。……」

此則又近於今日道德教育中所謂「懲戒性的懲罰」（Deterrent theory of punishment）其目的則在使大衆知悉賞罰之事實，以發揮鼓舞與儆戒之作用，使爲善者勸，爲惡者沮，以加强賞、罰之功效焉。

惟墨子以爲不論何種賞罰，其施行之初，必先明察秋毫，且應適得其當，洽於人心。故曰：「古者聖王之爲刑政賞罰也，甚明察以審信。」又曰：「賞當賢，罰當暴，不殺無辜，不失有罪。」（尚同中）否則「是故以賞不當賢，其所賞已無故矣！其所罰者亦無罪，是以使百姓皆攸心解體，沮以爲善。」（尚賢下）可不愼歟？

除此而外，墨子更主張法令必須明確，以使受教育者知所遵循。否則，受教者卽使有過，亦不當予以懲罰。經說上云：「不在禁，雖害無罪。」卽此義也。此與法家「憲令著於官府，賞罰必於民心。」（韓非子定法）之旨，可謂若合符節。亦合於學記「禁於未發之謂豫」之教學原理。墨子魯問篇載：

「子墨子使勝綽事項子牛。項子牛三侵魯地，而勝綽三從。子墨子聞之，使高孫子請而退之曰：『我使綽也，將以濟驕而正嬖也。今綽也，祿厚而譎夫子，夫子三侵魯，而綽三從，是鼓鞭於馬靳也。翟聞之，言義而弗行，是犯明也，綽非弗之知也，祿勝義也。』」

此卽謂墨子使勝綽事項子牛，既以使「濟驕而正嬖」，是已有明確之指示矣！「綽非弗知之也」，而竟明知故犯，然則勝綽之得罰，固罪有應得也。

叁、教學之術

凡認知教學或實踐教學，除應遵循上述之諸種途徑外，更應講求教學之技巧，始足以收事半功倍之效焉。玆就墨子諸篇中而探求之，約得下列數端：

一、因材施教

墨子既主張：「凡入國，必擇務而從事焉。」（魯問篇）故其教學也，亦一本此義，而主張「因材施教」。

蓋人類之資質各異，才性有別，施教者，貴能因其資質才性之所近，而施以適當之教導，俾能適應其個別差異而發揮所長，貢獻社會。故治徒娛、縣子碩問墨子以「爲義孰爲大務？」墨子曰：

「譬若築牆然！能築者築，能實壤者實壤，能欣者欣。然後牆成也；爲義猶是也：能談辯者談辯，能說書者說書，能從事者從事。然後義事成也。」（耕柱篇）

此言因個人之所長，而任之以事。亦足見墨子極重視各人才性之差異，而必使人發揮所長也。故公孟篇載：「二三子有復於子墨子學射者」，墨子止之曰：

「夫智者，必量亓（其）力之所能至而從事焉。國士戰，且扶人，猶不可及也；今子，非國士也，豈能成學又成射哉？」（公孟篇）

蓋射之爲道，非身强力壯之「國士」所不能精其術，今此數子者，非國士也，則其力之不能至也，固矣！惡能既成學，又成射哉？貴義篇又云：

「子墨子南遊使衞，關中載書甚多，弦唐子見而怪之曰：『吾夫子教公尚過曰：「揣曲直而已。」今夫子載書甚多，何有也？』子墨子曰：『昔者周公旦，朝讀書百篇，夕見漆（七）十士，故周公旦佐相天子，其脩至於今；翟上無君上之事，下無耕農之難，吾安敢廢此？翟聞之，同歸之物，信有誤者，然而民聽不鈞，是以書多也；今若過之心者，數逆於精微，同歸之物，既知要矣！是以不教以書也。而子何怪焉？』」（貴義篇）

揆墨子之意，蓋以公尙過之既能鉤考精微，參悟道妙，而揣其曲直焉，當可行其道而無惑矣！固不必復費神於載籍之研探耳！

至於墨子因耕柱子之材性，而責之以所能，而謂：「我亦以子爲足責」（耕柱篇），亦足見墨子對諸生之材性，皆能有充分之認識。惟其如此，故能依據其個別差異，而施以適當之教學。此實與教學之原理，深相契合者也。

二、善用譬喻

墨子云：「辟（譬）也者，舉也（它）物而以明之也。」蓋天下之事理繁多，而受教者或認知有限，或觀念不同，故常需藉譬喻以說明之；或用之以推理，以加强論證之力量。

說苑善說篇載：「（梁王）謂惠子曰：『願先生言事則直言耳，無譬也。』惠子曰：『今有人於此，而不知彈者，曰：彈之狀若何？應曰：彈之狀如彈。則諭乎？』王曰：『未諭也！』『於是更應曰：彈之狀如弓，而以竹爲弦。則知乎？』王曰：『可知矣！』惠子曰：『夫說者，固以其所知，諭其所不知，而使人知之；今王曰：無譬！則不可矣！』」此正說明譬喻之功效也。

今觀墨子書中之用譬喻者，蓋成篇累牘，比比皆是。玆分類以說明之：

㈠概念性之譬喻：凡藉某一概念，以說明另一概念者，謂之「概念性之譬喻」此法墨書中蓋屢見不鮮。例如：「鐘猶是延鼎也。」（非樂上）「天下之亂，若禽獸然。」（尚同上）「送死若徙。」（節葬下）「龍若參耕之畝。」（節葬下）「若天之高，若地之普。」（尚賢中）此種譬喻之功用，乃在於使人無須藉「親知」，卽可獲得一較明確之概念。實爲良好之教學法。

㈡說明性之譬喻：凡以較淺顯之事理，說明較精深之事理者，謂之「說明性之譬喻」。此法墨子書中蓋俯拾卽是。例如：

「若非人而無以易之，譬之猶以水救水，以火救火也。」（兼愛下）

「言必立儀。言而毋儀，譬猶運鈞之上，而立朝夕者也。」（非命上）

「欲其義之成，而助之修其身則慍。是猶欲其牆之成，而人助之築則慍也。」（貴義）

「大國之攻小國，譬猶童子之爲馬也。童子之爲馬，足用而勞。」（耕柱）

「令之俯則俯，令之仰則仰，是似景（影）也；處則靜，呼則應，是似響也。」（魯問）

「子以三年之喪，非三日之喪，是猶倮（裸）謂撅者不恭也。」（公孟篇）

此法之優點，在使人易於瞭解某一事理，而恍然大悟，甚而拍案叫絕。自亦爲優良之教學法。

㈢推理性之譬喻：凡藉爲一般人所承認之事物中所蘊含之事理，以闡發或推論另一事物中所蘊含之事理，以判定其是非曲直者，謂之「推理性之譬喻」。此法墨子亦優爲之。例如：

「聖人以治天下爲事者也，必知亂之所自起，焉能治之；不知亂之所自起，則不能治。譬之如醫之攻人之疾者然：必知疾之所自起，焉能攻之；不知疾之所自起，則弗能攻。治亂者何獨不然？」（兼愛上）

「今有人於此，少見黑曰黑，多見黑曰白，則必以此人爲不知白黑之辯矣！少嘗苦曰苦，多嘗苦曰甘，則必以此人爲不知甘苦之辯矣！今小爲非，則知而非之，大爲非攻國，則不知非，從而譽之，謂之義：此可謂知義與不義之辯乎？」（非攻上）

「王公大人有一罷馬不能治，必索良醫；有一危弓不能張，必索良工。當王公大人之於此也，雖有骨肉之親，無故富貴，面目美好者，實知其不能也，必不使，是何故？恐其敗財也。當王公大人之於此也，則不失尙賢而使能。逮至其國家則不然：王公大人骨肉之親，無故富貴，面目美好者，則舉之。此譬猶瘖者而使爲行人，聾者而使爲樂師。則王公大人之親其國家也，不若親其一危弓罷馬衣裳牛羊之財與？我以此知天下之士君子，皆明於小而不明於大也。」（尙賢下）

此法之特點，在於以嚴密之推理方式，以闡發某一事物之義理。其理充辭沛，使人不敢攖其鋒，蓋具有强大之說服力。不但可以使人知之，更可以引發思惟，自亦爲理想之教學法。

譬喩之種類與功效，既如上述。然亦須用之適得其宜，否則反將成爲他人論難之資。墨子卽曾指出若干引用失當之譬喩。例如：

「然而今天下之士君子曰：『然！乃若兼則善矣！雖然，不可行之物也：譬若挈泰山越河濟也。』子墨子言：『是非其譬也：夫挈泰山而越河濟，可謂畢劫有力矣！自古及今，未有能行之者也；況乎兼相愛、交相利，則與此異：古者聖王行之。」（兼愛中）

「子夏之徒問於子墨子曰：『君子有鬭乎？』子墨子曰：『君子無鬭！』子夏之徒曰：『狗豨猶有鬭，惡有士而無鬭矣！』子墨子曰：『傷矣哉！言則稱於湯文，行則譬於狗豨。傷矣哉！』」

「巫馬子謂子墨子曰：『舍今之人而譽先王，是譽槁骨也。譬若一匠人然：智槁木也，而不智生木。』子墨子曰：『天下之所以生者，以先王之道教也；今譽先王，是譽天下之所以生也！可譽而不譽，非仁也。』」（耕柱）

觀乎此，不惟見墨子之善用譬喻，且以見其思慮之周詳，與反應之敏捷，故能立卽對他人之引喻失當，而迎頭痛擊之：斯亦無怪乎其教學之能善服人心矣！

三、把握要點

墨子修身篇云：「言無務爲多，而務爲智；無務爲文，而務爲察。」此墨家重質不重文之一貫主張也。而小取篇所謂：「明是非之分，審治亂之紀，明同異之處，察名實之理，處利害，決嫌疑。」則爲此一精神高度之發揮。

韓非子外儲說左上載：

「楚王謂田鳩曰：『墨子者，顯學也，其身體則可，其言多不辯，何也？』曰：『昔者秦伯嫁其女於晉公子，令晉爲之飾裝，從文衣之媵七十人，至晉，晉人愛其妾而賤公女：此可謂善嫁妾，而未可謂善嫁女也。楚人有賣其珠於鄭者，爲木蘭之櫃，薰以桂椒，綴以珠玉，飾以玫瑰，輯以羽翠，鄭人買其櫝而還其珠：此可謂善賣櫝矣！未可謂善鬻珠也。……墨子之說，傳先王之道，論聖人之言，以宣告人。若辯其辭，則恐人懷其文，忘其用，直以文害用也。』」

故知墨子之所以主張「言無務爲多，而務爲智；無務爲文，而務爲察。」者，乃所以針對主題，把握要點，使對方能確知其意旨之所在，而無喧賓奪主，淆亂聽聞之虞。至於麗辭之舖陳排比，用語之譬策動人，非特不爲倡導，甚者視如贅疣之必去之而後快，庶免於「秦伯嫁女」、「楚人鬻珠」之誚耳。今觀墨子諸篇，皆文辭質樸，而主旨鮮明，益信而有徵矣！

至於墨子答時人及弟子之問，亦皆能把握重點，針對問題之癥結，而釋疑解惑，實令人歎服不已：

「（穆賀）謂子墨子曰：『子之言則誠善矣！而君王，天下之大王也，毋乃曰賤人之所爲而不用乎？』子墨子曰：『唯其可行！譬若藥然：一草之本，天子食之，以順其疾，豈曰一草之本而不食哉；今農夫入其稅於大人，大人爲酒醴粢盛，以祭上帝鬼神，豈曰賤人之所爲而不享哉？』」（貴義）

夫天子有疾，不以藥石之出於賤草而不服；而上帝鬼神，亦不以酒醴之出於賤人之稅賦而不享。然則國君豈可因善言之出於賤人而不用哉？信若凡出於賤人者，皆不用之，則吾恐國君及貴人，俱不得一日而安然視息於天下矣！此一針見血之論也。再如：

「魯陽文君曰：『先生何止我攻鄭也？我攻鄭，順於天之志：鄭人三世殺其父，我將助天誅也！』子墨子曰：『鄭人三世殺其父，而天加誅焉，使三年不全，天誅足矣！今又舉兵將以攻鄭，曰：吾攻鄭也，順於天之志。譬有人於此，其子强梁不材，故其父笞之。其鄰家之父，舉木而擊之，曰：吾擊之也，順於其父之志！則豈不悖哉？』」（魯問）

蓋魯陽文君之攻鄭也，不曰貪其伐勝之利，而必爲之飾其辭，故墨子乃因其言而駁斥之。此所謂「遁辭知其所窮」（孟子公孫丑上）也。又如：

「公孟子戴章甫，搢忽（笏，下同），儒服，而以見子墨子曰：『君子服然後行乎？其行然後服乎？』子墨子曰：『行不在服……昔者齊桓公高冠博帶，金劍木盾，以治其國，其國治；昔者晉文公，大布之衣，牂羊之裘，韋以帶劍，以治其國，其國治；……此四君者，其服不同，其行猶一也。翟以是知行之不在服也。』公孟子曰：『善！……請舍忽，易章甫，復見夫子，可乎？』子墨子曰：『請因以相見也。若必將舍忽，易章甫，而後相見，然則行果在服也。』」（公孟）

墨子既證明行之不在服矣！而公孟子聞其言之餘，遂欲「舍笏、易章甫」而復見墨子，具見其過於執着，故墨子乃止之曰：「若必將舍笏，易章甫，而後相見也，然則行果在服也。」此不啻禪宗之當頭棒喝，而令人頓然醒悟也！

此外，墨子並曾舉例說明未能針對問題癥結所在之答問：

「葉公子高問政於仲尼曰：『善爲政者若之何？』仲尼對曰：『善爲政者，遠者近之，而舊者新之。』子墨子聞之曰：『葉公子高未得其問也，仲尼亦未得其所以對也——葉公子高豈不知善政者之遠者近之，而舊者新之哉？問所以爲之，若之何也！不以人之所不智告人，而以所智告之。故葉公子高未得其問也，仲尼亦未得其所以對也。』」（耕柱）

此謂葉公子高未能掌握問題之要點以請教孔子，而僅問：「善爲政者，若之何？」其語義不夠明確。而孔子亦未能揆測其疑惑之所在而具體以告之，遂使葉公子高仍不知應如何使「遠者近之，而舊者新之。」此皆未能把握要點之患也。

四、相機教學

墨子雖主張積極而主動之教學態度，因而徧從人而說之，强聒而不舍。（見本章第三節）然亦未嘗不注重教學之時機。

孫仲容墨子佚文引太平御覽云：

「子禽（子）問曰：『多言有益乎？』墨子曰：『蝦蟆蛙蠅，日夜而鳴，舌乾檘，然而不聽；今鶴雞時夜而鳴，天下振動。多言何益？唯其言之時也。』」（見墨子閒詁附錄）

按：此段佚文，與脩身篇所謂：「言無務爲多，而務爲智。」可以相互發明，惟彼乃注重言之內容，此則注重言之時機耳。論語憲問篇曰：「夫子時然後言，人不厭其言。」卽此謂也。至於魯問篇云：「國家昏亂，則語之尙賢、尙同；國家貧，則語之節用、節葬；國家熹音湛湎，則語之非樂、非命；國家淫僻無禮，則語之尊天、事鬼；國家務奪侵凌，則語之兼愛、非攻。」此種視現實之需要，而施以適當教育之方法，亦卽相機教學之道也。

墨子公孟篇云：

「公孟子謂子墨子曰：『君子共己以待，問焉則言，不問焉則止。……』子墨子曰：『是言有三物焉，子乃今知其一耳，又未知其所謂也。若夫大人行淫暴於國家，進而諫，則謂之不遜；因左右而獻諫，則謂之言議：此君子之所疑惑也。若夫人爲政，將因於國家之難，譬若機之將發也然：君子知之，必以諫。……』」

愚按：此所謂「言有三物」，當係指「問焉則言，不問焉則止。」「問焉則言，不問焉亦言。」「問焉亦不言」三種待問者之方式。而公孟子只知「問焉則言，不問焉則止」，故曰：「子乃今知其一耳。」足見墨子以爲待問者之方式，必因時、因事而定，不可拘泥。故下舉數例以明之。第一例謂「若大人行淫暴於國家，進而諫，則謂之不遜，因左右而獻諫，則謂之言議。」旣有種種顧慮，則無妨「問焉則言，不問焉則止。」其下數例，則無此顧慮，固當發揮道德勇氣，「問焉則言，不問焉亦言。」矣！至於魯問篇載：「魯君謂子墨子曰：『我有二子，一人者好學，一人者好分人財。孰以爲太子而可？』子墨子曰：『未知也。……』」此蓋因墨子於魯君之二子，未有深刻之了解，故雖「問焉亦不言」矣！此皆相機而教學之例也。此種方法，亦甚符合教學之原理。

五、唱和相與

墨子以為欲達到教學之效果，必使師生之間，相互唱和，配合無間，然後可耳：

「唱和同患，說在功。」（經下）

「唱。無過，無所周，若粺。和，無過，使也，不得已。唱而不和，是不學也，智少而不學，必寡；和而不唱，是不教也。智而不教，功適息。使人奪人衣，罪或輕或重；使人予人酒，或厚或薄。」（經說下）

按：本條經與經說，迄無明確之解釋。自孫仲容氏以唱為教，以和為學，後人多從之。然多任意竄改經文，益滋疑晦；所說尤多紛歧，令人無所適從。梁任公墨經校釋則謂：「此條義未詳。」然愚以為此條經與經說，義甚明曉，實不煩改字。茲略陳管見，以俟高明之教我也：

所謂「唱和同患」，乃謂教者之唱與學者之和，皆易有其過也。故教、學功效之多寡，端視其過之有無與多寡為定耳。

經說首言「唱」字，乃牒經之字，此經說之通例也。其下言「無過，無所周，若粺。」乃謂教者之唱與學者之和，倘各行甚是，而不能周浹圓滿，配合無間，則卽使二者本身似俱無過誤，亦將如荑稗之無所用矣！（按：粺、稗二字相通假。）故其下繼云唱、和之道曰：若誠欲學者之和而無過，則必與教者之唱，密切配合，周浹完滿，若此，則雙方必皆興致高昂，唱和持續，不可或已矣！故曰：「和，無過，使也，不得已。」故凡教者唱，而學者不和，卽表示學者缺乏學習之精神。學者知識旣少，又缺乏學習之精神，則學習之功效必寡矣！故曰：「唱而不和，是不學也，智少而不學，必寡。」反之，苟學者願和，而教者不唱，則是缺乏教學之精神也。教學者雖知識甚豐，而無教學之精神，則其功亦適息矣！故曰：「和而不唱，是不教也。智而不教，功適息！」故雖同樣有教、有學，然其功或多或寡。譬之如同樣使人奪人衣，然亦當視唆使者與被唆使者之情節，而定其罪之輕重。又如同樣使人予人酒，亦當視此二人之誠意與態度，以定其情之厚薄耳。故曰：「使人奪人衣，罪或輕或重；使人予人酒，或厚，或薄。」

是故綜此條經與經說而觀之，其意爲必使教師唱之於前，學生和之於後；兩者密切配合，合作無間：若此，則師生打成一片，毫無隔閡，興致高昂，不可或已，必能獲致教學之最大功效也。

第五節　墨子教育理論評析

墨子爲我國偉大之教育家；其教育理論，頗爲圓滿周到，雖時至今日，仍有其足多者。惟任何一學說，無論其設想若何周到，亦終有其缺陷，而此種永遠不能完美無缺之現象，亦適爲研究、發展之原動力，何況後世之學說，恒必賴前者爲之階乎？固不能因此而否定其價值也。玆就管見所及，試爲評析於后：

壹、應急持危之教育目標

首就其教育目標言之，則墨子能針對當時之需要，因而教導其徒衆貴義、力行，效法其摩頂放踵，以利天下之精神，以造福全人類。此一目標，不惟光明正大，且亦切合於社會之利益，吾人自當舉雙手以贊成之。惟墨子力行實踐之精神固然可佩，而此一精神，亦適爲一般國人所最缺乏者。然以長遠之眼光而論之，則其過於强調力行，而忽略品德之陶冶與學術之鑽研，其結果，遂使其後學，徒行俠仗義之是務；於墨子之學說，既不能更有所闡發，以使其隨時代而日進；復缺乏術德兼備之領袖，以籠絡其徒衆之心。益以其所要求於徒衆者，蓋以自苦爲極，非人情所能堪。凡此種種，皆足以導致墨學之衰微。然此非墨子所及見者耳。

貳、輕文重質之教育內涵

墨子本性質實，又鑑於以文害義之缺失，因而其教育之內涵，遂極端重質而不重文。今觀墨子之文，蓋多俚俗而繁複，「言之不文，行之不遠。」亦勢所必然。是則墨學傳至後世，遂不爲一般人所重視，因而塵霾千古，至足惜也。清儒曹耀湘先生謂：「墨者長於行，儒者長於文；行利於一時，文傳於後世。諸子百家之書，皆藉儒者以傳，欲著書以與儒者爭，必不勝也。故儒墨並世，則儒不及墨；

逮乎後世，則墨不及儒。漢書藝文誌敍列九流，今則儒家之言，不可勝讀，道家僅存，墨家幾乎絕矣！」（墨子箋）其間因果，蓋亦引人深思。

叁、强聒說敎之敎學態度

再就其教學之態度言之，則墨子「强聒說敎」、「遍從人而說之」之精神，亦殊令人歎服。然而人之常情，凡愈想迫使他人接受之學說，必愈易使對方產生疑懼，其功效，亦必將大打折扣。亦猶夫今日部分傳敎士，或攔街以散發傳單，或登門以宣傳敎義，固能使部分人士爲之動心，然避之惟恐不及者，亦絕不在少數。而喧譁鼓譟，甚者攻訐他人以自重，尤易令人反感。此亦不可不三思者也。至於愈輕易以傳授他人之學術，則他人亦必愈不知珍惜，因而玩忽不恭，而學習之意願，亦往往因以大減。至於以物與人亦然：譬如世之書畫名家，其率爾揮毫，有求必應者，其作品往往亦不甚爲人所珍惜；而其惜墨如金者，人們反競相設法求取；而一旦得之，必奉爲拱璧，且以之炫耀於衆人。此人類心理之自然現象也。禮記學記云：「師嚴然後道尊；道尊，然後民知敬學。」孔子所以必使欲從其學者「自行束脩以上」，豈貪求此微薄之物哉？乃所以樹立師道之尊嚴，且以厲學者向學之忱耳。子貢欲去告朔之餼羊，子曰：「賜也！爾愛其羊，我愛其禮。」（論語八佾）蓋形式旣衰，則其精神亦將無所寄托。然則師生之禮，豈可廢耶？

肆、認知與實踐並重之教學方法

再就其教學之方法言之，則墨子之言「認知教學」，蓋以「親知」爲主，足見其實事求是之精神，然後又以「說知」、「聞知」以濟其窮，更輔之以「心靈感應之知」，誠能四者相輔而行，其於「認知」之術，亦可謂盡其道矣！

至於墨子之實踐教學，旣能使學生確認其目標之所在，因而心有所主，奮發努力，又能以身作則，樹立教師之榜樣，使學者心悅而誠服。然後輔之以良好之環境，以加强正面之影響力，皆合於教學之原則。餘如觀察動機、因勢利導、賞罰並重，亦皆所以誘導其實踐力行，法良意美，至足欽佩。所可議者，則在於墨子過分强調賞、罰，過分迷信賞、罰之功能。此自維繫社會秩序，維護法律尊嚴之執法者觀之，自無可厚非；站在教育之立場，則有待商榷。蓋教育之使命，乃在於提供適當之環境與活動，使受教者於悠游浸漬之中，獲致化性起僞之功效。此儒家之所以主張「樂以和其內，禮以繩其外。」而謂：「道之以政，齊之以刑，民免而無恥；道之以德，齊之以禮，有恥且格。」（論語爲政）誠能不藉懲罰，而可維持教育活動之正常進行，始能益見教師之本色與師道之尊嚴，且亦更能使從學者，由他律（Morality of heteronomy）而走向自律。（Morality of autonomy）使實踐教學，達到更高一層次之效果。若必不得已，而必須使用懲罰，亦宜先發掘其原因，考察其動機，而加以同情、寬恕，一面誘導其改過遷善，一面施以象徵性之懲罰。此種感化性之懲罰（Reformative theory of punishment）與恕道性之懲罰（Punishment by reciprocity）所得之結果，必較報應性與懲戒性之懲罰爲佳，且更能深入人心。故孔子主張「觀過」（見論語里仁）主張「與其進也，不與其退也。」「與其潔也，不保其往也。」（論語述而）又曰：「聽訟，吾猶人也，必也，使無訟乎！」（論語顏淵）又曰：「如得其情，則哀矜而勿喜。」（論語子張）蓋皆具有積極之意義。此儒家較墨家爲優者也。

伍、教學技巧之商榷

最後，再就其教學之術而觀之，則墨子能因材施教，以發展個性，發揮所長。又能善用譬喻，既使學者易於瞭解，更能引發思辯之能力，皆有其足多者。而其所最可貴者，則在於能把握要點，針對問題之癥結，而予以最徹底之解答；絕無敷衍塞責，苟爲應對之情形。而其探求眞理之態度，亦於此表露無遺。至於相機教學，則可以切合所需，並予受教者以最鮮明之印象。而唱和相與，則能消除師生間之隔閡，使之合作無間，而充分發揮教學相長之功效，亦皆爲最進步之教學法。

惟墨子雖注重觀察動機，然僅作爲行爲判斷之依據，至於如何引發學者學習之動機，以增進學習之意願，因而增進學習之效果，則未遑多所講求。至如公孟篇所載，墨子以「吾將仕子」以引發學者學習之動機，而並無兌現之誠，此種粗疏且涉於詭詐之方法，雖或可得計於一時，終非引起動機之正途，固不足爲訓也。至於墨子待學者之問，必窮究其原委，善則善矣！然無形中將減少學者吸收、消化之機會，並阻滯其思考與發掘問題之能力。荀子曰：「不問而告，謂之傲；問一而告二，謂之囋。傲、囋，非也。君子如嚮矣！」（荀子勸學）是則禮記學記所謂：「善問者，如攻堅木，先其易者，後其節目；及其久也，相說以解……；善待問者如撞鐘，叩之以小者則小鳴，叩之以大者則大鳴。待其從容，然後盡其聲。」皆所以啓導其思辯之能力，而使其自得之也；惟其自得之，乃能入之也深；此一方法，雖時至今日，仍有其不可磨滅之價值。苟能配合運用，必能益增學習之效果矣！

第四章　墨子之政治教育

自幽厲失德，王綱解紐，干戈相尋，略無寧日；降及戰國之世，兵連禍結，兼併愈烈；而游說權謀之徒，則各騁其縱横捭闔之術，以取合於諸侯。致使天下政教分歧，詐僞並起，道術剖裂，而仁義道德之說，遂被視爲迂濶之談矣！墨子秉悲天憫人之胸懷，抱濟世救人之宏願。乃苦心焦思，製爲守禦之器，以抗拒强圉；並創爲兼愛非攻之論，奔走呼號，欲以喚醒世人之迷夢；更取假於殷商以來世人對上帝、鬼神之信仰，建立天志、尙同之說。意欲合同天下，平息紛爭。其爲說悲痛惻怛，出於至誠；探其根源，則多爲當時社會之產物，而能自立其說者。故在戰國之時，得與儒家分庭抗禮，並稱爲「顯學」；雖時至今日，仍有其不可磨滅之價値。玆就管見所及，論述其政治教育之大要於左：

第一節　政治之意義與起源

壹、政治之意義

夫「政」者，衆人之事；「治」者，管理也。故凡管理衆人之事者，皆可謂之政治。今觀墨子書中，多稱「政」爲「正」，可知其中乃含有良政、善政之意。蓋惟有良政、善政，始合乎爲政之本意，是爲「正」矣！否則，卽成爲墨子所謂之「力政」。其天志下云：

「順天之意者，兼也；反天之意者，別也。兼之爲道也，義正；別之爲道也，力正。」

至於順天之意者，將奈何？墨子曰：

「曰義正者何若？曰：大不攻小也，强不侮弱也，衆不賊寡也，詐不欺愚也，貴不傲賤也，富不驕貧也，壯不奪老也。是以天下之庶國，莫以水火毒藥兵刃以相害也。若事上利天，中利鬼，下利人，三利而無所不利，是謂天德。故凡從事此者，聖知也，仁義也，忠惠也，慈孝也。是以故聚斂天下之善名而加之，是其故何也？則順天之意也。」（天志下）

至於反天之意者，何也？墨子曰：

「曰力正者何若？曰：大則攻小也，强則侮弱也，衆則賊寡也，詐則欺愚也，貴則傲賤也，富則驕貧也，壯則奪老也；是以天下之庶國，方以水火毒藥兵刃以相賊害也。若事上不利天，中不利鬼，下不利人，三不利而無所利，是謂天賊。故凡從事此者，寇亂也，盜賊也，不仁不義，不忠不惠，不慈不孝也。是故聚斂天下之惡名而加之，是其故何也？則反天之意也。」（同上）

從以上墨子對義政與力政之詮釋中，吾人可以確認，凡合乎義者，乃謂之正。故天志下曰：「曰義者，正也。何以知義爲正也？天下有義則治，無義則亂，我以此知義爲正也。」既然「義之爲正」，故惟有行義，方可謂之義政、善政。其天志中云：「曰義者，善政也。何以知義爲善政者也？曰：天也有義則治，無義則亂，以是知義之爲善政也。」由此可知，墨子心目中之政治，固當指利天下，利萬民之善政而言；反之，則非政治，而爲暴亂矣！

貳、政治之起源

論及政治之起源，西方哲學與歷史學家，有多種不同之主張，如契約說、父權說、財產說、公權分化說、武力征服說及階級分化說等，而其中以契約說最爲盛行。持此說者，多以爲政治發生之前，必有一自然之狀態，而對於此自然狀態之看法，則殊不一致。約而言之，可分爲兩派。一以英國之霍布斯（Thomas Hobbes, 1588～1679）爲代表，一以英國之洛克（John Locke, 1632—1704）及法國之盧梭（Jean-Jacques Rousseau, 1712～1778）爲代表：

霍氏以爲在自然狀態中之人類生活，乃是根據「自我保存」之欲望，因而產生生存鬥爭。由於此生存之鬥爭，遂使人與人間構成敵視之關係；而此種盲目之「自我保存」之衝動，實足以促使人類同歸於盡。故而此種自然生存之狀態，無法繼續維持。遂逐漸形成一種組織與形態。此即霍氏對政治起源之看法。此種看法與荀子禮論篇中所謂：「人生而有欲，欲而不得，則不能無求，求而無度量分界則爭，爭則亂，亂則窮。先王惡其亂也，故制禮義以分之，以養人之欲，給人之求。」之說法，可謂不謀而合矣！

洛氏與盧氏則以爲在自然狀態下之社會，人類皆依據其自然之理性各自營生，而不受任何權威之制裁與統治。惟洛氏以爲人皆具有自然之理性，而此自然之理性教示人類不可侵犯他人之生命、自由與財產，故人類在自然狀態之下，均成爲自我之制裁者或自然法之執行人。而盧氏則以爲在自然狀態中，人之行動非基於理性，而係基於情感、私慾與同情。然不論其爲基於理性，抑或情感，其以爲自然狀態下之人類享有自由、和平之看法則一。然而由於自然狀態下之營生諸多不便，於是人類乃逐漸放棄原有之自然權利。爲謀求共同之安全與發展，乃通過多數人之意願，同意在一個政府之下，形成一種政體。此卽洛、盧二氏對政治起源之看法。此二種看法，吾人均可稱之爲「契約說」。

至於墨子對政治起源之看法，則與霍氏爲近。其言曰：

「古者民始生未有刑政之時，蓋其語人異義，是以一人則一義，二人則二義，十人則十義。其人茲衆，其所謂義者亦茲衆。是以人是其義，以非人之義，故交相非也。是以內者父子兄弟作怨惡，離散不能相合，天下之百姓，皆以水火毒藥相虧害。至有餘力，不能相勞，腐朽餘財，不以相分，隱匿良道，不以相教，天下之亂若禽獸然。」（尙同上）

處於此種狀況之社會中，人民之生命財產自然毫無保障；人們爲求社會之安定，故而有政長之選立，以整頓此一混亂之局面，而歸於統一。故尙同上又云：

「夫明虔天下之所以亂者，生於無政長，是故選天下之賢可者，立以爲天子。」

由此可知吾國二千餘年前之墨子，於政治起源之看法，其精闢而深刻，固可與歐洲十六世紀之霍布斯氏相媲美；而較荀子之說，則又提早約一百年。

從以上諸思想家之看法中，吾人可以發覺一共通之點，即政治之起源，乃基於人類之共同需求，由於此共同之需求，乃產生種種之政治組織，以解決種種之社會問題。

第二節　理想之政治型態——尚同

尚同之思想爲墨子政治哲學上之主要觀念。其作用，則在於一同天下之義，並使爲政者可藉以獲得下情，因而賞所當賞，罰所當罰，以治其天下，故曰：

「天子唯能壹同天下之義，是以天下治也。」（尚同上）

「上之爲政得下之情，則是明於民之善非也。若苟明於民之善非也，則得善人而賞之，得暴人而罰之也，善人賞而暴人罰則國必治；上之爲政也，不得下之情，則是不明於民之善非也。若苟不明於民之善非，則是不得善人而賞之，不得暴人而罰之。善人不賞而暴人不罰，爲政若此，國家必亂。故賞罰不得下之情，不可而不察者也。然計得下之情，將奈何可？故子墨子曰：唯能以尚同一義爲政，然後可矣！」（尚同下）

此種「以尚同一義爲政」之政治型態，即爲墨子理想中之政治型態。

壹、政治體系

墨子理想中之政治體系，可於尙同中篇得之。其言曰：

「明乎民之無政長，以一同天下之教，而天下亂也。是故選擇天下賢良聖知辯慧之人，立以爲天子，使從事乎一同天下之義。天子既已立矣！以爲唯其耳目之請（畢注：請當爲情，下同。）不能獨一同天下之義，是故選擇天下贊閱賢良聖知辯慧之人，置以爲三公，與從事乎一同天下之義。天子三公既已立矣！以爲天下博大，山林遠土之民，不可得而一也，是故靡分天下，設以爲萬國諸侯，使從事乎一同其國之義。國君既已立矣！又以爲唯其耳目之請，不能一同其國之義，是故擇其國之賢者，置以爲左右將軍大夫，以逮至乎鄉里之長，與從事乎一同其國之義。」

由此段文義，可知此一政治體系，就其行政區域而言，可分爲天下、侯國及鄉、里諸級；就人事言之，則最高卽爲天子，而三公爲天子之佐；其次爲諸侯或國君，而以將軍、大夫爲之佐，再次爲鄉長，再次爲里長。而凡此負責統治之人，又可總稱爲政長。此卽構成墨子理想之政治體系。惟此一體系，固爲墨子解析社會及政治起源所獲得之結果，然其中除鄉長、里長而外，多爲西周封建制度之舊，當非墨子所獨創者也。

貳、天子之選立——天選乎？民選乎？

關於天子由何人所選立之問題，墨書中語意甚為模稜，遂使吾人難於確知其眞義之所在，因而產生種種不同之看法，梁任公於「先秦政治思想史」一書中分析之曰：

「墨子言：『明乎天下之亂生於無政長，故選擇賢聖立為天子，使從事乎一同。』孰明之？自然是人民明；孰選擇之？自然是人民選擇；孰立之？孰使之？自然是人民立，人民使。」（見先秦政治思想史第十二章）

其「子墨子學說」一書中亦謂：

「墨子謂國家為民意所公建，其論甚明，中國前此學者，言國家之所以成立，多主張神權起源說，家族起源說，惟墨子以為純由公民同意所造成。」

陳顧遠氏於「墨子政治哲學」一書中之論點，亦與梁氏略同：以為墨子不主張國家神造說，亦不主張政府天命說，而主張天子為人民所推選。然此種理論，衡諸墨子：「故天福之，使立為天子。」（法儀）「是故天之欲一同天下之義也，是故選擇賢者立為天子。」（尚同下）以及「故天之意曰：此之我所愛，兼而愛之，……故使貴為天子，富有天下。」（天志上）諸語，可證其牽強附會，不足信從。是以蕭公權氏於中國政治思想史一書中駁之曰：

「按墨子既無民選之明文，而其思想系統以及歷史背景，均無發生民選觀念之可能。……蓋當刑政未有之時，人各異義，相爭相殘，孰信亂若禽獸之民能詢謀簽同，選立賢者而共戴之乎，故曰民選之說與墨子思想不合也。吾國古代傳說有傳賢禪位之事，然民選君長則未之聞。故以孟子之貴民，雖有得乎立民而爲天子之論，而一究其實，亦不過承認人民於傳賢傳子人選既定之後，有表示歸心與否之機會。非謂人民可以逕選賢可，更非謂人民於政長未立之初，能於萬衆之中愼選而推定一人爲天下之元后也。故曰民選之說爲歷史背景所不許也。」基於此點，復揆諸前引法儀、天志、尙同諸篇之語意，則蕭氏天選之說，似較合乎事實。

顧蕭氏之說，尙有待商榷者三：夫以天子爲上天所選立，固合於墨子天志、尙同諸篇之文意，然而上天究將以何種方式以選立天子耶？其直接任命某人爲君乎？抑或垂象以示世人立某人爲君乎？吾恐其難以圓其說也，此其一。夫以三代聖王之英明仁德，其爲天選固宜，至若三代暴君之淫亂凶殘，其亦由上天所選立乎？是何上天之昏昧也；此其二。至於蕭氏以歷史之背景，斷定墨子必不可能有民選之觀念，亦有未必然者。蓋墨子極富開創之精神，則其有此想法，亦非絕無可能，此其三。有此三事，則天選之說，仍未足以饜吾人之心也，固宜。

今按前引墨子法儀、天志、尙同諸篇之文意，可知墨子確有主張天選之言論，然而天道冥冥！其所謂天意者，將何所歸乎？書曰：「天聰明，自我民聰明；天明畏，自我民明畏。」孟子引泰誓曰：「天視自我民視，天聽自我民聽。」而左傳引泰誓亦曰：「民之所欲，天必從之。」墨子生當戰國之世，又嘗「受儒者之業」，則於此傳統之天道觀念，必亦有所接受。再證之墨子處處皆爲求天下萬民之利之精神，則吾人自有充分之理由，可以斷定墨子之所謂天意者，固以民意爲依歸也。蓋抽象之天，既不能行使其選舉、監督之實，自然只得假諸人們之手以體現之。尙賢下曰：

「舜耕於歷山，陶於河瀕，漁於雷澤，販於常陽；堯得之服澤之陽，立爲天子。」

由此段文意，吾人可以確知：立舜爲天子者，堯也；非天也。惟堯於千人萬姓之中，所以獨舉舜者，又焉知非上天在冥冥中之安排耶？孟子曰：「天子不能以天下與人；舜相堯二十有八載，非人之所能爲也，天也。」（梁惠王）正此義也。然若進一步探討之，則上天之所以獨垂愛虞舜者，何也？則以其賢也！以其能利民也！故「天意」實無異乎「民意」。堯之立舜，如此；舜之立禹，亦如此；至於啓之繼承帝位，亦莫非如此者。及至桀，則以其魚肉百姓，倒行逆施，民怨沸騰，上達於天。於是天乃假諸商湯之手以誅之，復順從民意而立以爲帝。故曰：「天乃命湯於鑣宮，用受夏之大命。」（非攻下）

由以上之論述，吾人可以確認墨子確主張天子爲天選。第以冥冥之天，既不能行使其選舉之實，因而或取假於現任天子之手，以推舉其繼承人，或取假於上天所屬意之人選，以推翻現任之天子，而承受其帝位。然苟探究上天之所以假人們之手，以推舉某人，或推翻某人者，則又以民意爲依歸耳！是則雖不能卽謂之民選，然苟視之爲民選思想之濫觴，誰曰不宜？

叁、天子之權限

關於天子之權限，則泰西主張契約說諸哲，各有不同之主張。其中霍布斯氏主張予國君以絕對之權威，可以規定國家之法律，人民應無條件以服從其統治；洛克則主張權力分立，人民仍保有相當之權利，必要之時，可以革命之手段，推翻既有之政府，以維護人民之自然權利。而盧梭之新民約論，則主張主權在公衆團體，根本反對置立國君。至於墨子之主張，則與霍氏爲近。惟亦有同於洛克氏者。

依墨子之主張，天子應有如下之權力：

第一、天子居於崇高之地位而爲萬民之表率　墨子曰：「故天子者，天下之窮貴也，天下之窮富也。」（天志上）又曰：「凡國之萬民，上同乎天子而不敢下比。天子之所是，必亦是之；天子之所非，必亦非之。」（尙同中）可見墨子主張天子應具有極其崇高之地位，卽人民之思想言行，亦當以天子爲標準。故非惟不許人民有行動言論之自由，乃並其意念之自由而干涉之阻止之。就此點而論，則墨子較之霍氏，似更爲主張君主有絕對之權力焉。故梁任公先生評之曰：「墨家所主張，殊不能令吾儕滿志，蓋其結果，乃流於專制。」（見先秦政治思想史）

第二、天子有最高之發號施令與立法之權　尙同上云：「正長既已具，天子發政於天下之百姓。言曰：聞善而不善，皆以告其上。上之所是，必皆是之；所非，必皆非之。」尙同下亦曰：「天子亦爲發憲布令於天下之衆。曰：若見愛利天下者，必以告……」天子既能發布政令於天下，則此政令，自爲最高之命令；且當時天子之命令卽爲法律，故發布政令，亦無異於立法。此與霍布斯之主張，亦不謀而合。

第三、天子有賞善罰惡之權　尙同上云：「上同而不下比者，此上之所賞；……下比而不能上同者，此上之所罰。」尚同下云：「是以見善不善者，告之天子。天子得善人而賞之；得暴人而罰之。」可知天子爲最高之法律執行者，故具有賞善罰惡之權，而以尚同一義爲政。

綜以上而觀之，天子既有如此崇高之地位與權力，倘不爲之制衡焉，則不幸而遇暴虐之君，濫用其職權，則人民豈不爲魚肉耶？故墨子乃爲制定數項辦法，以爲防範：

第一、天子必爲聖智之人　墨子主張被選立爲天子者，必須爲「天下賢良聖知辯慧之人。」（尚同中）而其先決之條件，必須「厚乎德行，辯乎言談，博乎道術。」（尚賢上）「其事上尊天，中事鬼神，下愛人。」（天志上）其爲人也，既具有如此卓爾超羣，德智兼備之條件，苟以常理衡之，則此人一旦立爲天子，自必能勤政愛民，而不致濫用其職權以殘虐其百姓矣！

第二、天子必須順從天意　墨子又爲置立天志之說，以爲「天子未得次已而爲政，有天正之。」（天志上）並闡明「天欲義而惡不義。」（天志上）之理，且極力强調上天之威靈，曰：「天子爲善，天能賞之；天子爲暴，天能罰之。」（天志中）「順天意者，兼相愛，交相利，必得賞；反天意者，別相惡，交相賊，必得罰。」（天志上）是以天子之一切施爲，又必須以天意爲依據，而上同於天。故曰：「天子又總天下之義，以尚同於天。」（尚同下）又曰：「天下之百姓皆上同於天子，而不上同於天，則天災猶未去也。」（尚同上）惟此種言論，在理論上固然圓滿周到，然在事實上，恐難盡如理想，蓋迷信之觀念，僅能行之於常人，而智者多能不爲所惑。矧天子者，固天下之上智者也。然則，吾恐此種理論，對於暴虐之天子，非但不能使之怵惕驚心，且將反爲其利用爲掩飾其淫暴之工具，並藉之以肆其欺惑愚衆之目的。此乃墨子思想中所不能令吾儕滿志者也。

第三、臣民有諫諍之權　倘若天子犯有過失，墨子主張人民及各級政長均有諫諍之權責。故尙同上曰：「上有過，則規諫之。」此所謂上，卽爲上級。蓋天子爲各級政長與百姓之上級，而各級政長又爲百姓之上級。人民及各級政長，對其上級均有規諫之責任與權力，使其知所反省而改正其過失。此種方法，頗似後世之監察制度；其於天子，雖無强制之力量，然以天子之聖明，必當樂於接納—至少亦能發生若干影響力：此其所以不同於絕對之專制而較霍布斯氏之說爲優者也。

第四、人民可以推翻暴政　當天子暴虐無道，濫用職權之時，倘用以上諸法而不能生效，則人民亦可表示抗議，甚至起而革命。其尙賢下云：「是故以賞不當賢，其所賞者已無故矣！（按無故卽無功也）其所罰者亦無罪。是以使百姓皆攸心解體，沮以爲善。垂（閒詁：垂義不可通，字當做舍。）其股肱之力，而不相勞來也；腐臭餘財，而不相分資也；隱匿良道，而不相教誨也。」蓋人民若消極反抗，甚而不肯歸順，則天子之位將不可自保，其結果，自能迫使其改過遷善。惟當萬一天子仍執迷不悟，甚而變本加厲，反以武力相鎭壓之時，爲拯生靈於塗炭，而拔之於水火之中，墨子則主張可以革命之方式，誅其君而弔其民。此爲最後而亦爲最有效、最根本之方法。非攻下云：「昔者三苗大亂，天命殛之。」而抽象之天，其所以懲治暴君者，自亦當假諸人民之手以誅之。故非攻下又云：「昔者禹征有苗，湯伐桀、武王伐紂，……彼非所謂攻，所謂誅也。」故知墨子之所以屢屢稱誦禹、湯及武王爲聖王者，抑亦爲其能替天行道，誅君而弔民乎！此又墨子之說遠較霍布斯氏爲勝而有同於洛克氏者也。

肆、各級政長之產生

除天子而外，有關各級政長之產生，墨子於尚同上、中、下諸篇言之甚詳：

「天子既已立，以其力爲未足，又選擇天下之賢可者，置立之以爲三公；天子三公既已立，以天下爲博大，遠土異國之民，是非利害之辯，不可一二而明知，故畫分萬國，立諸侯國君；諸侯國君既已立，以其力爲未足，又選擇其國之賢可者，置立之以爲正長。」（尚同上）

「天子既已立矣！以爲唯其耳目之請（情），不能獨一同天下之義，是故選擇天下贊閱賢良聖知辯慧之人，置以爲三公，與從事乎一同天下之義。天子三公既已立矣，以爲天下博大，山林遠土之民，不可得而一也，是故靡分天下，設以爲萬諸侯國君，使從事乎一同其國之義。國君既已立矣！又以爲唯其耳目之情，不能獨一同其國之義，是故選擇其國之賢者，置以爲左右將軍大夫，以遠至乎鄉里之長。」（尚同中）

「天子以其知力爲未足獨治天下，是以選擇其次，立爲三公；三公又以其知力爲未足獨左右天子也，是以分國建諸侯；諸侯又以其知力爲未足獨治其四境之內也，是以選擇其次，立爲卿之宰；卿之宰又以其知力爲未足獨左右其君也，是以選擇其次，立而爲鄉長家君。」（尚同下）

根據以上之論述，吾人可以斷定墨子理想之政治組織中，三公係由天子所選立。至於三公以下諸政長之選立，則諸篇說法，略有出入：據尚同上、中二篇，則諸侯、國君以下之政長，似亦悉由天子所選立，或由其上級與天子共同選立者；而據尚同下之文意，則各級政長，又似悉由該政長之上級長官所選立，而非由天子一人所獨攬。惟其下又云：「是故古者天子之立三公諸侯、卿之宰、鄉長、家君……。」則又似悉由天子一人所立者。乍視之，其中似有矛盾。實則綜合三篇之文意，吾人可以做一合理之推定。卽各級政長對其各管轄區內之人事較爲瞭解，故選擇其下級之政長，自當由其負責；惟當選定其人選之後，又必須得天子之認可而授之以位，乃算完成。換言之，卽諸侯、國君以下各級政長之選立，均由天子授權該政長之上級長官負責甄選，而於選定之後，必須報請天子鑒核並任命之。既非天子一人獨攬，亦非由各級政長自作主張。至於天子之任命百官，則依墨子之說，自亦當秉承天意而任命之。如此，既無悖於三篇之文意，且合於「天子一同天下之義」與夫「天子又總天下之義以尙同於天」（尚同下）之義矣！

伍、統治之方法

天子與各級政長既經選立，自當隨卽着手於爲萬民興利除害。於此，墨子亦有一套完整而精密之理論，以供天子與各級政長所依循。根據尚同諸篇之文義，吾人不難窺見墨子對於此一尚同政治機構之統治方法之主張：

第一、聞見善、不善必以告其上　墨子以爲天下之治亂，繫於每一國民言行之臧否；國君者，貴能明察秋毫，而據以賞善罰惡。故曰：「上之爲政，得下之情則治；不得下之情則亂。」（尙同下）。至於明察之道，則在於使天下之人，聞見善、不善，必以告其上。故尙同上云：

「里長發政里之百姓，言曰：聞善而不善，必以告其鄉長……鄉長發政鄉之百姓，言曰：聞善而不善必以告國君。……國君發政國之百姓，言曰：聞善而不善，必以告天子。」

此種思想，與韓非子所謂：「人主以一國目視，故視莫明焉；以一國耳聽，故聽莫聰焉。」（韓非定法）之說法，若合符節，然則此或卽法家思想之所自出，抑亦後世發奸摘伏各種機構之權輿也！

第二、是上之所是、非上之所非　墨子有鑒於當時之社會「一人則一義，二人則二義，十人則十義。」（尙同上）因而造成天下「交相非」之混亂局面。故主張「上之所是，亦必是之；上之所非，亦必非之。」（尙同中），更進而「去若不善言，學天子之善言；去若不善行，學天子之善行。」（尙同上），期使天下人之思想定於一尊，並使舉國人民之言行趨於一致，以擁護賢可者爲領袖。此種主張，歷來多被嗤爲君主專制；然而墨子固有其所自別於君主專制者：卽必以「仁人在位」爲其先決條件。否則「民知上置正長之非以治民也，是以皆比周隱匿，而莫肯尙同其上，是故上下不同義；苟上下不同義，賞譽不足以勸善，而刑罰不足以沮暴。……上之所賞，則衆非之……上之所罰，則衆譽之。」（尙同中）如此，必致毀譽不一賞罰不公，而政治亦將陷於混亂不安矣！故知其是上之所是，而非上之所非，並非以消極之方法，統治思想；乃積極促使是非賞罰之有一定標準耳。

第三、上有過則規諫之、下有善則傍薦之　蓋各級政長，雖皆爲賢可者，然其行事之際，亦難免偶犯過失。故墨子亦主張在下者，可以有諫諍之權力。至於見民之有善言行者，則人人亦皆得傍薦之（說見尙同上、中二篇）。此種開明之作風，正爲今日民主憲政所標榜與努力追求之方向。夫然，則墨子之政治主張，又豈可以單純之專制政體目之哉。

綜合以上之三項而觀之，吾人不難明瞭墨子所講求之統治方法，實不外乎「尙同」之一義而已。故在其尙同之政治組織中，天子卽以此法統御其天下；諸侯國君亦以此法統御其國；而鄉里之長亦以此法統御其鄉里。而其統御之方法，卽各級政長，藉賞罰之權，依照上級之旨意，以壹同其管轄區域之人民；然後又率其管轄區域之人民，上同於其上級。如此逐級上同，以至於天子。然後再由天子一同天下之義焉，故曰：

「是故里長順天子政而一同其里之義，里長旣同其里之義，有率其里之萬民以上同乎鄉長。……察鄉長之所以治鄉而鄉治者，何故之也？曰：唯以其能一同其鄉之義，是以鄉治；鄉長治其鄉，而鄉旣已治矣！有率其鄉之萬民，以尙同乎國君；……察國君之所以治國而國治者，何故之也？曰：唯以其能一同其國之義，是以國治；國君治其國，而國旣已治矣！有率其國之萬民，以尙同乎天下。……察天子之所以治天下而天下治者，何故之以也？曰：唯以其能一同天下之義，是以天下治。」（尙同中）

蓋里長能一同其里之義，則其里治，然後又率其一里之民上同於鄉長；鄉長旣能一同其鄉之義，則其鄉治，然後又率其一鄉之民上同於諸侯國君；諸侯國君旣能一同其國之義，則其國治，然後又率其一國之民以上同於天子。天子既能一同天下之義，則天下治矣！如此層層節制，細密無間，「譬之若絲縷之有紀，而罔罟之有綱也。」（尚同中）夫如是，則天下豈有不治者哉。

惟以此種類似君主專制之政體，而欲平治其天下，則必先使「天子」理想化，然後可。職是之故，墨子又在天子之上，置立一全知全能之人格神——天，以爲世人一切言行之最高標準。故墨子又云：「夫既尚同乎天子，而未尚同乎天者，則天菑將猶未止也。」（尚同中）由此可知天子並不能隨己意而專制，而必須「總天下之義，以尚同於天。」（尚同下）然後此尚同之治，始臻完滿。

至於以此尚同之政治機構，施行其尚同之統治方法，何以卽可臻於平治之目的？於此，墨子嘗藉古聖王之事功，以闡明其效果焉。其尚同中云：

「故古者聖王唯能審以尚同以爲正長，是故上下請（情）通，上有隱事遺利，下得而利之；下有畜怨積害，上得而除之。是以數千萬里之外，有爲善者，其室人未徧知，鄉里未徧聞，天子得而罰之。是以舉天下之人，皆恐懼振動惕慄，不敢爲淫暴。曰：天子之視聽也神；先王之言曰：非神也。夫唯能使人之耳目，助己視聽；使人之脣吻，助己言談；使人之心，助己思慮；使人之股肱，助己動作。助之視聽者衆，則其所聞見者遠矣！助之言談者衆，則其德音之所撫循者博矣！助之思慮者衆，則其謀度速得矣！助之動作者衆，卽其舉事速成矣！故古者聖人之所以濟事成功，垂名於後世者，無他故異物焉。曰：唯能以尚同爲政者也。」

由上所引述，吾人可以明瞭此一尚同之統治方法，其最大之功能，卽在於能使「上下之情通」，而使

「天子之視聽也神」而「非神也」。蓋天子發政於天下，諸侯國君發政於一國，鄉長發政於一鄉，里長發政於一里，使天下之人，皆能明悉上級之政令，是使上情能下達也；而天下人之耳目、脣吻、心思、股肱，皆成爲天子之耳目、脣吻、心思、股肱，而助天子視聽、言談、思慮、動作，則天下人之是非善惡，天子自然瞭若指掌，因此能使「天子之視聽也神。」而「非神也。」是使下情能上達也。夫上情而能下達，下情而能上達，是上下之情通矣！

蓋上情而能下達，則人民既可藉之以明悉上級之政令以資遵行，而使天下之民「無有敢紛天子之教者。」（尚同中）；亦可使天下之民，藉之以發掘上級之疏漏而諫正之，使其知所改進。至於下情而能上達，則各級政長既可藉之以瞭解人民之意願以爲興革之參考；亦可藉之以瞭解人民思想言行之善惡，而因勢利導或處以適當之賞罰，而使「賞當賢，罰當暴，不殺無辜，不失有罪。」（尚同中）如此，則必能使政治清明，人人皆勸善懲惡。故以之行於里，則里治；以之行於鄉，則鄉治；以之行於國，則國治；以之行於天下，則天下治。此則尚同之功效也。

第三節　理想之人事制度——尚賢

壹、尚賢思想之提出

墨子尚賢之主張，一因現實之社會所激發；一則爲其尚同政治組織理論之必然趨勢。

蓋周朝君位，係採傳子立嫡之宗法制度。並利用殷商以來敬祖報本之思想，使王室與諸侯，諸侯與卿大夫，皆成爲家族關係。在此種制度之下，平民自無由干預政治，遂造成貴族專政之局。於是凡貴族之子弟，無論賢不肖，皆得世襲其位。其爲害，往往使政治紊亂，社會動盪不安，生靈陷於塗炭。故墨子對於此種不合理之制度，痛加譏議，其尚賢下云：

「今王公大人其所富，其所貴，皆王公大人骨肉之親，無故富貴，面目美好者也。今王公大人骨肉之親，無故富貴，面目美好者，焉故必知（智）哉？若不知（智），使治其國家，則其國家之亂，可得而知也。今天下之士君子，皆欲富貴而惡貧賤，然女何爲而得富貴而避貧賤哉？曰：莫若爲王公大人骨肉之親，無故富貴，面目美好者。夫王公大人骨肉之親，無故富貴，面目美好者，此非可學而能者也。使不知辯，德行之厚若禹、湯、文、武，不加得也；王公大人骨肉之親，躄瘖聾瞽，暴爲桀紂，不加失也。是故以賞不當賢，其所賞者已無故矣！其所罰者亦無罪，是以使百性皆攸心解體，沮以爲善，垂其股肱之力，而不相勞來也，腐臭餘財而不相分資也。隱慝良道，而不相教誨也。若此，則飢者不得食，寒者不得衣，亂者不得治。」

其所論宗法制度之缺失，可謂一針見血。至於易之法，自非尚賢不可。其言曰：

「今者王公大人爲政於國家者，皆欲國家之富，人民之衆，刑政之治。然而不得富而得貧，不得衆而得寡，不得治而得亂，則是失其所欲，得其所惡。是其故何也？子墨子言曰：是在王公大人爲政於國家者，不能尚賢事能爲政也。是以國有賢良之士衆，則國家之治厚；賢良之士寡，則國家之治薄。故王公大人之務，將在衆賢而已。」（尚賢上）

「賢者舉而尚之，富而貴之，以爲官長；不肖者抑而廢之，貧而賤之，以爲徒役。」（尚賢中）

蓋爲政在人，故非有聖君賢相，則不足以善一國之政。此種理論，與孔子所主張之：「舉直錯諸枉，則民服；舉枉錯諸直，則民不服。」（論語爲政）以及孟子所謂：「尊賢使能，俊傑在位，則天下之士，皆悅而願立於其朝矣！」（孟子公孫丑）之賢人政治，殆無二致。故其親士篇云：「入國而不存其士，則國亡矣。見賢而不急，則緩其君矣！非賢無急，非士無與慮國；緩賢忘士，而能以其國存者，未曾有也。」蓋墨子既以爲平治天下之道在於一同天下之義，以尚同於天，惟天並不能直接爲政於天下，故天之所以一同天下者，決非直接以同之，而必先通過一完美之人事系統，乃足以一同其天下之義。在墨子心目中，此一完美之人事系統，卽爲其尚同之政治組織，而亦爲具體之法儀；則其所組成之份子，自必爲墨子心目中之賢人。以此由賢人所組成之人事系統，推動其嚴密之尚同之政治組織，自可以一同天下之義而使天下平治矣！此墨子之所以尚賢也。

貳、賢人之標準

既知尊尚賢人之理，又不可不詳察乎賢不肖之區別。墨子以爲凡爲賢人，必皆「厚乎德行，辯乎言談，博乎道術」（尚賢上）其德則「昭於天下，若天之高，若地之普，不坼不崩。若日之光，若月之明，與天地同常。」（尚賢中）其治國也，則「蚤朝晏退，聽獄治政，是以國家治而法正。……夜寢夙興，收斂關市山林澤梁之利以實官府。是以官府實而財不散。……蚤出暮入，耕稼樹藝，聚菽粟，是以菽粟多而民足乎食。……上有以絜爲酒醴粢盛以祭祀天鬼；外有以皮幣與四鄰諸侯交接；內有以食飢息勞，將養其萬民；外有以懷天下之賢人。」（尚賢中）其於君長，則「竭四肢之力以任君之事，終身不倦。若有美善，則歸之上。是以美善在上，而所怨謗在下；寧樂在君，憂戚在臣。」（尚賢中）既厚於德行，又能勤於國事，公正廉明，先君之急，而後其身之私，聲名歸之君，禍災歸之身。此乃墨子心目中典型之賢人也。

叁、尚賢之術

賢人之標準既定，又當進而瞭解尚賢之術，然後始可以充分發揮賢人政治之功效。墨子以爲尚賢之術有三：

第一爲禮賢 苟欲招徠賢人而任之以事，自必先禮賢下士。此得賢之道也。至於禮賢之法，墨子以爲凡賢可者，皆當富之，貴之，敬之，譽之。使天下之賢人，皆願竭智盡忠，以效其股肱之力。故曰：

「譬若欲衆其國之善射御之士者，必將富之、貴之、敬之、譽之，然後國之善射御之士，將可得而衆也，況又有賢良之士，厚乎德行、辯乎言談、博乎道術者乎，此固國家之珍，而社稷之

佐也。亦必且富之、貴之、敬之、譽之，然後國之賢良之士，亦將可得而衆也。」（尚賢上）

蓋凡賢良者，皆可得優渥之待遇；而不賢者，將唾棄於衆人。則人人自將勉力爲賢，而出身以爲社稷矣。如此，則賢良者必衆，而國以治矣！不惟此也，墨子於禮賢之道，更有一卓越之見識。其親士篇云：

「良弓難張，然可以及高入深；良馬難乘，然可以任重致遠；良才難令，然可以致君見尊。」

蓋墨子深知人才難得，而非常特異之士，又往往有孤傲之節，固可以禮致，而不可以勢屈。故在上者，必有尊賢崇德之至誠，江海而下百川之雅量，始足以言得士。昔者燕昭王之禮郭隗，漢光武之禮嚴光，皆此類也。而魏信陵之能傾平原君客，亦以此也。

第二爲進賢　墨子以爲用人之道，一皆以義爲歸，以公平無私爲準。見功而與賞，因能而授官，不論出身，不講情面。故曰：

「不義不富，不義不貴，不義不親，不義不近。是以國之富貴人聞之，皆退而謀曰：始我所恃者，富貴也，今上舉義不辟貧賤，然則我不可爲不義。……故官無常貴，而民無終賤；有能則舉之，無能則下之。舉公義，辟私怨。」（尚賢上）

「不黨父兄，不偏富貴，不嬖顏色。賢者舉而尚之，富而貴之，以爲官長；不肖者抑而廢之，貧而賤之，以爲徒役。」（尚賢中）

此種大公無私，惟才是用之精神，蓋可與祁奚內舉不避親，外舉不避怨之作風，相互輝映；與孔子：

「舉直錯諸枉」（論語爲政）之主張，亦若合符節。此其所以可貴也。

第三爲任賢 墨子以爲對於賢人之任用，必當遵守「用之必任，任之必專」之原則。使才足以稱其位，權足以斷其事，然後乃可以發揮政治之最大功效，以成就萬民之務也。故於舉用賢人之初，須視其才性之所近，而予以適當之職位。故曰：

「聽其言，迹其行，察其所能而愼予官。……故可使治國者，使治國；可使長官者，使長官；可使治邑者，使治邑！」（尙賢中）

「不能治百人者，不可使之處乎千人之官；不能治千人者，不可使之處萬人之官」（尙賢中）

此蓋卽後世法家「因任而授官，循名而責實。」（韓非子定法）思想之所本，至於職位旣定，然後又當崇高其地位，豐厚其俸祿。並予以充分之職權，使能充分發揮其才能，以爲天下興利除弊，而無後顧之憂。故曰：

「必爲置三本，……曰爵位不高，則民不敬也；蓄祿不厚，則民不信也；政令不斷，則民不畏也。故古聖王高予之爵，重予之祿，任之以事，斷之以令。夫豈爲其臣賜哉？欲其事之成也。」（尙賢中）

蓋爵位愈高，愈能使人民產生敬畏之心；俸祿愈厚，則愈顯示其爲君上所重視，而增强人們對渠之信心；愈有決斷之權，則人民將愈爲戒懼而不敢有所造次。故古聖先王之於賢者，必高予之爵，重予之祿，任之以事，斷之以令。而其所爲如此，並非故對賢者示惠，乃在於欲成其事，而利天下萬民也。

肆、墨子尙賢思想之特色

先秦諸子之中，道家主張歸眞返璞，純任自然，因而不主張尙賢。故老子曰：「不尙賢，使民不爭。」（老子第三章）；法家則主張任法不任人，以爲「抱法處世則治，背法去勢則亂；今廢勢背法而待堯舜，堯舜至乃治，是千世亂而一治也。」（韓非子難勢）故曰：「以智治國，國之賊也。」（難三）是以亦不主張尙賢。然則與墨家相近者，厥惟儒家而已。惟儒墨二家之尙賢，於近似之中，亦自有其異致焉：

第一、儒家尙賢之動力，乃在於理性上之認知，使人人皆知仁義禮智之可貴，而以之培養個人高尙之情操。反之者，則「十目所視，十手所指」，必將無以自容於天地之間。至於墨家，則取假於天神之力量以事督責。故於天志、明鬼諸篇之中，列舉三代聖王堯、舜、禹、湯、文、武等，因其賢德，故上天「加其賞焉，使之處上位，立爲天子，（業萬世子孫繼嗣）以爲法也。」（天志下）而暴王桀、紂、幽、厲等因其不肖，故上天「加其罰焉，使之父子離散，國家滅亡，抎失社稷，憂及其身。」（天志下）之事實，說明天欲義而惡不義，賞善而罰暴，使人知所畏懼，而不敢不勉力向賢。此其所以被目爲宗敎家也。

第二、儒家任賢之目的，乃着重於賢人之德化作用，故曰：「君子之德風，小人之德草。草上之風必偃。」（論語顏淵）「君仁莫不仁，君義莫不義。」（孟子離婁）「君子篤恭而天下平。」（中庸）至於墨子之尚賢，則在於賢人之能「蚤朝晏退，聽獄治政。」（尚賢中）「竭四肢之力，以任君之事，終身不倦。」（同上）因而獲致「國家治而刑法正，……官府實而財不散，……菽粟多而民足乎食，……」（同上）之成果。並能產生鼓舞之作用，使凡欲仕進者，「聞之，皆競爲義。」（尚賢上）而「使天下之爲善者勸，爲暴者沮。」（尚賢下）要而言之，儒家重視無形之力量，墨家則偏重現實之成果。此其所以爲功利主義也。

第三、儒家遵循歷史漸進之原則，因而不反對世及之舊制。故其推舉賢人之方法，乃自上而下之提拔。故曰：「舜有天下，選於衆，舉皋陶，不仁者遠矣；湯有天下，選於衆，舉伊尹，不仁者遠矣！」（論語顏淵）「先有司，赦小過，舉賢才。」（論語子路）此種制度，對平民而言，是爲開放政權；對貴族而言，乃維持舊制。墨子則採取革新之策略，意欲打破傳統，其言曰：「古之聖王之治天下也，其所富，其所貴，未必王公大人骨肉之親，無故富貴，面目美好者也。是故昔者舜耕於歷山，陶於河濱，漁於雷澤，販於常陽，堯得之服澤之陽，立爲天子，使接天下之政，而治天下之民。」（尚賢下）夫以堯舜爲父，且有丹朱、商均之不肖，則所謂：「大人世及以爲禮」之宗法制度，必不能常得賢可者，其理至顯矣。故墨子極力反對世及之制而主張「官無常貴，而民無終賤。有能則舉之，無能則下之。」（尚賢上）並謂：「選擇天下之賢可者，立以爲天子」（尚同上）雖未明言民選，然其以天選爲說，以能否利民爲取舍之標準，而以民意爲依歸之精神，實已澈底衝破傳統之世襲制度，建立民選思想之初基。此在中國政治思想史上，固足大書特書者也。

第四節 國際關係之調和

壹、反對侵略

兼愛非攻爲墨子之中心思想；而非攻尤爲墨子一切思想所自出。捨此二者，則墨子之一切學說，皆將失去意義。蓋墨子身處亂世，目睹戰禍之慘烈，使天下百姓，皆處於水火倒懸之中。故於「爭地以戰，殺人盈野；爭城以戰，殺人盈城」之戰爭，深惡痛絕。因而奔走呼號；其一切救世濟人之學說，亦於焉產生。而非攻之說，卽爲其最直接之產物。其言曰：

「今有一人入人園圃，竊其桃李，衆聞則非之，上爲政者得則罰之，此何也？以虧人自利也。至攘人犬豕鷄豚者，其不義又甚入人園圃竊桃李，是何故也？以虧人愈多，其不仁茲甚，罪益厚。……至殺不辜人，扡其衣裘，取戈劍者，其不義又甚入人欄廐、取人馬牛……今至大爲不義攻國，則弗知非。」（非攻上）

其說蓋以爲凡虧人愈多，則其不仁不義也茲甚。而攻人之國，則其虧人之多，固已極矣！則其爲不仁不義也，孰甚焉？故又曰：

「……殺一人謂之不義，必有一死罪矣！若以此說往：殺十人，十重不義，必有十死罪矣；

殺百人，百重不義，必有百死罪矣！當此天下之君子，皆知而非之，謂之不義。今至大爲不義攻國，則弗知非，從而譽之，謂之義。……是以知天下之君子，辨義不義之亂也。」（非攻上）

按：此乃就義理上，層層剖析，以見戰爭之爲大不仁大不義也。既知戰爭爲大不仁大不義矣，則自當罷除戰爭，而歸向和平矣。其說透澈詳明，密緻無間，於侵略成性者，不啻爲一當頭棒喝。

此外，墨子又從現實之利上，以論戰爭之非。（按：儒家非攻，僅在義上立說。故宋牼欲以利止秦楚用兵，孟子曰：「先生之志則大矣！先生之號則不可。墨家則義不義之外，尚强調利不利之問題。此亦儒墨之辨也。）其言曰：

「今師徒唯毋興起，冬行恐寒，夏行恐暑，此不可以冬夏爲者也。今唯毋廢一時，則百姓饑寒凍餒而死者，不可勝數。今嘗計軍出，竹箭、羽旄、帳幕、甲、盾、撥、劫，往而靡弊腑冷（當卽腐爛）不反者，不可勝數。又與其矛、戟、戈、劍、乘車比列而往，碎折靡弊而不反者，不可勝數。與其牛馬肥而往，瘠而反，往死亡而不反者，不可勝數。與其涂道之脩遠，糧食輟絕而不繼，百姓死者，不可勝數也。與其居處之不安，食飲之不時，飢飽之不節，百姓之道疾病而死者，不可勝數。喪師多不可勝數，喪師盡不可勝計，則是鬼神之喪其主后，亦不可勝數。」（非攻中）

蓋攻戰之時，必需動員大量之人力與物力，一方面將使「上不暇聽治，士不暇治其官府，農夫不暇稼稿，婦人不暇紡績織紝。」（非攻下）因而荒於政事，減少生產，使百姓飢餓凍餒而死；而另一方面，此大量之人力與物力，皆將於戰爭中消耗、損毀，使經濟上遭受難以算計之損失。而人民之生命財產，亦將毫無保障，因而流離失所，轉死於溝壑。其爲害之烈，足以動搖國本。縱使一戰而勝，然而「計其所自勝，無所可用也；計其所得，反不如所喪者之多。」（非攻中）其結果，不過「盡天民之死，嚴上下之患，以爭虛城。」是所謂「棄其所不足」之人力物力，「而重所有餘」之土地城池。（見非攻中）夫復何利之可言哉？故墨子於耕柱篇有一巧妙之譬喻，以說明戰爭之兩不利也：

「大國之攻小國，譬猶童子之爲馬。——童子之爲馬，足用而勞；今大國之攻小國，攻者農夫不得耕，婦人不得織，以守爲事；攻人者，亦農夫不得耕，婦人不得織，以攻爲事。」（耕柱）

蓋童子之騎竹馬，於竹馬固然有損，即其自身，亦非特不能獲「息其足焉」之功效，且將益增勞累。其俱不利也，固矣！由是而觀之，則戰爭者，既於所攻者不利，而攻人者亦不利，是兩不利也！又何取乎？

惟人力、物力之損耗固不利，猶可設法彌補。其更嚴重之問題，則在於此種違反天意之行爲，必將遭受天譴。其爲不利也，孰甚焉？故非攻下曰：

「夫兼國覆軍，賊虐萬民，以亂聖人之緒，意將以爲利天乎？夫取天之人，以攻天之邑，此刺殺天民，剝振神位，傾覆社稷，攘殺其犧牲，則此上不中天之利矣！」

天志中曰：

「天之意，不欲大國之攻小國也，大家之亂小家也。」

墨子既以爲「天必欲人之相愛相利，而不欲人之相惡相賊。」（法儀）且謂：「反天意者，別相惡，交相賊，必得罰。」（天志上）則相互攻伐之戰爭，自屬違背上天之旨意，而必將遭受誅罰者也。更何況凡天下諸國，皆天邑也；凡天下百姓，皆天民也。然則相互攻伐之戰爭，是何異於「取天之人，攻天之邑。」「刺殺天民，剝振神位。」（非攻下）此又豈上天所能容忍者哉？

夫相互攻伐之戰爭，固不爲上天所不容矣！然亦有假藉天意而爲攻伐者，墨子亦設爲巧妙之譬喻，以痛斥其非：

「魯陽文君曰：『先生何止我攻鄭也？我攻鄭，順於天之志：鄭人三世殺其父，天加誅焉，使三年不全；我將助天誅也。』子墨子曰：『鄭人三世殺其父，而天加誅焉，使三年不全：天誅足矣！今又舉兵將以攻鄭。曰：吾攻鄭也，順於天之志。譬有人於此，其子强粱不材，故其父笞之，其鄰家之父，舉木而擊之。曰：吾擊之也，順於其父之志！則豈不悖哉？』」（魯問）

夫魯陽文君，蓋貪伐勝之名，舍曰欲之，而必爲之飾其辭，墨子因舉其所悖乎義理者而指斥之，此所謂「邪辭知其所離也。」此種精誠，此種慧力，固足爲吾人所欽仰；而其崇尚和平之精神，與夫遏止戰爭之實際行動，尤爲萬家之生佛也！

貳、注重防衛

墨子反對侵略之說，雖言之痛切；於利害之間，亦剖析甚明。然一般侵略成性之野心家，自未必卽能接納其說因而寢兵偃武。爲確保天下之安定與和平，故墨子又强調守備之重要。此於七患篇中可以見之：

「自以爲安彊，而無守備；四鄰謀之不知戒，五患也。」

同時墨子又言守備之功效與夫加强守備之方法曰：

「凡大國之所以不攻小國者，積委多，城郭修，上下調和，是故大國不着攻之。」（節用下）

「故備者，國之重也；食者，國之寶也；兵者，國之爪也；城者，所以自守也。此三者，國之具也。」（七患）

蓋强大之自衞力量，一則可使侵略者不敢冒失敗之危險，輕存覬覦之心，以收嚇阻之功效。而攻戰之禍，亦可因以避免；再則彼縱冒然來犯，吾亦將有以自保，以挫彼侵略之野心，因而獲致和平。至於强大之自衞力量，除積委多、城郭修、畜士衆，兵甲足等基本要件而外，墨子更製作各種防禦之器，精研防禦之術，以抗拒侵略。（見備城門至雜守諸篇）且嘗百舍重繭，力詘公輸般攻城之計謀，因而止楚攻宋。旣有理論，又能講求方法，更有實際之行動以副之，此其所不同於一般徒託空言者也。

叁、促進外交

注重防衞，於遏止戰爭，固能產生若干功效；然而更積極之做法，則爲促進外交，以達到和平共處之目的。至於促進外交之方法，則墨子嘗提出以下三要項：

一、敦睦情誼

人與人之關係，多賴情感相維繫，國與國亦然。故墨子以敦睦情誼爲促進外交之第一要務。天志中曰：「外有以爲環璧珠玉，以聘交四鄰，諸侯之怨不興矣！邊境兵甲不作矣！」蓋墨子以爲「和氏之璧、隋侯之珠，三棘六異」之屬「不可以利人，是非天下之良寶也。」（耕柱），而人莫不爭求之，是則苟以之聘交四鄰諸侯，於本國爲「不費」；而能獲取四鄰諸侯之歡心，因以增進情誼，而戰禍可免矣！何樂而不爲哉？至於小國懼大國之來犯，則尤當以皮幣等財貨，與夫謙卑之辭令：一方面事奉此大國；一方面遍禮四鄰之諸侯。若此，旣可取悅於大國，亦可不陷於孤立，而國家之安全，乃可以確保！故魯問篇載魯君恐齊之來犯，墨子因告之以「厚爲皮幣，亟遍禮四鄰諸侯，驅國而以事齊，患可救也，非此，顧無可爲者。」此「以小事大」之道也。

二、扶助弱小

墨子加强外交之第二種手段，即爲扶助弱小。並使天下諸國，相互聯合，以主持國際間之公理正義，猶如今日之聯合國然。此則以大事小之道也。其非攻下曰：「今若有能信効先利天下諸侯者，大國之不義也，則同憂之；大國之攻小國也，則同救之；小國城廓不全也，必使修之；布粟乏絕則委之，幣帛不足則共之。」此一構想，果能確實施行，則天下之安定與和平，當可預期也。

三、財貨交易

爲促使國際間之互助合作，增進彼此之利益，墨子主張：「外有以爲皮幣，與四鄰諸侯交接。」（尚賢中）蓋列國之間，旣有經濟貿易之關係，則其利害將趨於一致。在消極方面，可以使列國自我約束或相互牽制，以維繫彼此間共同之利益；在積極方面，則更能加强列國間之合作。若此，則戰禍當可減少矣！此卽今日所謂之「經濟外交」是也。

當今世界各國，無不重視外交者，且無不以敦睦邦交，加强經貿合作爲要務，而第一次世界大戰後之國際聯盟及第二次大戰後之聯合國，尤以扶助弱小，維護正義，爲其宗旨；而所謂經濟大國，且以提供技術合作，協助貧弱開發爲職責。而各國之間，又往往訂立雙邊友好、軍事聯盟等條約，以確保彼此之利益，均與墨子之外交思想，若合符節。此蓋古今中外之英雄豪傑，所見略同也。

肆、倡導兼愛

反對侵略、注重防衞、促進外交，皆僅爲防止戰爭之手段；終究非探本之策。卽如今日世界各國，曷嘗不以此爲務？而戰事仍連緜不絕。是則爲達到標本兼治之效果，故墨子又積極倡行兼愛之說，以從根本上導羣生於相互愛敬之途，而徹底杜絕社會禍亂之根源，此墨家思想之正鵠也。其兼愛上云：

「聖人以治天下爲事者也。必知亂之所自起，焉能治之；不知亂之所自起，則不能治。……當察亂何自起，起不相愛。……故聖人以治天下爲事者，惡得不禁惡而勸愛？故天下兼相愛則治，交相惡則亂。」（兼愛上）

今按：聖人既以弭亂而求治爲務，則自當先探求其亂源之所在，始能對症下藥，而獲致撥亂反正之效果。今者既已察知天下之亂，係起於「不相愛」矣！則救之之道，自必先設法袪除世人不相愛之心，而使其皆以愛相接也。惟墨子又鑑於常人皆有利己之心，畛域之念；倘不予以徹底根除，則其平日縱有愛人之心，然當人己之利發生衝突而不能兩全之時，勢將捨他人之利以全己利，而亂事將仍不可免；因而主張人人必泯除輕重厚薄之分，親疏遠近之別，而以相同之愛，加諸全人類。使人人皆能「視人之國若其國；視人之家，若其家；視人之身，若其身。」（兼愛中）以求永久之安定與和平，此其所以舍儒家至性所發，親親有等之仁愛，而以本乎天志，一體平舖之兼愛立說也。至其兼愛說之精義，且於第五章中，詳加論述，玆不贅云。

第五節　墨子政治教育評析

墨子魯問篇中載墨子答弟子魏越之言曰：「凡入國，必擇務而從事焉：國家昏亂，則語之尚賢、尚同；國家貧，則語之節用、節葬；國家熹音湛湎，則語之非樂、非命；國家淫僻無禮，則語之尊天、事鬼；國家務奪侵凌，則語之兼愛、非攻。故曰：擇務而從事焉。」由此可知，墨子一切學說之產生，無一而非針對當時社會不良之狀態，而謀所以補偏救弊之方。至其各項學說之優劣，則殊不能以簡短數語概括之。而況大凡一種制度，其利之所在，弊亦往往隨之。故凡飾言稱善，而或妄加非毀，皆非持平之論。固當捐除成見，而自各種不同之角度以討論之，始能洞鑒其利弊所在，明察其得失之間耳。茲僅就其理論及其可行性諸方面，以評析墨子政治教育之得失：

壹、尚同、尚賢之政治理論

首就其尚同、尚賢之理論言之，則以此種層層節制之法，以治理天下，不但可使政令化一，使人民有所遵循而無敢違背者；且能使上下之情通，使天子之視聽也神，而非神，因而使賞罰皆得其當。如此，自能平息矛盾紛爭之患，而達到「一同天下之義」之效果。同時，為避免流於專制，墨子乃一方面要求當政者必皆為天下之仁人、賢人，而有「官無常貴而民無終賤，有能則舉之，無能則下之。」（尚賢下）之論，並反對君主世襲之制，而建立民選思想之初基；另一方面又倡為天志、明鬼之說，欲假鬼神之威靈以事督責，使自天子以至於庶人皆不敢違背天意而為不義之事。於必要之時，人民且可效湯武之誅君弔民，以懲此元惡大憝。其思想極富於革命性，而其淑世利人之苦心，事事皆以民利為依歸之精神，尤令人折服。此其尚同、尚賢之最大特色也。

惟墨子之言尚賢，過分偏重於賢人之才幹及其現實之成果，而忽略德化之功能，較之儒家強調「為政以德，譬如北辰，居其所而衆星共之。」（論語為政）以及「勞之、來之、匡之、直之、輔之、翼之，使自得之。」（孟子滕文公）之人治主義，則稍見遜色。吾人試觀墨子以後之鉅子，率多熱忱有餘，而德望不足，因而不能產生強大之向心力，即可知墨學之衰微，非無由也。此固為賢人政治：

「人存政舉，人亡政息。」之通病，而其所偏尙，亦有以致之。至其尙同之思想，則由於過分强調「一同」之義，因而掩沒人類之個性，抹煞人性之尊嚴，使人類成爲無靈性、無思想之機械。此必不易爲有情之人類社會所接受；而過分壓抑之結果，亦易於導致人們反抗之心理，因而造成不協調之局面。再者，墨子置立天志、明鬼之說，强調天鬼有賞善罰暴之功能，因而强天下之人——包括天子、各級政長以及黎民百姓，皆須順天之意，以上同於天，而不通過其道德心性之自覺，——其理論基礎，實甚薄弱。蓋天志冥冥，不可見，不可聞，旣不能斷其必然，亦不能斷其必不然，端在乎人們之信仰而已。故信仰堅，則天志效；信仰衰，則天志化爲烏有。而況事實上，世之爲善而身遭橫逆，不終其壽；爲惡而終生榮樂，克享高齡者，固所在多有。而墨子又不似宗教家之以六道輪迴，天堂地獄之說，以洽於人心，炫人耳目，使人雖失意於現實，然猶可寄望於未可知之超現實世界。則將何術而使天下之人，必能信服於其天鬼無稽之說哉？且墨子以此虛無之說，欲以督責天子，其立意雖善，顧實有弄巧成拙之虞。蓋迷信之說，易爲愚衆所接受，而難於勝服智者。是則上智之天子，倘一旦以尙同爲藉口，因而假天之意，以欺惑愚衆，而行其極權暴虐之實，則天志之說，豈非失敗？彼墨子者將何爲哉？此其殊不能令吾儕滿志者也。至其能打破傳統之觀念，反對世襲之舊制，於開創之功，偉則偉矣！然終究不能擺脫其「天志」觀念之包袱，因而徒以「天選」爲說，而不從學理上探求，實難爲有識者所信服：此其美中之不足也！

貳、和平共存之國際關係

墨子身處列國交鬨，兵連禍結之際，致力於謀求和平共存之道。因而就仁義之理，利害之辨，而提倡非攻之說。其理論透徹詳明，實令人傾服；而其重視防衞之主張，精研守禦之方法，以及濟弱扶傾之實際行動，尤爲救世之茯苓，而萬家之生佛。至其主張以環璧珠玉，聘交四鄰，以敦睦國際情誼；又以聯合列國，主持國際正義，且以扶助弱小爲職志；更以加强經貿合作，以增進共同之利益爲維繫國際和平之手段。具見其高瞻遠矚，卓爾不凡之見識。至於倡導兼愛之說，以消除人我之別，畛域之念，尤爲和平共存之根本方法。今茲天下邪說橫流，大難方殷；强大之國，各懷野心，肆行侵略；致使全世界陷於杌隉恐怖，浩劫頻繁。安得如墨子其人者，起而衞弱禁暴，主持和平，以救天下蒼生也哉？

惟墨子之外交政策，一味以卑辭令，且厚爲財貨，遍禮四鄰，實未免失之軟弱而有傷自身之尊嚴。且此種籠絡政策，以對於愛好和平之國則可，苟以對虎狼如秦者，則將如「抱薪救火」之爲愚不可及矣！昔六國破亡之故事，可爲殷鑑也。

至其聯合列國，以主持國際正義，且以扶助弱小爲務，其構想雖甚完美，然於利害殊不一致之列國，吾恐其難如所願。卽或能之，然苟無健全之人事及完善之制度，其效果亦恐不彰。試觀第一次大戰後之國際聯盟，蓋亦以主持國際公理爲其宗旨，以集會爲解決國際爭端之方法。其構想何嘗不善？

然以主要倡導國之美國，竟因威爾遜總統與洛奇參議員之意見相左，因而未參加該聯盟，遂使其原有之精神，爲之瓦解，而未能產生約束之力量，卒致二次大戰之爆發。而二次大戰後之聯合國，既經國際聯盟之慘痛教訓，除承繼國際聯盟之宗旨外，並針對其缺點，强化其組織。另設立開發總署，以協助落後國家之開發，其作法幾與墨子之理想全然相同。然以常務理事國間，對問題之看法殊不一致，尤以俄國之濫用否決權爲最令人深感棘手。因而諸多問題，皆未能獲致圓滿之解決，而聯合國之基本精神，亦往往因種種政治因素，而慘遭破壞，威信蕩然。尤以近年來，强權政治抬頭，姑息逆流氾濫，世界和平亦屢遭破壞，而聯合國不僅未能加以有效之制裁，反屈從惡勢力，以自掘其墳墓。又如我國爲聯合國發起者之一，一向恪守憲章，履行義務，且有極大之貢獻，而一九七一年之聯合國大會，竟通過共產國家排我納匪案。自此，原具有崇高理想之聯合國，僅剩餘一副假象而已；其將重蹈國際聯盟之覆轍也，可以逆料矣！至於少數經濟大國，又往往藉協助弱國之名，而干預其內政，甚者陰謀顚覆。——遂使今日之世界情勢，仍然危機四伏，而第三次大戰，亦有一觸卽發之勢。是則欲導群生於和平博愛之途，仍當從思想、觀念上，謀根本之解決。此亦墨子之所以倡導兼愛也。至其兼愛說之利弊得失，容於下一章中再行討論，於此姑置弗道耳。

第五章　墨子之社會教育

第一節　社會理想

墨子爲一偉大之實行家，亦爲社會改革家，因而其一切學說，無不以現實社會之利益爲其着眼點。故曰：「仁者之事，必務求興天下之利，除天下之害，將以爲法乎天下：利人乎卽爲，不利人乎卽止。」（非樂上）是知墨子之於此一現實社會，消極方面，則力主除天下之害；積極方面，則力求興天下之利。此其最根本之理念也。

壹、除天下之害

然則天下之大害爲何？則除却前章所論及之國與國間之戰爭而外，墨子以爲最根本之原因乃在於人與人間之不能相愛也。其兼愛上曰：

「當察亂何自起？起不相愛。臣子之不孝君父，所謂亂也：子自愛，不愛父，故虧父而自利；

弟自愛，不愛兄，故虧兄而自利；臣自愛，不愛君，故虧君而自利：此所謂亂也。雖父之不慈子，兄之不慈弟，君之不慈臣，此亦天下之所謂亂也。」

然除却「不相愛」而外，墨子以爲「貧窮」亦爲天下之大害。故節葬下曰：

「若苟不足，爲人弟者求其兄而不得，不弟弟必將怨其兄矣；爲人子者求其親而不得，不孝子必且怨其親矣！爲人臣者求之君而不得，不忠臣必且亂其上矣。是以僻淫邪行之民，出則無衣也，入則無食也，內積謑詬（原作續奚吾，據俞校改。）並爲淫暴，而不可勝禁也。是故盜賊衆而治者寡。」

此一觀點，與孟子：「若民，則無恒產，因無恒心；苟無恒心，放辟邪侈，無不爲矣！」（梁惠王篇）之說，正相符合。實爲臨政治民者，所不可不深察而亟謀補救之者也。至於「貧窮」之原因，則在於「怠惰」，而怠惰之主要原因，墨子以爲乃在於人們之相信「有命」也。故非命中曰：

「雖昔三代之窮民，亦由此也：內之不能善事其親戚，外不能善事其君長，惡恭儉而好簡易，貪飲食而惰從事；衣食之財不足，使身至有饑寒凍餒之憂。必不曰：我罷不肖，我從事不疾，必曰：我命固且窮。」

蓋墨子以爲既信「有命」則必「怠惰」；「怠惰」則必「貧窮」；「貧窮」則必「亂」。實具有連鎖之關係。不可不察也！

此外，墨子以爲人們「疑惑鬼神有與無之別」，亦爲天下之害。故明鬼下云：

「是以存夫爲人君臣上下者之不惠忠也，父子弟兄之不慈孝弟長貞良也，正長之不强於聽治，賤人之不强於從事也，民之爲淫暴寇亂盜賊，以兵刃毒藥水火，退無罪人乎道路率徑，奪人車馬衣裘以自利者，並作由此始，是以天下亂。此其故何以然也？則皆以疑惑鬼神有與無之別，不明乎鬼神之能賞賢而罰暴也。」

職是，則不相愛、貧窮、有命、不信鬼神，皆天下之害也！既知其害矣！故墨子主張必舉而去除之。

貳、興天下之利

除天下之害，僅爲其消極之手段；至其積極之目的，則在於興天下之利。此其社會理想之所在也。

其兼愛中曰：

「是以老而無子者，有所得終其壽；連（原作連，據王校改）獨無兄弟者，有所雜於生人之閒；少失其父母者，有所放依而長。」

天志中亦曰：

「欲人之有力相營，有道相敎，有財相分也。又欲上之强聽治也，下之强從事也；上强聽治，則國家治矣；下强從事，則財用足矣。若國家治、財用足，則內有以潔爲酒醴粢盛，以祭祀天鬼；外有以爲環璧珠玉，以聘撓（交）四鄰，諸侯之寃不興矣！邊境兵甲不作矣；內有以食飢息勞，持養其萬民，則君臣上下惠忠，父子弟兄慈孝。」

此一理想之社會，外無戰爭，上下各盡其力；彼此間，充滿歡樂、和諧；社會安定，民生富足，且有良好之社會福利：使「老而無子者，有所得終其壽；逴獨無兄弟者，有所雜於生人之閒；少失其父母者，有所放依而長。」此直爲禮記禮運篇所描述之大同世界，而爲古今中外無數愛好自由、和平之人類，所夢寐以求者也。大哉！墨子！其社會理想，蓋如是其崇高也！

第二節　人際關係之確立——兼愛

墨子理想中之社會，已如上述。然而欲達到此一理想，固非一蹴可幾者也。是以墨子乃揭櫫「兼愛」之義，從根本上，破除人們自私自利之觀念，以增進人與人間和諧之關係。

壹、兼愛說之提出

墨子爲一功利主義者，故其思想行爲之動機，率皆與現實社會息息相關。魯問篇云：

「凡入國，必擇務而從事焉：國家昏亂，則語之尚賢、尚同；國家貧，則語之節用、節葬；國家憙音湛湎，則語之非樂、非命；國家淫僻無禮，則語之尊天事鬼；國家務奪侵凌，則語之兼愛、非攻。故曰：擇務而從事焉。」

由此段文義中，可知墨子極富救世之熱忱，而其一切言論之提出，無不在於矯治當時天下之弊病。蓋墨子之摩頂放踵，卽在於思一利天下；其一切學說，亦皆以利天下爲前提，此其所謂「仁者之事，必務求興天下之利，除天下之害。」（非樂）是也。故其提倡兼愛之動機，實亦不外乎此，蓋欲拯天下之亂耳。其兼愛上云：

「聖人以治天下爲事者也，必知亂之所自起，焉能治之；不知亂之所自起，則不能治。譬之如醫之攻人之疾者然，必知疾之所自起，焉能攻之；不知疾之所自起，則弗能攻。治亂者何獨不然，必知亂之所自起，焉能治之；不知亂之所自起，則弗能治。聖人以治天下爲事者也，不可不察亂之所自起。當察亂何自起，起不相愛。……子自愛，不愛父，故虧父而自利，弟自愛，不愛兄，故虧兄而自利。……雖至大夫之相亂家，諸侯之相攻國者亦然。……」

蓋不相愛之結果，勢必導致戰爭、篡奪、盜竊、忤逆，而成爲天下一切禍亂之根源。則欲平治天下之禍亂，自當祛除「不相愛」之心，而以「相愛」爲天下倡。此則儒墨之所同也。惟墨家又鑑於凡人皆有自私自利之心，若不予以徹底根除，則平素雖有愛人之心，然當人己之利害有所衝突而無以兼顧時，勢將捨他人之利，以全自身之利，若此，則猶未能止亂也。故必當泯除輕重之分，人我之別然後可。爲此，墨子乃進而提出「兼以易別」之說。其言曰：

「非人者，必有以易之。若非人而無以易之，譬之猶以水救水，以火救火也，其說將必無可焉。是故子墨子曰：兼以易別。……藉爲人之國若爲其國，夫誰獨舉其國，以攻人之國者哉？……今吾本原兼之所生，天下之大利者也。吾本原別之所生，天下之大害者也。是故子墨子

曰：別非而兼是者，出乎若方也。」（兼愛下）

以此「兼以易別」之思想，與墨子自任以天下之重而不遺匹夫匹婦之精神相結合，乃產生此種廣大悉被、大公無私、優差等、無厚薄之「兼愛」思想。此卽兼愛中所謂：

「凡天下禍篡怨恨其所以起者，以不相愛生也，是以仁者非之。既以非之，何以易之？子墨子言曰：以兼相愛，交相利之法易之。然則兼相愛交相利之法將奈何？子墨子言：視人之國，若視其國；視人之家，若視其家；視人之身，若視其身。」

由以上之推論，可知墨子兼愛思想之確立，實導源於救世之熱忱。故其目睹天下之禍亂，不能不爲之痛心疾首，而思所以平治之道。是則其「兼愛」之思想，卽謂由「非攻」之思想衍出，亦無不可。惟當其旣衍出兼愛之思想，旋卽反賓爲主，而以之爲其一切思想之中心。然無論其兼愛或非攻，實皆發自其愛世與救世之一念而已。

貳、兼愛之眞義

大凡研讀墨子者，易於望文生訓，而乖其本旨。故於兼愛之義，亦每多異說，有與仁愛、泛愛强爲比附；有謂部分相同，有謂完全相反，令人莫衷一是。蓋墨子之遣詞、用字，往往有其特殊之含義存焉。故欲爲其「兼愛」二字，立一明確之界說，則當於墨經中對此二字所下之定義求之：

經上云：「體，分於兼也。」蓋並衆體則爲兼，分之則爲體。又經說上云：「若二之一，尺之端。」意謂二爲一之兼；一爲二之體；而尺（相當於幾何學之線）者端（相當於幾何學之點）之兼；

端者尺之體也。是知其所謂兼者，乃涵括一切個體之謂。

至於愛，墨經中嘗以與「仁」相比較：經上云：「仁，體愛也。」蓋仁字古作忎，从千心。在前代未造仁字前，以德爲之，又與惠、恕字義同，而皆以愛人爲其本義。韓詩外傳引古傳云：「愛由情出謂之仁。」是仁由愛生，而必以情爲之本。換言之，愛之外延較大，含括較廣，而仁特其一體耳！經謂仁爲體愛，正其義也。又經說上云：「仁，愛己者，非謂用己也，不若愛馬。」意謂仁愛之愛，非爲用人；我之愛人，與人之相愛，絕非心存利用而始爲之。不若人之愛馬，蓋以其可供鞭策而效驅馳，而與仁愛之旨相遠矣！惟墨子以爲，此種「仁愛」之愛，其立意固佳，然其既由「情出」，則不免因主觀之差異，而有等差；既有等差，則以「有見於齊，無見於畸」（荀子天論）之墨子而觀之，其爲不圓滿也，固矣！矧據墨子之人性論，則人性實具有惡之傾向乎？此墨子所以不同於儒家之「率性」，而主張「去喜、去怒、去樂、去悲、去愛、去惡」也。

由上述可知：墨子之所謂兼愛，乃涵括一切之愛，而與發自情性之「仁愛」有別。故既云：「兼相愛」，而又謂：「交相利」也。而其最大之特色，則在於愛之無有差等。大取篇云：「愛人不外己，己在所愛之中。」又云：「厚人不外己，愛無厚薄。」小取篇云：「愛人，待周愛人，而後爲愛人。」可見其主張盡愛世人，而己身亦在所愛之中。並主張愛無厚薄，人我如一，而無親疏遠近之別。故其言兼愛之法，必當「視人之國，若其國；視人之家，若其家；視人之身，若其身。」（兼愛中）「愛人之親，若愛其親。」（大取）而其引周詩云：「王道蕩蕩，不偏不黨。王道平平，不黨不偏，其直若矢，其易若厎，君子所履，小人所視。」（兼愛下）蓋亦强調其兼愛之公平性。而所謂公平性，亦即荀子非十二子篇中所謂之「僈差等」；天論篇所謂之「有見於齊，無見於畸。」

循此而往，墨子又將兼愛之範圍，推廣至無窮之時間與空間。其大取篇云：「愛衆衆世與愛寡世相若，兼愛之有（又）相若；愛尙（上）世與愛後世，一若今之世。」意謂愛廣大地區之人與愛狹小地區之人，其愛心完全相若；而愛前世以及後世之人，與愛今世之人，其愛心亦毫無差異，此卽兼愛之極致。

然而墨子之所謂「愛無厚薄」，乃謂主觀之「愛心」無有厚薄，至於發諸行動，則仍不免有客觀之差異。否則「愛上世」與「愛後世」如何能「一若今之世」？而天下之孤㷀殘疾者，比比皆是，又如何能同時以愛之。故推究其施行兼愛之方法，亦僅能以普遍而無差等之愛心，加之於一切世人；至於其愛人之行徑，則亦僅能隨其因緣與機遇以施之，固不得而同耳。明乎此，則墨子之旣倡「兼愛」，而復言「孝弟慈長」（見兼愛上），乃能並存而不悖矣！惜乎歷來之治墨學者，未能深究及此，遂令治絲而益棼耳。

此外，墨子言「兼相愛」，輒繼謂「交相利」。足見其「愛」「利」之間，實有密切之關係，今按儒家以言利爲非，故子罕言利，且以喻於義與喻於利爲君子小人之分；至孟子，尤嚴於義利之辨。而墨經上云：「義，利也。」何其不侔之甚耶？然試推求古義，實與墨旨爲合。易文言云：「利者義之和也。」又云：「利物足以和義。」左傳亦云：「義以生利。」又云：「義，利之本也。」故劉師培氏云：「古人義利並言……自正其身，即能不納於邪，即能不加損於他人。」又云：「無害於人，則人己咸得其益，故利卽由義而生。」此善於釋義與利者也。蓋儒家所斥者爲一人之私利；墨氏所尚者，乃天下之公利也。故旣愛之，則必從而利之。

惟「愛心」雖不能有厚薄之分，而利人之程度，則難免有輕重之別。大取篇云：「二子事親，或遇孰，或遇凶，其愛親相若，非彼有行益也，非加（損）也。」蓋雖遇熟歲，則奉其親（亦卽利其親）較厚；遇凶歲，則奉其親較薄。然其愛父母之心，並無二致。故不能以利人之多寡，作爲「兼愛」與「別愛」之分別，此亦治墨學者，所不可不深究者也。

叁、兼愛之理論根據

兼愛之學說，其陳義不可謂不高矣！其出發點亦不可謂不善矣！然苟無完美之理論，以爲之後盾，亦恐難爲世人所深信而遵行。故墨子乃極力尋求其理論之根據，以建立天下人對其學說之信心。關於此點，墨子乃一面倡導天志之說，使人知所敬畏，抑亦有所遵循；一面又運用邏輯之觀念，欲使人類思想避免錯誤，俾獲正確之知識。亦卽知「兼相愛，交相利」者，爲順應天志，爲人生合理之生活，是爲眞知，否則悖。此於墨子書中，隨處可見，玆加歸納，約可得下列數端：

一、本於天志

儒家立說，託之古先聖王，故言必稱堯舜，並倡導倫理道德，以爲其立說之根據。其學說暢行已久，深入人心。墨子既云非儒，乃不得不另闢蹊徑，重新建立一套完整之理論，以與儒家相抗衡；堯舜爲人倫之極，而爲儒家所尊奉；墨子尚質不尚文，不能以倫理立說。則欲捨人倫之極而另覓强有力之根據，自不得不取於上古時代神道設教之法，以恢復人們對天神之虔恭寅畏，因而尊奉其學說，乃倡爲天志。

既云天志，則必先承認天有意志，且能分辨世人之是非善惡。故凡合於天意者謂之善；不合於天意者謂之不善。其天志中云：

「故子墨子之有天之(志)也，上將以度天下之王公大人爲刑政也；下將以量天下之萬民爲文學出言談也。觀其意行，順天之意，謂之善意行；反天之意，謂之不善意行。觀其言談，順天之意，謂之善言談；反天之意，謂之不善言談；觀其刑政，順天之意，謂之善刑政；反天之意，謂之不善刑政。故置此以爲法，立此以爲儀，將以量度天下之王公大人卿大夫之仁與不仁，譬之猶分黑白也。」

天之好惡，既爲量度世人是非善惡之標準，則欲從善棄惡，自當上體天心，以爲一切行事之依據。故墨子又有尚同之主張，蓋欲以一同天下之義，而皆以天爲法，故法儀篇云：

「天下從事者，不可無法儀，無法儀而事能成者，無有也。……然則奚以爲治法而可？曰：莫若法天。天之行廣而無私，其施厚而不德，其明久而不衰，故聖王法之。既以天爲法，動作有爲必度於天。天之所欲則爲之，天之所不欲則止。」

天既如此足法，故當「總天下之義，以尚同於天。」（尚同下）始能達到其理想之世界。惟其既欲法天，則於上天之好惡，不可不察也。故法儀篇又云：

「天必欲人之相愛相利，而不欲人之相惡相賊也。奚以知天之欲人之相愛相利，而不欲人之相惡相賊也？以其兼而愛之，兼而利之也。奚以知天兼而愛之，兼而利之也？以其兼而有之，兼而食之也。」

蓋天之行廣而無私，澤被萬物而弗有，確合於墨子兼愛之說，故墨子乃以之爲兼愛之理論根據。惟上天欲人之相愛相利，則人們固當法之，然而若無强制之力量，則於不能法天者，亦將無可如何矣！故墨子乃復强調天有賞善罰惡之功能，使人知所畏懼，而不敢不以之爲法。故墨子曰：

「順天意者，兼相愛，交相利，必得賞；反天意者，別相惡，交相賊，必得罰。」（天志上）

同時，墨子又舉禹湯與桀紂爲例，以說明上天賞善罰惡之事實：

「昔三代之聖王禹湯文武，此順天意而得賞者也；昔三代之暴王桀紂幽厲，此反天意而得罰者也。然則禹湯文武其得賞何以也？子墨子言曰：其事上尊天，中事鬼神，下愛人。故天意曰：此之我所愛兼而愛之，我所利兼而利之。愛人者，此爲博焉；利人者，此爲厚焉。故使貴爲天子，富有天下，業延萬世，子孫傳稱其善，方施天下，至今稱之，謂之聖王。然則桀紂幽厲其得罰何以也？子墨子言曰：其事上詬天，中誣鬼神，下賊人，故天意曰：此之我所愛別而惡之，

我所利交而賊之。惡人者，此爲之博也；賊人者，此爲之厚也，故使不得終其壽，不歿其世，至今毀之，謂之暴王。」（天志上）

蓋於墨子心目之中，舉凡生死、治亂、貧富、貴賤，皆天之所爲。然在吾人以尋常之眼光視之，則此乃自然之結果，亦猶夫種瓜得瓜，種豆得豆者耳。亦可謂之自然律，並無一主宰之天有意爲之。然天道冥冥，不可見，不可聞，不可思識，不能證其有意，亦不能證其無意，亦在人之自爲說耳。墨子言天志，人不能必其然，亦不能必其不然，而墨子言之鑿鑿，人遂從而言之，信之，而天志論以成，此其說之所以能流行而深中於人心也。

天志而外，墨子又提出明鬼之說，列舉實例，以確證鬼神之實有，且亦能賞善罰暴，猶老子所謂「天網恢恢，疏而不漏」者然，蓋欲以加强其震懾人心之效果，其言曰：

「逮至昔三代聖王既沒，天下失義，諸侯力正，是以存夫爲人君臣上下者之不惠忠也，父子弟兄之不慈孝弟長貞良也，政長之不强於聽治，賤人之不强於從事也。民之爲淫暴寇亂盜賊，以兵刃毒藥水火，退無罪人乎道路率徑，奪人車馬衣裘以自利者，並由此作，是以天下亂，此其故何以然也？則皆以疑惑鬼神之有與無之別，不明乎鬼神之能賞賢而罰暴也。今若使天下之人，偕信鬼神之能賞賢而罰暴也，則夫天下其亂哉？」（明鬼下）

由上所述，可知墨子之言天志，乃純粹爲兼愛之說尋求理論之根據，亦爲用以爭取民衆信仰其學說之手段；而明鬼之說，則係從天志中推衍而出，以加强其效果耳。惟天志與明鬼之思想，古已有之，墨子特以之爲誘導世人從善去惡之工具耳。且墨書中，皆僅反覆於天下治平之道，而未嘗使人慕於未可知之超現實世界；不若耶教之强調天堂、地獄，佛家之尋求極樂世界，道家之服食求仙。故不得以純宗教之眼光目之，此亦不可不察也。

二、本於邏輯

除天志而外，墨子更運用推理之方法，闡明人之所以應行兼愛之理，以爲其理論之根據。玆分三項以說明之：

第一、人皆喜兼而惡不兼 兼愛之學說，雖未必爲人人所樂於遵行，然而墨子確認凡行兼愛者，必爲人人所歡迎。此卽所謂「言而非兼，擇卽取兼」是也。故墨子乃舉例以說明此種矛盾之現象。其言曰：

「（敢問有家室者，將惡從）奉承親戚，提挈妻子而寄托之，不識於兼之友是乎？於別之友是乎？我以爲當其於此也，天下無愚夫愚婦，雖非兼之人，必寄托之於兼之友是也。此言而非兼，擇卽取兼，卽此言行費也。……天下無愚夫愚婦雖非兼者，必從兼君是也。言而非兼，擇卽取兼，卽此言行拂也。」（兼愛下）

然者能行兼愛者，旣爲人人所歡迎，所樂取，則兼愛之學說，自必爲有價値而可行之學說矣！至其未必爲人人所樂於遵行者，則爲自私自利之心使然。此猶夫爲寇賊者，其心何嘗不仰慕忠臣孝子之高義，然而己身之所以未能身體而力行者，抑亦自私自利之心使然耳。苟能祛除自私自利之心，而擴然大公，則此學說，自將爲人人所樂於接受而遵行矣！關於此點，墨子於與巫馬子之辯難中，對其利害之關係，剖析尤精：

「巫馬子謂子墨子曰：我與子異，我不能兼愛。我愛鄒人於越人，愛魯人於鄒人，愛我鄉人於魯人，愛我家人於鄉人，愛我親於我家人，愛我身於吾親，以爲近我也。擊我則疾，擊彼則不疾於我，我何故疾者之不拂，而不疾者之拂？……子墨子曰：子之義將匿邪？意將以告人乎？巫馬子曰：我何故匿我義？吾將以告人。子墨子曰：然則一人說子，一人欲殺子以利己；十人說子，十人欲殺子以利己；天下說子，天下欲殺子以利己；一人不說子，一人欲殺子，以子爲施不祥言者也；十人不說子，十人欲殺子，以子爲施不祥言者也；天下不說子，天下欲殺子，以子爲施不祥言者也。說子亦欲殺子，不說子亦欲殺子，是所謂經口者也，殺常之身者也。」（耕柱）

此段議論，蓋以邏輯推理之法，剖析其利害關係，透徹詳明，密緻無間，幾令人無懈可擊，而兼愛之學說，亦因以加强其理論之根據焉。

第二、兼愛正所以自愛 行兼愛者，既爲人人所歡迎，所樂取，則根據「愛人者，人恆愛之」之常理推之，則兼愛亦正所以自愛也。而況舉世之中，倘人人皆能行兼愛之理，則將造成一充滿愛之世界，人人均將沐浴於愛中；我予人以愛，而人亦將予我以愛，是兼愛何異於自愛乎？故墨子曰：

「夫愛人者，人必從而愛之；利人者，人必從而利之。」（兼愛中）

又曰：

「大雅之所道曰：無言而不讎，無德而不報。投我以桃，報之以李，卽此言愛人者，必見愛也。」（兼愛下）

凡愛人者，旣必能見愛於人，則欲博他人之愛，卽當先予人以愛，然後他人乃能予我以愛，是所謂投桃而報李也。此蓋純就其效果言之。故其兼愛下又云：

「吾不識孝子之爲親度者，亦欲人之愛利其親與？意欲人之惡賊其親與？以說觀之，卽欲人之愛利其親也。然則吾惡先從事，卽得此。若我先從事乎愛利人之親，然後人報我以愛利吾親乎？意我先從事乎惡賊人之親，然後人報我以愛利吾親乎？卽必吾先從事乎愛利人之親，然後人報我以愛利吾親也。」

墨子此種兼愛之理論，乃植基於人類實際生活之互惠、互利之上；而非自天理良心出發。此其所以異於儒愛之愛，而亦其所以爲功利主義也。

第三、實行兼愛不難　墨子曰：「用而不可，雖我亦將非之，焉有善而不可用者。」（兼愛下）蓋凡一種優良之學說，必須不難於實踐，至少亦當有實行之可能者，始克爲衆人所樂於接受；否則陳義雖高，而於實行之時，諸多窒礙，是何異於鏡花水月乎？關於此點，墨書中嘗有極其周密之推論：

㈠、無窮不害兼：

經下云：「無窮不害兼，說在盈否。」

經說下：「無：南者有窮則可盡，無窮則不可盡。有窮無窮未可智（知），則可盡不可盡未可智。人之盈否未可智，而人之可盡不可盡亦未可智，而必人之盡愛也，悖。人若不盈无窮，則人有窮也，盡有窮，無難；盈無窮，則無窮盡也，盡有窮，無難。」

按：經說自「南者有窮則可盡」至「悖」止，爲論者言。謂人不可盡愛，蓋引辯者言南方無窮或有窮，以爲無窮有窮未可知，可盡不可盡亦未可知，人之盈滿與否亦未可知，而愛人之可盡不可盡亦未可知；乃必謂人之可盡愛，不亦悖於事理乎？用以推論人之不可盡愛，而兼愛爲非。墨家特據此言，揭出無窮不害兼之旨，而以盈否二義答之。蓋人若不盈無窮，則人有窮也。卽人若不能盈滿於無窮之界，則人自屬有窮，於是而愛此有窮之人，何難之有？反之，人若盈無窮，是人能盈滿無窮之界，則無窮之界盡，固無所謂無窮矣，無窮旣盡，是爲有窮，則盡愛此有窮之人，亦何難之有。

(二)、不知其數，亦能盡愛之：

經下云：「不知其數而知其盡也，說在明者。」

經說下：「不：不智其數，惡知愛民之盡之也？或者遺乎其問也。盡問人，則盡愛其所問。若不智其數，而智愛之盡之也，無難。」

按：此承前意，謂雖不知人民之數，而知其盡，故不害兼愛也。蓋前旣以盈否答客難，而難者猶以不知其數，何能盡愛之爲問。墨家乃答以盡問有窮無窮界之人，則盡愛其所問之人，如是雖不知其數，而盡愛之亦無難矣！

㈢、不知其處，不害愛之：

經下云：「不知其所處，不害愛之，說在喪子者。」

按：此與前二義相承，一言其數，一言其處耳。意謂雖未知人民之所處為何地，亦不害於兼愛之義，如人之喪失其子者然。蓋其子縱旅泊無方，存亡莫卜，終不能少損父母愛子之心也。

㈣、誅殺惡人，不害於兼愛：

經上云：「罰：上報下之罪也。」

按：此所謂報下之罪，則必事誅殺，不與兼愛之義相悖乎？然小取篇云：「盜，人也。多盜，非多人也；無盜，非無人也。奚以明之？惡多盜，非惡多人也；欲無盜，非欲無人也。世相與共是之。若若是，則雖盜，人也！愛盜，非愛人也！不愛盜，非不愛人也！殺盜，非殺人也！無難矣！」蓋盜雖為人，而人非卽盜，以人無盜之意存也。故多盜，非多人；無盜，非無人；惡多盜者，惟惡多盜之害人，非惡多人；欲無盜者，特欲世人皆不為盜，非欲無人。以此理推之，則殺盜自不同於殺人，其何害於兼愛之旨乎？此亦墨子運用邏輯之觀念，以推論兼愛之不難也。

㈤、若君悅之，則士衆能為之：

墨子以為無論如何難為之事，但須國君喜愛之，則人們亦均將樂為之。兼愛中並列舉：「晉文公好士之惡衣，故文公之臣，皆牂羊之裘，韋以帶劍，練帛之冠。入以見於君，出以踐於朝。」「楚靈王好士細要，故靈王之臣，皆以一飯爲節，脇息然後帶，扶牆然後起。」「越王句踐好士之勇，……士聞鼓音，破碎亂行，蹈火死者，左右百人有餘。」等故事，以爲佐證，並斷之曰：「乃若少食惡衣，殺身而爲名，此天下百姓之所皆難也；若苟君說之，則衆能爲之。」此亦墨子之所以信誓旦旦，而以「兼愛」爲可行也。

㈥、古聖王有行兼愛者：

墨子兼愛下云：「然而天下之士，非兼者之言，猶未止也。曰：兼卽仁矣！義矣！雖然，豈可爲哉；吾譬兼之不可爲也，猶挈泰山以超江河也。故兼者直願之也，夫豈可爲之物哉？」蓋兼愛之說，陳義過高，雖墨子亦知其不易爲世人所接受。爲此，墨子乃列舉古聖王實行兼愛之事跡，以證實兼愛之不難。故兼愛下又云：

「夫挈泰山以超江河，自古及今，生民而來，未嘗有也。今若夫兼相愛，交相利，此自先聖四王者親行之。……泰誓曰：文王若日月乍照，光于四方，于西土。卽此言文王之兼愛天下之博大也，譬之日月兼照天下之無有私也。……禹曰：濟濟有衆，咸聽朕言。非惟小子敢行稱亂，蠢玆有苗，用天之罰，若予既率爾羣封諸君以征有苗。禹之征有苗也，非以求重富貴，干福祿，樂耳目也；以求興天下之利，除天下之害，卽此禹兼也。……湯貴爲天子，富有天下，然且不憚以身爲犧牲，以祠說于上帝鬼神。卽此湯兼也。……古者文武爲正（政），均分，賞賢罰暴，勿有親戚弟兄之所阿，卽此文武兼也。」

夫兼愛之學說，旣嘗爲古先聖王所躬行而踐履之，則彼何人也，予何人也，有爲者亦若是，夫復何難之有？斯亦兼愛之所以可行也。然此特墨子託古先聖王之名，以施行其學說，未必其眞有行兼愛之實也。此種託古之作風，於先秦諸子中，隨處可見，墨子亦不免耳。

肆、兼愛與仁愛之歧異

儒家之中心思想爲「仁」，而仁以同情心爲本，其表現於行動者卽爲「愛」。

「樊遲問仁，子曰：愛人。」（論語顏淵）

「仁者愛人，有禮者敬人。」（孟子離婁）

故吾人恆謂儒家之愛爲「仁愛」。至其施行仁愛之方法，則在於「能近取譬」，在於「推己及人」。論語雍也篇云：

「子貢曰：如有博施於民，而能濟衆，何如？可謂仁乎！子曰：何事於仁，必也聖乎！堯舜其猶病諸！夫仁者，己欲立而立人，己欲達而達人。能近取譬，可謂仁之方也已。」

蓋博施而濟衆者，非不爲聖人之所欲，顧恐力有所不贍而治有所不及耳！是雖以堯舜之聖，其心猶有所不足於此，則吾人苟徒事高遠而未知其方，勢將難見其有成。若然，則人人不將視求仁爲畏途乎！故孔子以爲求仁之方法，但須近取諸身，以己之所欲，推以知人之欲，然後推其所欲，以及於人；以己之所不欲，推以知人之所不欲，然後去其所不欲，而勿施於人。如此而已。故以此求仁，則「我欲仁，斯仁至矣！」（論語述而）孟子曰：「强恕而行，求仁莫近焉。」（孟子盡心篇）此之謂也。可見儒家之所謂愛，乃在於推恩。

「故推恩足以保四海，不推恩，無以保妻子。古之人所以無大過人者，無他焉，善推其所爲而已矣！」（孟子梁惠王）

「仁者，以其所愛，及其所不愛。」（孟子盡心）

而推恩之動機，則在於道德心性之自覺，而不假於外力。至於此種道德心性之產生，則在乎人類所共同具有之「惻隱之心」。孟子盡心上云：

「人皆有不忍人之心，……所以謂人皆有不忍人之心者；今人乍見孺子將入於井，皆有怵惕惻隱之心，非所以內交於孺子之父母也，非所以要譽於鄉黨朋友也，非惡其聲而然也。」

又曰：

「惻隱之心，仁之端也。」

蓋人與人間，甚至人與物間，皆有其自然之情感存焉，既有此自然之情感，則不僅當其見孺子之將入於井，必將產生怵惕惻隱之心，即見鳥獸之觳觫，草木之摧折，甚至一瓦一礫之毀損，亦必將有所不忍，而產生憐恤之意。此皆仁心之本然情況，而不假外求者也。故宋儒云：「仁者以天地萬物爲一體。」（二程語錄）惟其能以天地萬物爲一體，故能普愛天地萬物，則儒家仁愛之對象，不爲不周遍矣！而墨家之言愛曰：

「愛人，待周愛人，而後爲愛人。」（墨子小取）

則其施愛之對象，雖亦極爲周遍，然似僅侷限於人類而猶未能普及於萬物。故僅就愛之周遍性而言，則吾人可以認爲儒墨二家同爲提倡周遍之愛，特儒家施愛之對象，較墨家尤爲涵括耳。

惟儒家雖認爲「仁者以天地萬物爲一體」；然天地萬物與自身之關係，自有遠近親疏之分；而自身對天地萬物所產生之情感，亦自有深淺厚薄之別。凡此關係之遠近親疏，與夫感情之深淺厚薄，在在皆影響其對對方愛心之輕重多寡，故以常情衡之，則吾人「見孺子將入於井」因而產生之「怵惕惻隱之心」必較諸「見鳥獸之觳觫」爲深且鉅，而「見鳥獸之觳觫」因而產生之「怵惕惻隱之心」，又將較諸「見草木瓦礫之損毀」爲深且鉅。以同理推之，則吾人見其所親遭遇變故，因而產生之驚懼與不安，亦必較諸見路人之遭遇變故爲深且鉅。此自然之情而不待矯飾者也。由此自然之情所產生之「愛」，自必有其輕重多寡之別。故儒家之言曰：

「仁者，人也。親親爲大；義者，宜也。尊賢爲大。親親之殺，尊賢之等，禮所生也。」（中庸哀公問政）

所謂「親親之殺」，即指愛之深淺而言，孟子亦謂：

「君子之於物也，愛之而弗仁；於民也，仁之而弗親。親親而仁民，仁民而愛物。」（孟子盡心上）

蓋愛人之愛，與愛物之愛不可混同；而於愛親人之愛，與愛路人之愛，亦不可混同，而必根據其親疏之分，而有輕重之別。故孔子之言「泛愛衆」，又繼之以「而親仁」（論語學而）於厚薄之間，亦可見其一斑矣！至於推愛之順序，則當先「親親」然後「仁民」然後「愛物」。由親及疏，由近及遠。故孟子又曰：

「老吾老以及人之老，幼吾幼以及人之幼。」（孟子梁惠王）

是當先老吾之老，然後始及於他人之老；必先幼吾之幼，然後始及於他人之幼。書堯典亦云：

「克明俊德，以親九族；九族旣睦，平章百姓，百姓昭明，協和萬邦。」

此所謂本末終始也，惟有明其本來終始，凡事始能井然有序，故以此治家，則家齊；以此治國，則國治；以此平天下，則天下平。否則本末倒置，必致毀壞人倫道德，而反爲禍亂之根源矣！故孟子乃斥墨子之兼愛曰：「墨氏兼愛是無父也，無父無君是禽獸也。」（孟子滕文公）蓋孟子於墨子「摩頂放踵，利天下爲之。」（孟子盡心上）之精神，亦頗爲敬佩，然於維護人倫之立場，則又不得不力闢之。

由以上所述，可知儒家仁愛之動機，在於道德心性之自覺；而墨子兼愛之動機，則在於救天下之亂。儒家倡導仁愛之理論根據，係建立於倫理觀念與夫人道思想之上；而墨家兼愛之理論根據，則建立於天志觀念與夫功利思想之上。有此二基本上之差異，故其施愛之對象，一爲天地萬物，一則爲全人類；其施愛之方法與順序，一爲推己及人，因而由近及遠，由親及疏，且有輕重之分，先後之別，是爲有差等之愛。一則爲將其愛心，不分輕重，不別先後，同時加之於全人類，是爲齊一而無差等之愛。此則儒墨之辨也。

第三節　社會經濟之改革

司馬談論六家要旨云：「墨者儉而難遵，是以其事不可徧循，然其强本節用不可廢也。」故知强本節用也者，實乃墨子思想中極重要之一環，亦爲其思想特色之所在。昔者管仲有言：「倉廩實而后知禮節，衣食足而后知榮辱。」孟子亦謂：「無恆產而有恆心者，惟士爲能；若民，則無恆產，因無恆心；苟無恆心，放僻邪侈，無不爲已。」是知民用不足，人心惶惶，則易於導致社會之動亂，而使天下之百姓流離失所。墨子既昭昭然爲天下憂不足，自不能不有以易之。而易之之道，自莫如强本節用也。其七患篇云：

「凡五穀者，民之所仰也，君之所以爲養也。故民無仰則君無養，民無食，則不可事。故食不可不務也，地不可不力也，用不可不節也。」

至其强本節用之道，於積極方面言之，則在於崇本務實以開其源；於消極方面言之，則在於節用、節葬以節其流。此外，更注意財產之分配，以達到均富之目的。茲分述於下：

壹、開源——崇本務實

墨子以爲欲改善社會之經濟，則必使人人皆參與勞動生產，且必須設法增加生產力，此開源之道也。故曰：「爲者疾，食者寡，則歲無凶；爲者緩，食者衆，則歲無豐。」（七患）此與大學所謂：「生之者衆，食之者寡，爲之者疾，用之者舒，則財恒足矣！」之說法，可謂若合符節。

一、生產勞動

墨子出身微賤，自幼即參與勞動生產之工作，在其觀念中，以爲非勞動不足以生存。且人類與禽獸不同，蓋禽獸有羽毛鱗介以禦寒冷，有水草昆蟲以充饑渴，至於人類則無之。故非勞動無以贏得其生存之權利。其言曰：

「今人固與禽獸麋鹿蜚鳥貞蟲異者也。今之禽獸麋鹿蜚鳥貞蟲，因其羽毛以爲衣裘，因其蹄蚤以爲絝屨，因其水草以爲飲食。故唯使雄不耕稼樹藝，雌亦不紡績織紝，衣食之財固已具矣！今人與此異者也：賴其力者生，不賴其力者不生。」（非樂上）

且墨子之於勞動，主張應極其量，雖至「腓無胈，脛無毛。」勞神苦體，亦所不惜。故莊子喻之爲：「形勞天下……日夜不休，以自苦爲極。」（莊子天下篇）惟墨子之所謂「力」，非如許行之流，專注重筋肉之勞力，而不屑其他。其中乃包括農人之「耕稼樹藝」，婦人之「紡績織紝」，與王公大人之「聽獄治事」。是所謂「各從事其所能」（節用中）「各因其力之所能至而從事焉。」（公孟）由此可見其重視分業之原則。故墨子又嘗設喻曰：

「譬若築牆然：能築者築，能實壞者實壞，能欣者欣，然後牆成也；爲義猶是也：能談辯者談辯，能說書者說書，能從事者從事，然後義事成也。」（耕柱）

要之，但須勤勞刻苦，以服務社會，則不論其爲「竭股肱之力」，抑或「殫其思慮之智」，皆爲墨家所稱道，此亦可見其勤勞務實精神之可貴矣！

二、以時生財

我國爲農業社會，故厚殖財力之方法，首在於增加農業生產。蓋：「五穀者，民之所仰也，君之所以爲養也。」（七患）因而墨子主張「農夫蚤出暮入，耕稼樹藝，多聚菽粟，……婦人夙興夜寢，紡績織紝，多治麻絲葛緒，綑布縿。」（非樂上）此皆所以裕民之生也。

然而農業生產，恒須把握生產季節。因而墨子甚重視以時生財之道。故曰：「財不足，則反之時；食不足，則反之用。故先民以時生財。固本而用財，則財足。故雖上世聖王，豈能使五穀常收而旱水不至哉？然而無凍餓之民者，何也？其力時急，而自養儉也。」此與孟子「不違農時」之義，蓋可相互發明。

三、增加生產力

墨子以爲欲增加生產，除勤勉從事而外，尚須設法增加生產力。而增加生產力之道，則在於增加人口。至於如何增加人口？墨子嘗提出兩種具體之方案：一為反蓄私，一為倡早婚。所謂反蓄私，亦即反對男子蓄妾。蓋一人而數妾，非但難以克盡夫道，而使女子不異無夫；且將剝奪他人娶妻生子之機會，因而影響人口之增加。故曰：

「當今之君，其蓄私也，大國拘女累千，小國累百。是以天下之男多寡無妻，女多拘無夫，男女失時，故民少。」（辭過）

至於倡早婚，則是主張男子二十而娶，女子十五而嫁，以求提早生育，並增長生育之年齡。故曰：

「然人有可倍也，昔者聖王為法曰：丈夫年二十，毋敢不處家；女子年十五，毋敢不事人。」（節用上）

蓋晚婚則晚生子，並將縮短生育之年齡，而影響人口之增加也。

此種論調，實由於當時地廣人稀，勞力之需求甚為殷切。益以戰禍頻仍，各國皆為兵員之補充大感困擾，因而發生爭奪人口之情事。例如商鞅之治秦，以關中地廣人稀，而三晉地狹人稠，故厚利招徠三晉之人。而孟子書中，亦載梁惠王深以「鄰國之民不加少，寡人之民不加多」為慮。可見增加人口之主張，乃迫於當時之時勢。惟墨子以提倡早婚為增加人口之法，以今日科學之眼光視之，不但有礙於國民身心之健康，且將降低人口之素質，其為不智也，固矣。

貳、節流——節用

「開源」固爲改善社會經濟之良法，然此非一蹴可幾者也。何況倘奢侈無度，則無論其財力若何豐厚，亦將有時而窮。故墨子既主張：「食不可不務也，地不可不力也。」又主張：「用不可不節也。」（七患）然則節用之道，將奈何哉？墨子嘗制訂其原則曰：

「凡足以奉給民用則止；諸加費不加于民利者，聖王弗爲。」（節用中）

據墨子之意，蓋以爲凡財用應以維持日常最基本之生活爲度，踰此者，卽爲浪費。故凡「諸加費而不加于民利者」，皆在其嚴禁之列。然則，吾人日常之生活如何而可也？墨子辭過篇中嘗制訂其標準曰：

「爲宮室之法曰：室高足以辟潤濕，邊足以圉風寒，上足以待雪霜雨露，宮牆之高足以別男女之禮，謹此則止。………爲衣服之法，多則練帛之中，足以爲輕且煖，夏則絺綌之中，足以爲輕且淸，謹此則止。………其爲食也，足以增氣充虛，彊體適腹而已矣。………其爲舟車也，全固輕利，可以任重致遠。其用財少，而爲利多。」

基於此一觀點，故墨子以爲喪葬亦須有節，因而有「節葬」、「短喪」之主張；至於音樂，亦無當於現實之利，故墨子亦主張「非樂」。此容於第五節中，再行論述，於此姑置弗道耳！

叁、均　產

開源與節流，固足以增加社會之財富，然苟分配不均，則貧窮之問題，將仍然無法獲得解決。何況貧富過分懸殊，將益增窮民不平之鳴乎？故墨子又主張：「有餘財以相分」、「有餘力以相勞」（尚同上）。此與禮運大同篇：「貨惡其棄於地也，不必藏於己；力惡其不出於身也，不必爲己。」之說，蓋同一旨趣。至於具體之作法，則爲：

「歲饉，則仕者大夫以下，皆損祿五分之一；旱則損五分之二；凶則損五分之三；餽則損五分之四；饑則盡無祿，稟食而已矣！故凶饑存乎國，人君徹食五分之三，大夫徹縣，士不入學，君朝之衣不革制，諸侯之使，雍飱而不盛，徹驂騑，塗不芸，馬不食粟，婢妾不衣帛。」（七患）

經下云：「損而不害，說在餘。」卽此義也。蓋所以損有餘而以濟不足也。

此外，墨子亦主張平抑物價，以減輕貧民生活之壓力。故經下曰：「買無貴，說在仮（反）其賈（價）。」可見其主張物價必須維持一定之標準，如一時騰踊，則當平抑之，使復原來之價格也。何況價格昂貴，必將不易出售，而使供需雙方，俱蒙其害，亦殊悖乎經濟之原理。故曰：「賈宜則讎（售），說在盡。」（經下）若此，且可避免商人之操縱、壟斷矣！

第四節　國民道德之提昇

墨子於形而上之理論，雖未有深入之闡發，然於人們日常所踐履之諸德，固極重視。蓋此亦維繫社會安定、和諧之根本力量也。至其要項，約有下列數端：

壹、貴義

墨子以「義」爲人生一切思想行爲最高之指導原則，故曰：「萬事莫貴於義。」（貴義）然而何謂「義」？說文段注云：「義之本訓，謂禮容各得其宜。」引而申之，則凡一切合宜之行爲，皆謂之義。惟此所謂「合宜」者，儒家蓋以「天理良心」爲斷；既以天理良心爲斷，則凡違背天理良心者，雖有大利，亦有所不爲；墨子既以「義果自天出矣！」故其所謂「宜」者，乃以「天意」爲斷，既以天意爲斷，故凡「天之所欲則爲之，天之所不欲則止。」（法儀）然而天亦何欲何惡者也？墨子曰：「天必欲人之相愛相利，而不欲人之相惡相賊也。」（同上）然何謂「相利」？經上曰：「利，所得而喜也。」故凡符合人們內心之需求者，皆謂之利。而「相愛、相利」，既合於天意，又符合於人們內心之需求，其爲大利也，固矣！因而墨子遂以利爲義。經上曰：「義，利也。」耕柱篇亦曰：「義可以利人，故曰：義，天下之良寶也。」皆此謂也。

基於此一理論，故墨子終其身，無不以「利人乎，卽爲；不利人乎，卽止。」（非樂上）爲其一切思想行爲之準則；非特「獨自苦而爲義」（見貴義篇），且以爲「敎天下以義者，功亦多。」（魯問）因而以義爲敎，且遍從人而說之。此其貴義精神之體現也。

貳、修　德

墨子既以「厚乎德行」爲賢人之要件（見尚賢上）然其所謂「德行」者，何也？墨經上蓋列有十四德目焉，曰：「恕、仁、義、禮、行、實、忠、孝、信、佴、詷、廉、任、勇」是也。其中除前項所稱之「義」，已說明其爲思想行爲之最高準則而外，另有關「仁」之意義，亦已見本章第二節之闡述。玆就其餘諸德目，略中其義旨如下：

一、恕（智）

經上云：「恕，明也。」此蓋卽三達德中之「智」德是也。蓋墨子既爲實行家，又處於百家爭鳴之時代，非智，則無以論斷其是非，亦不足以堅其自身之壁壘，故亦重於智。梁任公先生墨經校釋自序云：「墨子之所以教者，曰愛與智。」是已！經說下云：「恕也者，以其知論物，而其知之也著。若目。」蓋謂人所以爲智者，以其能運用其所以知之「材」，而將外界之事物，加以分類比較，而瞭然於胸中。若目之見物，纖毫畢明也。

二、禮

經上云：「禮，敬也。」蓋墨子雖不喜繁文縟節之禮，然於禮之精神，固未嘗不重之也。惟禮之精神爲何？則誠敬是也，故曰：禮，敬也。經下曰：「貴者公，賤者名，而俱有敬慢焉：等異論也。」按：「名」，應從張解作「民」，謂貴如公侯，賤如庶民，而俱有敬、慢之意存焉；故敬能勝慢，則爲有禮；敬不能勝慢，則爲失禮，此之謂以「等異論也」。

三、行

經上云：「行，爲也。」墨子一生，最重實踐，蓋知而不行，則一切均將落空。故亦以之爲重要之德目耳。經下云：「所爲不善名，行也；所爲善名，巧也。若爲盜。」按：本文前人每不得其解。孫仲容疑巧當作竊，梁任公云：「孫說近是，但善名二字有誤否，仍未敢斷。」李師漁叔謂：「善名，猶言善於釣名也。墨家尙質，於欺世盜名之輩，以其心跡至巧，故以『若爲盜』斥之。」蓋得其義也。耕柱篇曰：「爲義非避毀就譽。去之苟道，受狂何傷。」是其證也。此以見墨子之重於行，而不重於名，且以欺世盜名爲可恥也。

四、實

經上云：「實，榮也。」墨子尙質不尙文，故以實爲榮。經說上云：「實。其志氣之見也，使之如己，不若金聲玉服。」意謂其志氣之見於外者，必與自身之實質相符，乃謂之實，不若金聲玉服之徒飾其外也。由此亦足見墨家之重視表裏如一矣！

五、忠

經上云：「忠，以爲利而强低也。」按：低當作氐。說文：「氐，至也。」亦作厎。乃謂：凡以爲利於人者，則必黽勉而爲之，以馴致其地也。此與「盡己之謂忠」，義正相合。惜本條經說，文字譌脫，未能更有所闡發耳！

六、孝

經上云：「孝，利親也。」墨子旣注重「交相利」，又言「兼相愛」，則其親自亦在所愛、所利之中；而凡利親之行爲，卽墨子之所謂孝也。經說上云：「孝。以親爲芬（分），而能（乃）能利親，不必得。」此謂：爲人子女者，當以奉養其親，爲其自身之職分，乃能有利於親耳。至其能否獲其父母之歡心，則未可必也。由此可知墨子亦注重「孝」。惟墨子旣倡兼愛，因而泯滅等差，故愛利其親，亦愛利人之親，其惟一之不同，僅在於形式上之「奉養」與否，而愛敬之心，固無異致。故「愛」爲「利人」，「孝」爲「利親」，對象有別，名稱斯異，而其實質固無不同。此於他人之親，則厚矣！然就人倫之立場而觀之，則於其親也，失之薄矣！此孟子之所以斥之爲無父也。（參見本章第二節）

七、信

經上云：「信，言合於意也。」按：梁任公釋「意」爲「億」，於義無所取。說文云：「意，志也。」蓋意念之在於心，則爲志；發之於口，則爲言。故凡言而由衷，心、口如一，則爲信矣！經下云：「信。不以其言之當也，使人視，城（誠）得金。」乃謂人或不信其言，則以事實證之。例如告人以某處有金，因使之往視焉，而果得金，則可證明其言之信矣！此亦商鞅立木以示信之類也。

八、佴

經上云：「佴，自作也。」經說上云：「作。與人遇，人衆惰。」按：此條經與經說，迄無的解。梁任公易「佴」爲「侔」；易「作」爲「仳」；又謂：「衆惰兩字仍不可解。」而高亨墨經校詮謂：「佴者，乃即今語所謂退縮無勇氣也。」尤乖其本旨。今按：說文：「佴，佽也。」如淳曰：「佴，次也。」節葬下云：「佴乎祭祀。」孫氏閒詁云：「佴者，次比之義，言不疏曠也。」蓋依時爲之，無有或輟，故可引申爲自强不息之義。經上曰：「佴，自作也。」正其義也。「惰」字，未見於字書。李師漁叔以爲「當是循之異文。」是也。是則經說之意，乃謂：凡能自立自强者，則其與人相接，則衆人均將望風而從之矣！

九、詷（狷）

經上云：「詷，作嗛也。」經說下云：「狷。爲是（爲是）之台彼也，弗爲也。」按：孫云：

「瞯、誷、狷並同聲假借字。」至於「嗛」，疑當作「磏」，韓詩外傳一：「磏仁，則其德不厚。」蓋「廉潔直方，有所不爲」之行也。又案：「台」，孫仲容以爲同欺詒之詒，且釋之曰：「謂狷者不爲欺人之言。」非惟破字，且無當於狷介之義。今按：說文：「台，說也。」史記太史公自序：「唐堯遜位，虞舜不台。」索隱云：「台，音怡，悅也。」是則經說下之意，乃謂：「必欲使狷者爲某事以取悅於他人，則必不爲也。」此亦見墨子之不屑於苟合取容矣！

十、廉

經上云：「廉，作非也。」孫以廉當作慊。梁校云：「作疑當作怍，謂自慚怍其所爲之非也。」經說下云：「廉。己惟爲之，知其䫣也。」按：字書無䫣字，疑當作諰，同葸。論語泰伯：「愼而無禮則葸。」注云：「畏懼貌。」經說下云：「己惟爲之，知其䫣耳。」乃謂於其自身所爲之非，而知所戒懼也。與經旨正合。漢書高帝紀：「且廉問有不如吾詔者，以重論之。」注云：「廉，察也。」孟子滕文公：「陳仲子豈不誠廉士哉？」朱注：「廉，有分辨，不苟取也。」與墨經之說，亦正可相互發明。今以廉爲「清清白白的辨別。」正其義也。不知孫、梁諸公，必易「廉」爲「慊」者，何也？

十一、任

經上云：「任，士損己而益所爲也。」經說上云：「任。爲身之所惡，以成人之所急也。」按：

「爲身之所惡」，是「損己」也；「成人之所急」者，是「益所爲也。」具見其自任以天下之重，雖犧牲自己，亦在所不惜也。莊子天下篇謂墨子：「以繩墨自矯，而備世之急。」孟子更稱其：「摩頂放踵，利天下，爲之。」皆此義也。

十二、勇

經上云：「勇，志之所以敢也。」經說上云：「勇。以其敢於是也，命之；不以其不敢於彼也，害之。」經上之義，蓋以「勇」爲充滿勇氣，敢作敢爲也。淮南子泰族訓載：「墨子服役者，百八十人，皆可使赴火蹈刃，死不旋踵。」者，亦即勇之體現也。經說則又析之曰：勇有大勇、小勇。故勇於此，固謂之勇；至於暴虎馮河，死而無悔之類，雖不敢冒然爲之，亦不害其勇也。此善言勇者也。

由以上諸德目而觀之，足見墨子之言修德，實皆於日用踐履中陶養；固未嘗爲高深之理論，以自炫耀。此亦墨子之所以可貴也。

叁、去辟

墨子既以人性爲具有惡之傾向（說見第二章第二節），因而力主去人慾，而以天爲一切思想行爲之準則。此其「禁慾」說之所自出也。

貴義篇云：「必去六辟，……必去喜、去怒、去樂、去悲、去愛、去惡，而用仁義。」所謂「辟」，乃偏頗不正之謂。其義蓋以爲，人性之中，「喜、怒、樂、悲、愛、惡」之發，若率其性而爲之，則必不能「中節」，故主張舉而去之，而一以仁義爲依歸也！然墨子所謂「仁義」者，果何所自乎？則天也。（見本節第一小節）故所謂「用仁義」者，實即依「天志」以行事也，而人慾不與焉。故墨子之言愛，不言「愛由情出」之「仁愛」，而強調上天一體平鋪之「兼愛」；言義，不言「天理良心」之義，而專言「天欲義而惡不義」（天志上）之義。即所以避免夾雜個人之好惡，以合於其「平等」、「無私」之義耳！

至於在物質上，由於「去六辟」之觀念，更注定其走向「禁慾」之途；其節用、節葬、非樂之主張，即其最直接之產物也。莊子謂其「以裘褐爲衣，以跂蹻爲服，日夜不休，以自苦爲極。」「生不歌，死不服，桐棺三寸而无槨，以爲法式。以此教人，恐不愛人；以此自行，固不愛己。……其生也勤，其死也薄；其道大觳，使人憂，使人悲；其行難爲也。恐其不可以爲聖人之道，反天下之心，天下不堪；墨子雖能獨任，奈天下何。」（天下篇）蓋最足以描摹其禁慾之情狀也。

肆、自　反

曾子一日三省，孟子受曾子之學，亦重於自反。墨子之學，雖不出於曾子，而亦以爲言：足見古昔聖哲，其道恆多相通。

蓋爲善得賞，爲惡得罰，此雖理之宜然。然事實上，爲善而賞不至，爲惡亦不見有罰之情形，固亦所在多有，若是，豈不將動搖其信道之心乎？當其於此也，墨子主張宜深自反省，而不可心存疑惑，遂餒於行道之志焉。公孟篇云：

「有游於子墨子之門者，謂子墨子曰：『先生以鬼神爲明知，能爲禍福；爲善者福之，爲暴者禍之；今吾事先生久矣！而福不至。意者先生之言有不善乎？鬼神有不明乎？我何故不得福也？』子墨子曰：『雖子不得福，吾言何遽不善，而鬼神何遽不明？子亦聞乎匿刑徒之有刑乎？……今有人於此，什子，子能什譽之，而一自譽乎？……有人於此，百子，子能終身譽亓（其）善，而子無一自譽乎？……匿一人者猶有罪，今子所匿若此其多，將有厚罪者也！何福之求？』」

蓋夫人之常情，恆能見己之善，而不悟己之失，於是行有不得，輒忿懣抑鬱，怨天尤人，鮮能虛心檢討，閉門思過。小取云：「此與彼同類，世有彼而不自非也，墨者有此而衆非之。無它故焉。所謂內膠外閉，而不解也。」可不三思歟？

且夫世之爲善者，每以毫末之善，而求榮華富貴於一身，是猶垂區區之餌，而望吞舟之大魚，豈不謬哉？

「魯祝以一豚祭，而求百福於鬼神，子墨子聞之曰：『是不可！今施人薄，而望人厚，則人唯恐其有賜於己也；今以一豚祭，而求百福於鬼神，鬼神唯恐其以牛羊祀也。……』」（魯問篇）

而況人之所當遵行者，愛利忠信也，孝悌慈長也，其條目繁多，今偶占一善，即可謂之善乎？故曹公子遵墨子之言：「謹祭祀鬼神，然而人徒多死，六畜不蕃，身湛於病。」遂疑墨子之道爲不可用，墨子乃告之曰：

「夫鬼神之所欲於人者多：欲人之處高爵祿則以讓賢也；多財則以分貧也。夫鬼神豈惟擢黍拑肺之爲欲哉？今子處高爵祿而不以讓賢，一不祥也；多財而不以分貧，二不祥也。今子事鬼神，唯祭而已矣！是猶百門而閉一門焉，曰盜何從入？若是，而求百福於有怪之鬼神，豈可哉？」（魯問篇）

由是而觀之，故凡行有不通，所求未達，皆當反躬自問，然後消除失敗之因，益堅奮勉之志。既不可怨天尤人，更不可廢然摧沮，因而叛離正道。此墨子之所謂：「爲義不能，必無排其道；譬若匠人之斵而不能，無排其繩。」（貴義篇）也。孟子曰：「愛人不親，反其仁；治人不治，反其治；禮人不答，反其敬。」（孟子離婁）亦正與此義相合：皆所以言自反之道也。世之欲成功立業者，可不三致其意乎！

第五節　社會風氣之誘導

墨子身處亂世，目睹社會惡濁，人心敗壞；厭世之思想與及時享樂之主義盛行。於是人們或消極頹唐，苟且偷安；或徵逐酒色，縱慾無度；影響所及，社會風氣益形糜爛。乃倡爲節用、節葬、非樂之主張，以杜絕虛浮糜爛之風氣，並高倡非命之說，以鼓勵世人，積極進取，以開創自身之命運。具見其淑世利人之苦心也！其中節用之說，已見前述。玆就其餘諸項，論述如下：

壹、節葬、短喪

墨子節葬之思想，乃自節用之思想中，引申而出者。蓋當時之喪葬制度，不僅奢侈無度，徒然浪費社會之財力，益增風氣之糜爛，且至殺人以殉，動輒數十百人；其慘無人道之程度，可想而知。其節葬下嘗備述當時社會上舖張浪費之情形：

「此存乎王公大人有喪者曰：棺槨必重，葬埋必厚，衣衾必多，文繡必繁，丘隴必巨；存乎匹夫賤人死者，殆竭家室；存乎諸侯死者，虛庫府，然後金玉珠璣比乎身，綸組節約，車馬藏乎壙；又必多爲屋幕鼎鼓几梴壺濫，戈劍羽旄齒革，寢而埋之，滿意；送死若徙，曰：天子殺殉，衆者數十，寡者數人。」（節葬下）

此種奢華之作爲，確實令人慨歎！至於「天子殺殉」之情形，尤令人髮指。「仲尼曰：『始作俑者，其無後乎，』爲其象人而用之也。」（見孟子梁惠王）夫以木俑殉葬，孔子猶傷其象人而斥其無後，況生人乎？且此一風氣，一旦氾濫，其後果誠有不堪設想者矣！此亦墨子之所以不得不起而非之也。其節葬下云：

「衣食者，人之生利也，然且猶尙有節；埋葬者，人之死利也，夫何獨無節於此乎？」

喪葬既須有節，故墨子乃爲制訂其標準曰：

「桐棺三寸，足以朽體；衣衾三領，足以覆惡；及其葬也，下毋及泉，上毋通臭；壟若參耕之畝，則止矣！」（節葬下）

凡此，皆爲針對當時王公大人之豪奢，與夫社會不良之習俗，痛下其鍼砭耳。惟其中亦不免有矯枉過正者。蓋一味主張薄葬，無異勸人重貲財而薄父母，固人情所不忍也。觀墨者夷子之厚葬其親，豈無故哉？

至其非久喪之思想，則又爲純就其功利主義立說。而欲以矯儒家服喪三年之禮制。其言曰：

「哭泣不秩，聲翁。縗絰，垂涕，處倚廬，寢苫，枕凷，又相率强不食而爲飢，薄衣而爲寒，使面目陷陬，顏色黧黑，耳目不聰明，手足不勁强，不可用也。……必扶而能起，杖而能行，以此共三年。若法若言，行若道，使王公大人行此，則必不能蚤朝晏退，聽獄治政；使士大夫行此，則必不能治五官六府，辟草木，實倉廩；使農夫行此，則不能早出夜入，耕稼樹藝；使百工行此，則必不能修舟車，爲器皿矣；使婦人行此，則必不能夙興夜寢，紡績織紝，……以此求富，此譬猶禁耕而求穫也。」（節葬下）

蓋墨子以爲久喪一事，不惟害性傷生，且將使大人不能聽治，庶民不能從事，靡衣食之財而亂作，敗男女之交而害生養。故凡厚葬、久喪，則國家必貧，人民必寡，刑政必亂，而社會風氣，亦不可問矣！其弊孰甚焉？墨子既處處皆以實利為着眼點，則此不利於天下萬民之事，自必遭其抨擊矣！惟儒家雖重視「愼終追遠」之義，然亦曷嘗主張鋪張浪費也哉？孔子不云乎：「喪，與其易也，寧戚。」然則奢侈浪費者，乃當時之習俗然耳。至於儒家之制為「三年之喪」，實乃本乎孝子不安、不忍之自然情性。一則為體現人道之精神，一則乃有感於「子生三年，然後免於父母之懷。」之恩惠，遂堅主三年之喪耳。而況「愼終追遠」，可使「民德歸厚」，對於國家社會，自亦有其無形之功用，豈能妄加譏評？然此非「蔽於用而不知文」之墨家所及見者耳。

貳、非樂

周朝之文化，蓋以禮樂為核心；降及春秋之世，禮樂之精神已漸趨式微；所存者，僅鐘鼓、竽笙、干戚等徒具形式之末節耳。孔子曰：「禮云！禮云！玉帛云乎哉？樂云！樂云！鐘鼓云乎哉？」（論語陽貨）其為此言，蓋傷時人之遺其本而專事乎末也。益以一般貴族，多持此末節，極盡其奢侈荒淫之能事，且有不惜名節，僭越其身份者。故孔子謂季氏曰：「八佾舞於庭，是可忍也，孰不可忍也！」而魯大夫孟孫、叔孫、季孫於祭祀之餘，竟歌雍以徹，故孔子亦斥之曰：「『相維辟公，天子穆穆。』奚取於三家之堂？」（具見論語八佾）然此蓋僅針對時弊而發，而主張有以節之。對樂之本身，儒家則極為重視。蓋雅正之音樂，可以陶冶性靈，修養德性，感發人之善心，而收化民成俗之實效。故樂記云：

「夫樂者，樂也……故人不耐（能也，下同）無樂，樂不能無形，形而不爲道，不耐無亂。先王恥其亂也，故制雅、頌之聲以道之，使其聲足樂而不流，使其文足論而不息，使其曲直、繁瘠、廉肉、節奏，足以感動人之善心而已矣！不使放心、邪氣得接焉！是先王立樂之方也。」

又曰：

「故樂行而倫淸，耳目聰明，血氣和平，移風易俗，天下皆寧。故曰：樂者樂也！君子樂其道，小人樂其欲；以道制欲，則樂而不亂；以欲忘道，則惑而不樂。」

而孔子亦以「興於詩，立於禮，成於樂。」（論語泰伯）爲言，其重視樂敎之程度，於此可見。至於墨子，則除却非斥王公大人之奢僭侈靡而外，且一味執着於「現實之利」，而與儒家採取完全對立之態度，而謂：「樂之爲物，將不可不禁而止也。」（非樂上）

至於墨子對非樂所持之理由，歸納之，實不外乎下列二端：

第一、上不中聖王之事，下不中萬民之利。其非樂上云：「仁者之事，必務求興天下之利，除天下之害，將以爲法乎天下。……是故子墨子之所以非樂者，非以大鐘鳴鼓琴瑟竽笙之聲以爲不樂也，……非以刻鏤文章之色以爲不美也，……然上考之，不中聖王之事；下度之，不中萬民之利。是故子墨子曰：「爲樂非也。」至其何以不中聖王之事耶？墨子以爲苟習於聲樂，則「將必厚措斂乎萬民，以爲大鐘鳴鼓琴瑟竽笙。」（非樂上）不惟浪費錢財，且失其所以爲聖人之道。故「先王之書，湯之官刑有之曰：其恆舞于宮，是謂巫風，……萬舞洋洋，黃言孔章，上帝弗常，九有以亡。上帝不順，降之百殃，其家必壞喪。」（非樂上）同時墨子又指出「周成王之治天下也，不若武王；武王之治天下也，不若成湯；成湯之治天下也，不若堯舜。」其原因卽在於「其樂愈繁者，其治愈寡。」（三辯）此非不中於聖王之事乎？至其何以亦不中於萬民之利？墨子亦言之審矣。其言曰：「譬之若聖王之爲舟車也，卽（則）我弗敢非也。……舟用之水，車用之陸。君子息其足焉，小人休其肩背焉，故萬民出財，齎而予之，不敢以爲慼恨者，何也？以其反中民之利也。然則樂器反中民之利亦若此，卽我弗敢非也。」（非樂上）夫舟車之爲物，可使君子息其足焉，小人休其肩焉，其中於萬民之利也，固矣！至於爲樂，旣不能使餓者得食，寒者得衣，勞者得息，亦無補於天下之治亂安危。

「民有三患。飢者不得食，寒者不得衣，勞者不得息，然卽當爲之撞巨鐘，擊鳴鼓，彈琴瑟，吹竽笙而揚干戚，民衣食之財，將安（閒詁引荀子勸學篇楊注云：安，語助。下同）可得乎？……今有大國卽攻小國，有大家卽伐小家，强刼弱，衆暴寡，詐欺愚，貴傲賤，寇亂盜賊並興，不可禁止也。然卽當爲之撞巨鐘，擊鳴鼓，彈琴瑟，吹竽笙而揚干戚。天下之亂也，將安可得而治與？卽我以爲未必然也。」（非樂上）

況其又將損耗民財，則以「蔽於用而不知文」之墨子觀之，其爲用自不能與舟車相提並論，此其所以斥音樂爲不中萬民之利也。

第二、爲樂則必廢大人之聽治與賤人之從事。非樂上云：「今惟毋在乎王公大人說樂而聽之，卽必不能蚤朝晏退，聽獄治政，是故國家亂而社稷危矣！今惟毋在乎士君子說樂而聽之，卽不能竭股肱之力，亶其思慮之智，內治官府，外收斂關市山林澤梁之利，以實倉廩府庫，是故倉廩府庫不實。今惟毋在乎農夫說樂而聽之，卽必不能蚤出暮入，耕稼樹藝，多聚叔粟，是故叔粟不足。今惟毋在乎婦人說樂而聽之，卽必不能夙興夜寢，紡績織紝，多治麻絲葛緒，綑布縿，是故布縿不興。曰：孰爲而廢大人之聽治，賤人之從事？曰：樂也。是故墨子曰：爲樂非也。」故知在墨子之心目中，爲樂實有百害而無一利，因此墨子之於音樂，乃堅決反對，而主張徹底廢除。

綜以上二事，可知墨子非樂之理由，皆以現實之利爲着眼點；對音樂本身，則缺乏正確之認識。蓋良馬固不能駕而不稅；良弓固不能張而不弛；人爲血肉之軀，獨可勞而不息哉？今夫樂者，所以息人也。既可以調劑生活之情趣，亦可以煥發工作之精神，於人類之精神生活，有不可忽視之功；所惜者，墨子僅見於物質生活之利，而忽略精神之利，此莊子所以譏其「其道太觳」也。次就樂之另一功用言之，則樂可以陶冶性靈，變化氣質，提高人生之境界，淨化人之內心，使民日遷善而不知爲之者。亦可使人感發興起，奮發有爲。故孔子所以謂「興於詩、立於禮、成於樂」者，卽主張禮以繩其外，樂以和其內，相輔相成，以成其德耳。第以其功在乎無形，而無立竿見影之效，惟有遠識者能見之，而墨子以其耗時靡財，無補於衣食之利而非之，誠失之淺狹矣！

叁、非　命

「命」之觀念，其所從來也，久矣！詩、書二經中，蓋已屢見不鮮；至於儒家，則承此傳統之觀念而肯定之。故孔子曰：「不知命，無以爲君子也。」（論語堯曰）而子夏亦曰：「死生有命，富貴在天。」（論語顏淵）及至墨子，則以爲「命者，暴王所作，窮人所術（述），非仁者之言也。」（墨子非命下）並以儒家爲「立命緩貧而高浩居。」（非儒下）因而詆誹之。

至於墨子非命之理由，則可以三表法概括之：

㈠、本之於天鬼之志與古先聖王之事：非命上曰：「古者桀之所亂，湯受而治之；紂之所亂，武王受而治之。此世未易，民未渝，在於桀紂則天下亂；在於湯武，則天下治。豈可謂有命哉？」此其藉先王之事跡，以證命之無有也。非命上又曰：「於仲虺之告曰：『我聞于夏人矯天命，布命于下，帝伐之惡，龔喪厥師。』……。於太誓曰：『紂夷處，不肯事上帝鬼神，禍厥先神禔不祀，乃曰：吾民有命。無僇其務。天亦縱棄之而弗葆。』」此謂天亦不欲人之執有命也。蓋墨子既已上天必賞善而罰暴矣！倘人們一旦相信執有命者之言，以爲「上之所賞，命固且賞，非賢故賞也；上之所罰，命固且罰，不暴故罰也。」因而殆於從事，甚者雖反天之意，亦無所忌憚；若此，則天之威靈既失，而墨子一切學說之理論基礎，必將破壞無遺；其一切學說，亦將隨之而搖搖欲墜矣！此其所以不得不起而大倡非命之說也。

㈡、原察百姓耳目之實或徵以先王之書：非命中曰：「然胡不嘗考之百姓之情，自古以及今，生民以來者，亦嘗見命之物，聞命之聲者乎？則未嘗有也。」此其據百姓耳目之實，以論斷命之有無也。非命上又曰：「先王之憲亦嘗有曰：『福不可請，而禍不可諱，敬無益，暴無傷』者乎？……」此其據先王之書，以證明命之無有也。蓋墨子極注重感官之經驗，而以爲論斷之依據。然或以「百姓爲愚不肖，耳目之情，不足因而爲法。」（非命中）因而又徵以先王之書，蓋欲藉先王耳目之所見，以爲依據耳。

(三)、發以爲刑政觀其中國家百姓人民之利：非命上曰：「今用執有命者之言，則上不聽治，下不從事。上不聽治，則刑政亂；下不從事，則財用不足。上無以供粢盛酒醴，祭祀上帝鬼神；下無以降綏天下賢可之士；外無以應待諸侯之賓客；內無以食飢衣寒，將養老弱。」此其就現實之利，以證明執有命者之言，不中於國家百姓人民之利也。蓋墨子旣以「力行實踐」爲人生之第一要務（見第二章第二節），而命運之說，易使人消極、頹廢而不知進取，實爲力行實踐之大敵，此其所以必倡言非命，而以執有命者爲「賊天下之人者也。」（非儒下）

基於以上之理由，故墨子一方面批駁儒家有命之說。

「教人學而執有命，是猶命人葆而去亓冠也。」（公孟篇）

「儒之道，足以喪天下者四政焉。……又以命爲有，貧富壽夭治亂安危有極矣，不可損益也。爲上者行之，必不聽治矣；爲下者行之，必不從事矣！此足以喪天下。」（同上）

「有強執有命以說議曰：壽夭貧富，安危治亂，固有天命，不可損益。……而儒者以爲道教，是賊天下之人者也。」（非儒下）

另一方面，則以身示範，而教人不可迷信命運之說。

「子墨子北之齊，遇日者。日者曰：『帝以今日殺黑龍於北方，而先生之色黑，不可以北。』墨子不聽，遂北，至淄水，不遂而反焉。日者曰：『我謂先生不可以北。』子墨子曰：『南之人不得北，北之人不得南，其色有黑者，有白者，何故皆不遂也？且帝以甲乙殺青龍於東方；以丙丁殺赤龍於南方；以庚辛殺白龍於西方；以壬癸殺黑龍於北方。若用子之言，是禁天下之行者也。』」

此誠所謂「使人拘而多畏」，而墨子駁之，可謂一針見血。而其篤信非命之誠，亦於此可見矣！方授楚曰：「二千年來，墨學既微，儒家有命說以外，更益以道家之有命說，並輸入印度佛教之有命說，流於中國社會，遂致中其毒，而各安天命，不知進取，以呈暮氣沈沈之現象而不易振拔；安得如墨子其人者，倡新非命論以廓清此種病態哉！」此正足以說明墨子非命說之可貴也。

第六節　墨子社會教育評析

由前數節之論述，可知墨子之社會理想，蓋極爲崇高，而其淑世利人之苦心，亦殊令人感佩。惟其所倡導之主張，固皆有其不可磨滅之價值，而仍待商榷者，亦且不少。茲舉其數要端，而爲評析於后：

壹、兼愛說之商榷

墨子憂世之深與夫救世之勇，古今蓋鮮有其匹；而其兼愛之理論，陳義之高，亦古今所罕覯。惜其矯枉過正，遂致舉一切客觀之差等而抹煞之，因而造成其學說之病痛所在，而「無父無君」之罪名，亦有難以昭雪之虞。

就其理論言之，則墨子之兼愛蓋本於天志，天之於人無有厚薄之分。人因天，自亦不可有厚薄之別，故愛他人之親若愛其親，而愛其親亦若愛他人之親，不可有所差異。此於他人之親固是也，於其親則非也。儒家之仁愛本乎倫理；倫者次也，親疏有別，長幼有序。故倫理也者，所以別親疏、長幼、尊卑者也。固當由親及疏，由近及遠，而人倫之序，乃得以有條而不紊。至若親疏不可得兼，則只得先捨其疏者遠者，而先其親者近者。此大學所謂：「物有本末；事有終始，知所先後，則近道矣。」而亦爲儒家之精神所在，至於墨子，則比而同之，愛人之父如其父，愛人之子如其子，無差別，無倫次，無本末，無終始，是使待路人如其父，待其父如路人。此孟子之所以斥爲無父也。蓋父母生我、養我、鞠我、育我，欲報之德，誠所謂昊天罔極，則其相愛相敬，乃出於自然，順乎天理。而路人之於我，何恩何德，必欲比而同之，此豈人之情也哉？且其兼愛之理論，建立於天志觀念與夫功利思想之上，亦殊爲不妥。蓋天志冥冥，存在於人類之信仰。信仰堅則天志效；信仰衰，則天志化爲烏有。孰與夫儒家倫理觀念之爲切合於實際哉？而況舍人而言天言鬼，無異於自貶人類本身之價值，否定人類自身之尊嚴，使人類永淪爲天地鬼神之奴隸。此又非文明之社會，所能容忍者矣！至於功利思想，則易使人急功近利，非惟無以望天下之民，效墨子之摩頂放踵，以一利於天下；且將率天下之民，轉而法楊朱之拔一毛而利天下，亦有所不爲矣！孰與夫儒家人道思想之爲探其本哉？

次就其實際之可行性言之，墨子所謂「言而非兼，擇卽取兼。」（兼愛下）「愛人者，必見愛也。」（同上）「無窮不害兼。」（經下）「不知其數而知其盡也。」（經下）「不知其所處，不害愛之。」（經下）「不愛盜，非不愛人也。」（小取）等理論，實未足以說明兼愛之何以必能實行而無疑。至其所謂「古者聖王行之」（兼愛中）者，特托古以自重耳，並無確切之證據，以證實古聖王所行者。卽爲兼愛。則欲明兼愛說之是否可行，當就其尙同之思想以討論之，始能爲之論斷耳。其尙同中云：

「天子者，固天下之仁人也。擧天下之萬民以法天子，夫天下何說而不治哉！」

其兼愛下亦云：

「苟有上說之者，勸之以賞譽，威之以刑罰，我以爲人之於就兼相愛交相利也，譬之猶火之就上，水之就下也，不可防止於天下。」

此種主張，蓋與儒家所謂：「子帥以正，孰敢不正。」（論語顏淵）「君仁莫不仁，君義莫不義。」（孟子離婁）之「賢人政治」相仿。所不同者，則儒家重在化民成俗，在上者，僅居於扶翼匡助之地位，使民於潛移默化之中，領悟爲人處世之道。故曰：「勞之、來之、匡之、直之、輔之、翼之，使自得之。」（孟子滕文公）至於墨子之所恃以施行其兼愛之學說者，則帶有強制之意味。徒知「勸之以賞譽，威之以刑罰。」（此殆卽孔子所謂：道之以政，齊之以刑。）使天下之萬民，皆「尚同於天子」，然後「天子又總其義，以尚同於天。」（尚同下）而不通過其道德心性之自覺，則其結果，極易使天子假天之意，以行其極權之實。墨子將何術而使其必能法天之行兼愛乎？而在此强制之手段下，亦勢將使天下之萬民，成爲一具具形式化一，功用相同，刻板而無靈性之機械，一切皆聽命於在上者之操縱而已。是則墨子縱能使時君遵行兼愛之義，然亦終究難免於「其人存則其政擧，其人亡則其政息。」（中庸）之噩運。墨子又將何術而必能維護此機械之功能於不變乎？何若通過其道德心性，使其立地自覺，當下爲聖爲賢之爲愈耶？

退一步言之，則墨子之所謂「愛無厚薄」，實際上亦僅能止於愛心之無有厚薄已耳！非眞能同時將相同之愛之行爲，普及於一切世人，使遍受其惠，而無有遺漏者。仍當視其因緣、機遇與實際之情況，以定其施行之先後與給予之多寡。亦猶夫天降時雨，亦不能同時將相同之雨量，普降於世界之每一角落。而諸如屋簷下之小草與夫室內之盆景，亦未必皆能蒙受其澤；仍當視其因緣、機遇與實際之情況，而定其先後多寡耳。是則實行兼愛之結果，除泯除人倫之親疏尊卑，抹殺一切客觀之差等，使親者不能還之以親，疏者不能還之以疏，家庭制度瀕於破滅，倫理關係歸於瓦解而外，與儒家「仁愛」之功效，實無二致。故知墨子「摩頂放踵，思一利天下」之精神，雖至足欽佩，宜乎世人之頌讚而謳歌；然其學說之內涵，實矯枉而過正，非常道也！斯亦無怪乎孟子之必起而闢之也。

貳、嚴苛自苦之生活規範

墨子生逢季世，昭昭然爲天下憂不足，因鑒於一般王公大人之驕奢淫逸，縱慾無度。使人民飢寒並至，因而作姦釀亂，故主張有以節之：以爲衣足以保暖，食足以果腹，宮室足以避潤濕風寒，牆之高足以別男女之禮，舟車足以任重而致遠，是則可矣！故「凡足以奉給民用則止，諸加費不加于民利者，聖王弗爲。」（節用中）循此而往，故又有節葬之說。蓋厚葬久喪，不惟糜敝民財，害性傷生。且王公大人之爲喪，往往以金玉車馬鼎鼓等寶物埋之於壙；甚者殺人以殉，動逾數十百人；天下至慘之事，莫此爲甚。而其影響所及，乃導致社會風氣之極度敗壞。然則墨子起而非之，豈無故哉？至於非樂之說，固爲其功利思想之產物，然亦爲力矯王公大人僭奢侈靡之結果。其用心之苦，亦良堪敬佩矣！

惟墨子之言節用，實過分嚴苛而自苦，非人情所能堪；且其過分強調現實之利與物質生活之利，而忽略無形之利與精神生活之利。因而以爲凡五味芬香之調，刻鏤文采之飾，皆不必要；甚而幷可以怡情養性，化民成俗之音樂而廢棄之。是無異於驅人類而爲牛馬，不斷從事於勞力生產，卻無絲毫之享受可言。此莊子所以譏其「以此教人，恐不愛人；以此自行，固不愛己。」（莊子天下篇）而荀子所以譏其「蔽於用而不知文」（荀子解蔽篇）也。而況在事實上，人類欲求改善其生活，以安享富厚之實，乃其自然之欲望，而亦爲支拄其向上發展之動力；而正常之消費，且可刺激生產之意願，促進經濟之繁榮。〔按：今日文明先進諸國，每將生產過剩之物資，舉以塡諸海；乍視之，似爲暴殄天物，然而維持社會經濟之成長，固不得不如此。荀子以「墨子之節用也，使天下貧。」（富國篇）其最大之原因，當在於此。〕墨子乃欲堵之、塞之，必使其在物質上僅以能維持生命爲最高限度，而在精神上，尤不能有絲毫之鬆弛與享受。此種違背情性，虐待自己之作風，若以謂某非常時期生活之準則，自無不可；若以謂此乃生活之常則，則不但非常人所能忍受，卽墨者之徒，恐亦未必能完全遵守。此又無怪乎莊子有：「其生也勤，其死也薄。其道太觳，使人憂，使人悲，其行難爲也！恐其不可以爲聖人之道。反天下之心，天下不堪；墨子雖能獨任，奈天下何」（莊子天下篇）之歎矣！

再就其節喪、短喪之思想而觀之，固可以矯時弊而端末俗。然其忽略「愼終追遠」可使「民德歸厚」之義，而一味主張簡約以從事，是無異勸人重貲財而薄父母，實人情所不忍。甚者尊貴如堯，其葬也，亦僅「衣衾三領，穀木之棺，葛以緘之，旣泖（窆）而後哭。滿埳無封，已葬，而牛馬乘之。」（節葬下）其淒涼之情景，實令人鼻酸。然則人生之意義安在？生命之價值何存？此亦不得不令世人疑惑者也。且其旣倡明鬼，因而主張潔爲酒醴粢盛以敬天事鬼，却又極端主張薄葬短喪，豈非厚其魂而薄其屍？是否能爲鬼神所接受，實堪懷疑。此其學說本身，蓋亦有自相牾牴者矣！

叁、去辟禁欲之道德觀

墨子之言「去六辟」，其基本之精神，蓋與孔子之「克己復禮」與荀子之「解蔽」相通；其目的，乃在於澄澈神明，使眞理彰顯，而不爲情慾所蔽。所不同者，則在於孔子與荀子，仍然容許情慾之存在，不過主張有以克之、解之耳。至於墨子，則矯枉過正，必欲使人類與生俱來之一切情慾而棄絕之，此種逆水推舟之作法，吾恐其費力多，而功效寡耳！此其忽略人性自然之趨勢使然也。

此外，若就道德論之觀點而言之，則人情慾之存在，其本身並無善、惡之別；而善、惡之論斷，乃源於此情慾與他人相接觸後，對方所產生之反應或後果爲定耳。故人之善惡，不在於有無情慾，而在於如何運用其情慾。例如不必發怒而發怒，固爲衝動；應發怒而不發怒，則爲麻木不仁。是所謂「過猶不及」，皆未善也。是則與其如墨子之必阻而絕之，使盡失其原有之情性，而胥惟天志之是依，實不若儒家之順應其性，「道而弗牽」，使其於潛移默化之中，日就於中庸，而不自知之爲愈也。

肆、力、命之爭議

宿命之說，自古有之。故夏桀無道，民怨沸騰，而桀乃「矯誣上天，以布命于下。」（書仲虺之誥）；紂王暴虐，祖尹進諫，紂曰：「嗚呼！我生不有命在天？」（書西伯戡黎）此種命定之說，蓋星象、符應之類，固爲墨家所反對，且亦爲儒家所不許。而墨子非儒篇乃以儒爲「立命緩貧而高浩居。」因而詆誹之。後世於墨子非儒之言，雖多爲儒家抱屈，而爲鼓勵世人克服環境，力爭上游，却又贊成墨子之非命，不免令人疑惑。玆就儒家「知命」之旨而申述之，以見其與墨子所非之命，果爲相同否也。

一、命之涵意

中庸曰：「天命之謂性。」朱注云：「命，猶令也。」楊子法言問明篇亦云：「命者，天之令也。非人爲也。」而程伊川亦謂：「天賦爲命。」（易乾卦辭）至於孟子，則亦以「莫之爲而爲者，天地；莫之致而至者，命也。」（萬章上）據此，則凡上天（或自然）之所爲，而非人類所預期者，皆得稱之曰「命」。本乎此，則儒家之所謂命，當有如下二義：

㈠上天所賦予之條件或限定：

程伊川云：「天賦爲命」，此卽自然所賦予人類之限定，而非人力所得而「隨其意」以改變者。譬如「凡人皆有死」，此卽自然所賦予人類之一種限定。是以自古及今，曾試圖逃避死亡者，不知凡幾，亦嘗努力研究其方法，然而始終未有能超越此一鐵則者也。此非天命而何？再如人類之智慧再高，能力再强，亦終有其極限；而在此極限之內，或生而聰明穎悟，或生而庸愚駑鈍，此種個別差異，又無非上天之所爲；此種個別差異，雖可藉後天之努力，以補先天之不足，亦終有其限度。何況同一爲人，有人能生而知之，有人却需學而知之，或困而知之，豈非命之所存乎？關於此，卽力持「非命」說之墨子，亦在不自覺中承認：「面目美好者，此非可學而能者也。」（尚賢下）之事實。故「司馬牛憂曰：『人皆有兄弟，我獨亡！』子夏曰：『商聞之矣！死生有命，富貴在天。』」（論語顏淵）此既非司馬牛所得而隨其意以改變者，不謂之命，謂之何哉？餘如：人既生而爲某人之子，卽當盡其孝；

生而爲某國之民，卽當致其忠；生而爲某社會之一分子，卽當盡其力以共謀此一社會之福祉；此亦爲命定之事，而不可隨意改變者也。

㈠上天所加予之種種莫之致而至之遭遇：

荀子云：「節遇之謂命」，此種命，大抵爲環境與機緣所造成。譬如在順乎常理之下，人之窮通、禍福、貧富、壽夭，皆屬此類。此在墨子，或將以爲此乃「力與不力」，以及是否曾「求福」、「諱禍」之結果。而在事實上，人雖偶遇稱心如意之事，未必皆才力所致；偶遇疾病禍患，亦未必皆乖戾所自取。至於「智慮深而無財；才能高而無官；懷銀紆紫，未必稷契之才；積金累玉，未必陶朱之智。」（論衡命祿篇）亦現實社會中所屢見不鮮者也。此乃環境有優劣，時運有否泰，機緣有巧合，而未必皆「力與不力」之別也。似此在順乎常理之下，「莫之致而至」之結果，亦不得不歸之於命。卽如力持非命說之墨子，亦嘗忿忿不平曰：「今王公大人，其所富，其所貴，皆王公大人骨肉之親，無故富貴，面目美好者也。」（尙賢下）此非命運而何？

故「伯牛有疾，子問之。自牖執其手，曰：『亡之！命矣夫！斯人也，而有斯疾也！斯人也，而有斯疾也！』」（論語雍也）蓋伯牛素以德行見稱，而其所以染此惡疾，乃朱子所謂：「非其不能謹疾而有以致之。」似此莫之致而至者，自爲命之所存矣！至於墨子有疾，跌鼻以墨子既主張「鬼神爲明，能爲禍福；爲善者賞之，爲不善者罰之。」而以墨子之聖，何故亦有疾也？墨子因告之曰：「雖使我有病，鬼神何遽不明？人之所得於病者多方：有得之寒暑；有得之勞苦；是猶百門而閉一門焉，則盜何遽無從入？」（公孟篇）此直自壞其天志、明鬼之說也！

又如孔子、墨子，俱栖栖遑遑，席不暇煖，一生奔走天下，雖知其不可而爲之，其用力不可謂不勤，然最後皆未能達成其理想，寧非命之使然？故孔子既竭其力矣！乃歎曰：「道之將行也與？命也；道之將廢也與？命也！」（論語憲問）此蓋其一人之力，所無可如何者也。

二、處命之道

命之存在，既屬事實，則吾人究應如何以自處？此在儒家，既不教人任由此自然之限定或「莫之致而至」之遭遇所支配，因而惰於從事；亦不主行險僥倖，鑽營苟求。孟子曰：「莫非命也，順受其正。是故知命者，不立乎巖牆之下。盡其道而死者，正命也；桎梏而死者，非正命也。」（盡心上）此所謂「盡其道」，卽順乎常理，竭盡所能而爲之。至於盡其道之後，是否卽能達其所願，則亦歸之於天命，坦然處之而已。決不可遑慾强求，或怨天尤人，此之謂「順受其正」。自古之忠臣義士，每爲大義之所在，雖鼎鑊在前，猶甘之如飴；雖殺身成仁，亦毫無所懼。此卽「順受其正」，亦卽「知命」之表現。反之，則必盲目妄撞，甚者爲達目的，不擇手段，而或求取苟活，不惜降志辱身，賣國殃民。則其縱或得意於一時，然此不能「知命」、「安命」之表現，亦適足以違背天理，成其罪孽而已。

此外，儒家更深切體認：凡百事務，有可自作主宰者，亦有不可自作主宰者。孟子曰：「有天爵者，有人爵者。仁義忠信，樂善不倦，此天爵也；公卿大夫，此人爵也。」（告子上）蓋仁義忠信之德，原在我性分之中而不假外求，決不可藉口於命，而不盡我之材。故孔子曰：「我欲仁，斯仁至矣！」；至於公卿大夫之位，則操之他人之手，因而「求之有道，得之有命。」（孟子盡心上）故孔子曰：「富而如可求，雖執鞭之士，吾亦爲之；如不可求，從吾所好。」（述而）「飯疏食，飲水，曲肱而枕之，樂亦在其中矣！不義而富且貴，於我如浮雲。」（同上）此之謂「知命」。故孟子又曰：「口之於味也，目之於色也，耳之於聲也，鼻之於臭也，四肢之於安佚也，性也，有命焉，君子不謂性也；仁之於父子也，義之於君臣也，禮之於賓主也，智之於賢者也，聖人之於天道也，命也，有性焉，君子不謂命也。」（盡心下）蓋人之耳、目、口、鼻及四肢，皆有其自然之傾向，而是否均能如其所願，則當視之爲「命」之所存，而不可藉口於「性」，而逞慾强求；至如父子、君臣、賓主之遇合，雖爲命祿遭遇使然，然仁義禮智之德，才性之中，固已有之，則不可藉口於命，而有所懈怠。此之謂「各正性命。」（易乾卦）故孟子所謂「人皆可以爲堯舜」者，乃人人可以成堯舜之德，非人人可以致堯舜之位。不可不察也。

三、結語

由以上之論述，吾人不難瞭解儒家之所謂「居易以俟命」，決非墨子所稱之委心任運，惰於從事；亦非如行險僥倖者之悖理妄爲。而是盡人事而聽天命，從容中道，自强不息；理之所在，義無反顧，雖知其不可而爲之；「行一不義，殺一不辜，而得天下，不爲也。」（孟子公孫丑上）「素富貴，行乎富貴，素貧賤，行乎貧賤；素夷狄，行乎夷狄；素患難，行乎患難：君子無入而不自得焉。」（中庸）此之謂「知命」。此與墨子所謂：「王公大人紛若信有命而致行之，則必怠乎聽獄治政矣！卿大夫必怠乎治官府矣！農夫必怠乎耕稼樹藝矣！婦人必怠乎紡績織紝矣！」（非命下）蓋截然不同者也！

第六章　墨子之哲學方法

墨經爲吾國古代之奇書。其中除探究辯學外，兼及數學、形學、光學等原理。惜其文辭簡奧，義旨難求；自秦漢以降，治其學者殆僅晉之魯勝已耳；其所著述，乃合經上下及經說上下，凡四篇，名曰墨辯，而爲之注。今其書久佚，其敍則見於晉書隱逸傳。自玆而後，墨學益微。及至有淸一朝，諸儒相繼治墨，於錯亂懸隔之舊藉，頗能盡整紛剔蠹之功；而近世學者，更往往取假於泰西之邏輯學與實證科學，以與墨經相互印證，益震驚其蘊藏之富。一時學者爭鶩焉。

今墨書中，經分上下：經上頗似幾何學之界說；經下頗似幾何學之定理；經說上下，則隨所立而引申敷演之。至於大取、小取兩篇，則係講述思維論辯之法則，與以上四篇，固當比類而齊觀：故胡適之先生統名之曰墨辯云耳。

余治墨有年，於墨辯尤所深好；每窺前賢之勝義，輒爲之寢饋其間；用力旣久，乃略有所得焉。竊以爲墨辯中，不惟有關論證之原理，與泰西之邏輯學以及佛教之因明學深相契合，卽形式上亦多相類。乃思就管見所及，以比較其同異，藉明墨家之哲學方法；非敢强爲比附，飾言稱美，而以創獲自矜。倘能因而引發國人對吾國古代邏輯思想之注意，從而研究之，淬厲之，發揚之，以創造一套更完美之哲學方法，則尤所企盼者也。

第一節　辯之意義與功用

墨子之「辯學」與泰西所謂「邏輯」（Logic日人譯為論理學）者，其形式雖不盡相同，然其性質，固屬相類。

經上云：「辯，爭彼也；辯勝，當也。」

經說上云：「辯。或謂之牛，或謂之非牛，是爭彼也。是不俱當。不俱當，必或不當；不當，若犬。」

經下云：「謂辯無勝，必不當。說在辯。」

經說下云：「謂。所謂，非同也，則異也；同，則或謂之狗，其或謂之犬也；異，則或謂之牛，其或謂之馬也。俱無勝，是不辯也。辯也者，或謂之是，或謂之非，當者勝也。」

此處所謂「彼」者，卽兩造所爭辯之問題或對象，故凡對於某一問題有所爭議之時，卽謂之「辯」。既有所爭辯矣，則此兩造所持之論點，必有「當」與「不當」之別；而此「當」與「不當」之別，亦卽勝負之關鍵。如謂「俱無勝」，是何異於不辯哉！故經上云：「辯勝，當也。」經說下云：「當者勝也。」

譬如有物於此，某甲謂之「牛」，某乙謂之「非牛」，於是辯論起矣！而經由辯論之結果，發現甲乙兩造所爭論之「彼」，乃一犬耳，則是謂之「非牛」者勝矣！

惟墨經於所爭論之「彼」，有一嚴格之限定。經上云：「彼不可兩也。」何謂兩？經說上云：「此牛，渠非牛，兩也。」故知二人所爭辯者，必屬同一問題或同一對象而後可，否則，卽不成其爲辯矣！

譬如某甲謂：「音樂有益於修養。」某乙謂：「飲酒無益於健康。」則此二人所持之論點，固能一是、一非，但亦能俱是、俱非，是與辯之意義相違矣！且二人所論者，旣非同一問題，將何從辯論也哉？此墨經所以謂：「彼，不可兩也。」

至於辯之功用，則小取篇言之審矣！其言曰：

「夫辯也者，將以明是非之分，審治亂之紀，明同異之處，察名實之理，處利害，決嫌疑。……」

故凡依循辯之方法而推論之，則一方面可以戰勝對方；另一方面，亦可以明察事理，因而獲得正確之知識。墨子貴義篇云：「以其言非吾言者，是猶以卵投石也。盡天下之卵，其石猶是也，不可毀也。」此亦辯之具體功效也。

至於小取篇又有所謂：「以名擧實，以辭抒意，以說出故，以類取，以類予。」之語，乃就思惟之過程與推論之方法言之。蓋：「以名擧實，以辭抒意，以說出故。」係言思惟之過程；「以類取，以類予。」則述推論之方法；至於「或、假、效、辟、侔、援、推」七者，乃包含立辭之法則、論證之要件，與論證之方法。其間釐然有別，不可不深察焉。今者不揣固陋，於以下數節中，依次討論之。

第二節　思維之過程——以名舉實、以辭抒意、以說出故

西方邏輯學者，依據人類思惟之形態，將人類思惟之過程，分爲「概念」（concept）、「命題」（propositon）、「推論」（Inference）三種。而墨子小取篇所謂「以名舉實，以辭抒意，以說出故。」正與此三者相當，亦正代表思惟之三種過程。玆分述於下：

壹、以名舉實——概念

西方邏輯學中所謂概念云者，係指「凡以語言、文字或符號以表達外界客觀事物之抽象義理。」亦卽「凡對外界某一客觀事物之抽象義理，有一明確之認識」時，謂之「對某一客觀事物具有概念。」小取篇所謂「以名舉實」者，卽此義也。譬如吾人對犬所具備之各種屬性有明確之認識，故聞犬之名，卽能具體說出其特徵，或指出何者爲犬。此卽對犬具有概念。此之謂「以名舉實」。

一、名實之意義

墨子既以爲辯論之功用，在於「察名實之理」，故於名、實二字，辨析極精：

經上：「名實合，爲。」

經說上：「所以謂，名也；所謂，實也。名實耦，合也；志行，爲也。」

經上：「實，榮也。」

經說上：「實，其志氣之見也，使之如己。不若金聲玉服。」

蓋凡物皆有其名。名者，「所以謂」也；有名必有其實，實者，「所謂」也。譬如吾人見某人膚色黝黑，故謂之「黑人」。則吾人「所謂」之人，卽其實也；而吾人所用以稱謂之「黑人」二字，卽其名也。名實相符，卽謂之「名實耦」。至於「所謂」之「實」，其「志氣」之現於外者，又當與自身之實質相符，故曰：「其志氣之見，使之如己。」不若金聲玉服之徒飾其外，而與實之義相違矣！故所謂「實」，並非單指事物之形貌，乃兼就其各種屬性言之。譬如某物具有犬之形體，又具有犬之各種屬性，因而名之爲犬，乃謂之「名實耦」。此爲科學求眞之基本態度也。

二、名之種類

欲察名實之理，則不可不知名之種類。故墨子於此亦辨之極詳：

經上云：「名：達、類、私。」

經說上云：「名。物，達也。有實必得是名也；命之馬，類也。若實也者，必以是名也；命之臧，私也。是名也，止於是實也。」

由此條可知：名，又可分爲達名、類名、私名三種。達名卽事物共通之名；類名爲達名中某一類事物之共名；私名則爲某一事物專有之名。其中除私名外，達名與類名皆不固定，必由其外延之大小，比較得之。蓋凡外延愈大者，其內涵愈小；其外延愈小者，其內涵愈大。例如下圖中，墨子之外延僅有墨子，其外延最小，是爲「私名」。餘如「人」爲「中國人」之「達名」；「中國人」，又爲「人」之「類名」。「動物」爲「人」之「達名」；「人」又爲「動物」之「類名」。餘類推。所謂：「有實必得是名。」不可不察也。

貳、以辭抒意——命題

命題亦稱判斷（Judgement），然二者亦自有分別：凡對某一事物與另一事物間之關係，僅在思維中有所論定時，通常謂之判斷；若將此判斷，用語言、文字表達之，則爲「命題」。小取篇中所謂「以辭抒意」，正爲命題二字之的解。

內涵	名	外延
存在	物	生物、無生物
存在、生命	生物	動物、植物
存在、生命、感覺	動物	人、其他動物
存在、生命、感覺、理性	人	中國人、外國人
存在、生命、感覺、理性、中國籍	中國人	墨子、其他中國人
存在、生命、感覺、理性、中國籍、哲人	墨子	墨子

一、辭之意義

經上云：「言，出舉也。」

經說上云：「言也者，諸口能之，出名者也。名，若畫虎也；言，謂也。言，由名致也。」

由此可知，名卽名詞（Term），乃所以代表實者。譬如畫虎之代表虎，其發之於口，則爲「言」。故曰：「言，由名致也。」至於辭字，則以意推之，當係合兩個以上之「名」所構成。譬如根據吾之臆測（或曰判斷），以爲張三是好人：此之謂「意」（按：意卽臆也，乃臆測、推斷之謂。）。於是合「張三」與「好人」二名，而以「辭」表出之曰：「張三是好人。」此之謂「以辭抒意」，亦卽所謂「命題」。

二、知識之產生

「概念」與「判斷」，皆屬「知識」之範疇。西方邏輯學者，嘗就知識之來源，分爲「經驗觀念」（Experimentalidea）與「推知觀念」（Discursive）兩種。墨經中，則將之分爲「聞、說、親」三種，較之尤爲完備。

經上：「知：聞、說、親。」

經說上：「知。傳受之，聞也；方不㢓，說也；身觀焉，觀也。」

所謂「聞知」，乃自文字之記載或他人之語言中得知。譬如吾人未曾親見墨子其人，亦無法從推論中得知古代必有墨子，然而吾人皆知古代有墨子其人者，乃於載籍中得知，是為「聞知」；所謂「說知」，乃取假於既有之知識加以推論而得知。譬如吾人皆知河中必定有水，則吾人不必親至黃河、萊因河以觀察焉，亦可斷其河中必定有水，此種「不為方域所障蔽」之知，是為「說知」，亦卽邏輯學中所謂「推知觀念」；至於「親知」，則係從經驗中得來。譬如吾人誤食荼檗而覺其苦，因而得知荼檗之味苦，是為親知，亦卽邏輯學中所謂「經驗觀念」。此三種知識，相互為用，乃成完整之知識。

叁、以說出故——推論

「概念」與「判斷」，皆為較粗淺之思惟形態；故其所得之知識。亦為較原始之知識。苟欲求其深入，則必假藉「推論」。所謂「推論」，乃是根據已知之命題，推求所未知之新命題，以求得正確結論之思維作用。

經上云：「知，接也。」

經說上云：「知也者，以其知遇物，而能貌之。若見。」

經上云：「恕，明也。」

經說上云：「恕也者，以其知論物，而其知之也著。若明。」

前條經說中所謂「知也者，以其知遇物，而能貌之，」卽為粗淺之知，相當於論理學之概念；後條經說中所謂「恕也者，以其恕論物，而其知之也著。」即爲深入之知，相當於論理學之推論。而所謂「以說出故」，亦正爲求取「其知之也著」之「恕」之不二法門。

所謂「說」，乃用以申明其意旨，使人知其所以然之故者也。經上云：「說，所以明也。」即是此義。其形式當由「辭」所組成，相當於邏輯學之前提。至於「故」，墨經中言之甚詳：

經上：「故，所得而後成也。」

經說上：「故。小故，有之不必然，無之必不然。體也，若有端；大故，有之必然。若見之成見也。」

合本條經及經說，可知所謂「故」，即爲事物所以然之原因；有其因矣，則必有其果。故曰：「所得而後成也。」然「故」有兩種：一曰「小故」，即形成事物之分原因，今邏輯學中稱爲「必要條件」；一曰「大故」，即形成事物之總原因，今邏輯學中稱爲「充要條件」。譬如「見之成見」，按唯識論之說，必須「根緣、境緣、空緣、明緣、作意緣、分別依緣、染淨依緣、根本依緣、種子依緣」諸故同時輳會，乃能「成見」。若俱有其一，則未必能見；若缺其一，則必不能見矣！故曰：「小故，有之不必然，無之必不然。」蓋小故者，僅大故之一體，若尺（相當於幾何學之線）之僅有其端（相當於幾何學之點）耳。故必兼所有之「小故」以成「大故」，使諸故同時輳會，然後可以成見矣！故曰：「大故，有之必然。」

由以上之論述，可知所謂「以說出故」者，即疊合幾個辭（命題），以說明事之所以然之故者也。

例如欲明張三所以必死之故，因而謂：「凡人皆有死。張三，人也。故張三亦必有死。」即此類也。故凡根據已知之事理，以說明或推知另一事理，卽謂之「以說出故」，亦卽泰西邏輯學中所謂推論是也。苟以此法論辯，則所辯必明；以此求知，則所知必眞。實乃百學之母而知識之泉源也。

第三節　立辭之法則——或、假

凡欲推論者，不可不先明立辭之法則。於此，墨辯中亦有極精到之理論。然欲討論此問題之前，必先對「法」之意義，有一明確之認識。

經上：「法，所若而然也。」

經說上：「意、規、員三也俱，可以爲法。」

由經上之言，可知「法」者，乃「模式」之謂，依此模式爲之，則必能獲預期之效果，故曰：「所若而然也。」例如欲作一圓，則心中必有圓之意念，然後以圓規畫成此圓，此卽畫圓所必依循之模式。故曰：「意、規、員三也俱，可以爲法。」至於立辭之法爲何，則小取篇言之審矣：

「或也者，不盡也；假者，今不然也；效者，爲之法也。故中效則是也，不中效則非也。此效也；辟也者，舉也（它）物而以明之也；侔也者，比辭而俱行也；援也者，曰：子然，我奚獨不可以然也；推也者，以其所不取之，同於其所取者，予之也。是猶謂也（它）者同也，吾豈謂也（它）者異也。」

今按：以上所謂或、假、效、辟、侔、援、推七者，說者多以為乃論辯之法，或辯論之術，竊以為尚有未妥，蓋或、假二者，僅為立辭之法則；效，則為論證成立之要件；辟、侔、援、推乃為講述論證之形式及方法，不可不辨也。茲依次討論之：

壹、或

小取云：「或也者，不盡也。」經上云：「盡，莫不然也。」盡既為「莫不然」，則不盡自當為「不皆然」矣！

所謂：「不皆然」是卽部分之謂。孟子曰：「或勞心，或勞力。」卽其例也。又按：或卽古域字，係指某一種特定之範圍。故知「或」也者，當卽論理學中所謂「特稱命題」與「單稱命題」。蓋吾人立辭之時，最忌以偏概全。例如：世界上有善人焉，亦有惡人焉。若謂：凡人皆善，或凡人皆惡，則顯有以偏概全之弊；若謂：世人或善、或惡，則無懈可擊矣！且吾人於推理之時，亦常須以特稱或單稱命題行之。例如：

大前題：誠或聞之見之，則必以為有。

小前題：今有人親見杜伯殪周宣王於車中。

結　論：則鬼神之有，豈可疑哉？（見明鬼下）

既有「特稱命題」，自亦有「全稱命題」。舉一以該二耳。

貳、假

小取云：「假也者，今不然也。」此卽邏輯學中之「假言命題」。其與「定言命題」之區別，則一爲假設，一爲肯定耳。蓋吾人於立言之時，有時可虛擬一條件，而後說明在此條件下所將產生之結果。例如：孔子曰：「如有周公之才之美，使驕且吝，其餘不足觀也已。」其中前二句，皆屬假設之語，所謂：「今不然也。」故爲「假言命題」。若將之用於推論，則如：

大前題：若使天下兼相愛則治。

小前題：今天下果能兼相愛矣。

結　論：則天下必治。（見兼愛上）

既有「假言命題」，自亦有「定言命題」。亦舉一以該二耳。

第四節　論證之要件——效

吾人欲使論證成立，則必探究其「中效」與否。然則何謂「效」？小取云：

「效也者，爲之法也；所效者，所以爲之法也。故中效，則是也；不中效，則非也。」

可知「效」即爲一種法則，而可作爲同一事理之模式者也。依此模式而爲之，即謂之「效」。此模式，即爲「所效」，亦即吾人所「法」之對象。

經下云：「一法之相與也，盡類，若方之相合也。說在方。」

經說下云：「一。方盡類，俱有法而異，或木或石，不害其方之相合也。盡類，猶方也。物俱然。」

故凡同出於一法（或模式），則必屬同類。例如凡物之方者，不論其爲木、爲石、爲大、爲小，其爲方則一。故凡合於此模式，即爲「中效」，反之則「不中效」矣！由是而言，本條並非推理之方法，乃謂立辭或推論之時，須注意是否中效耳。例如：小取篇云：「獲，人也；愛獲，愛人也。」又云：「其弟，美人也；愛其弟，非愛美人也。」兩句推理之形式並無二致，然而一中效，一不中效。此其故何耶？蓋前一推論所以中效，乃因「獲」既屬人類中之一員，故愛獲，雖非愛所有之人，但亦屬愛人之行爲，故可判爲「中效」。至於後一推論，則大謬矣！今請以三斷論式討論之：

大前提：其弟，美人也。

小前提：（某人）愛其弟。

結　論：（故某人）愛美人。……不中效（故曰：「非愛美人也。」）

本論式中之中詞「其弟」，在大前題中，係指其內涵中之「容貌」而言；在小前提中，則係指其「全部之內涵」而言（因爲愛其弟，決非僅愛其容貌。）其性質並不相同，故應視爲兩個名詞。若再加上大詞（美人）與所省略之小詞（某人），則共有四個名詞。此在邏輯學中，謂之「四名詞的謬誤」（Fallacy of fourterms），自無法獲得正確之結論。則其不中效也，明矣！由是而言之，墨家之推理，不但注重形式及語法，且亦注重語意，其思慮之周密可知矣！

按：以往學者釋此條時，多以「周延」、「不週延」以解釋其致誤之由，蓋誤矣！如梁任公云：「弟爲美人之一部分，……是不周徧的；弟之外尚有美人，……所以說愛弟卽愛美人，……斷然是不中效的。」（墨子學案）然弟之與人，固屬不周延；而獲之於人，又何嘗周延哉？焉得謂：「愛獲，愛人也。」乎！今如易愛爲殺，而謂「張三，人也；某人殺張三。某人殺人也。」若依梁氏之說，則張三亦爲人之一部分，故殺張三，不得謂殺人。然則必盡殺天下之人，然後爲殺人乎！此其千慮之一失也。

第五節　論證之方法——辟、侔、援、推

西方邏輯學中言論證之方法，有所謂直接推論（Mediate inference）與間接推論（Inmediate inference）。然直接推論，特原命題形式之轉變，其意義固無變更。故一般所謂推論，皆指間接推論而言。至於間接推論之方法，則可歸併爲演繹法（Deduction）、歸納法（Induction）與類比法（Analogy）三種：凡由普遍之原則，以推知個別之事例，謂之演繹法；由諸個別之事例，以推知普

徧之原則，謂之歸納法；至於自某特殊之事物，以推知與其類同之事物，則謂之類比法。

今按：小取篇中所謂「辟、侔、援、推」四者，卽屬於間接推論。其中「辟、侔、援」，皆屬類比法之部分型態；「推」則兼含類比、歸納與演繹三法，詳略各有不同耳。

壹、辟

小取云：「辟（譬）也者，擧也（它）物而以明之也」。蓋吾人於論證之時，或恐對方未能了悟，故必廣設譬喩以明之。例如：孟子以「偃苗助長」以喩「求速效之惡果」（見孟子公孫丑）；墨子以「醫之攻人之疾」以喩「聖人之治天下。」（見墨子兼愛上）皆其彰彰者。惠施云：「夫說者，固以其所知，喩其所不知，而使人知之。」（見說苑）此卽「辟」之具體功效。故西方邏輯學中之類比推理，亦有採用「辟」者。例如非樂上云：「鍾猶是延（偃）鼎也，弗撞擊，將何樂得焉哉？」若按類比推理之形式排列之，則爲：

鍾之形如覆鼎。

鼎無可觀樂者。

故鍾亦無可觀樂—弗撞擊，將何樂得焉？

按：辟、侔、援三者，皆屬類比法。所不同者：辟爲事物與事物間性質或關係之類比；侔爲命題與命題間之類比；援爲推論與推論間之類比：形式有所不同耳！至於因明三支論中，「喩」卽佔其一，亦可見其重要性矣！

貳、侔

小取云：「侔也者，比辭而俱行也。」何謂「比辭而俱行」？則墨經中言之審矣！

經下：「止，類以行之。說在同。」

經說下：「止。彼以此其然也，說是其然也；我以此其不然也，疑是其然也。此然是必然，則俱。」

按：此條經與經說，諸家釋之者，多見拘牽，而梁任公改止爲正，尤失其本義。竊以爲此條正爲解釋「比辭而俱行」之涵義也。

所謂「止」，乃謂立辭要有歸宿也。小取篇云：「辭之侔也，有所止而止。」正其義也。然亦何所歸乎？必依其同類者，比辭而俱行之也。例如某人以甲命題（辭）爲然，遂謂乙命題亦然。（按：「此」爲「這」，「是」爲「那」，皆稱代辭。）或者我以甲命題爲不然，因而亦懷疑乙命題之眞實性。此之謂「比辭」。倘此二命題之間，果眞有甲然則乙亦必然（或甲不然則乙亦必不然）之關係，則此二辭俱行矣！故曰「則俱」。至其能「俱行」之原因，卽在於二辭之屬於同類。故大取篇云：「夫辭以類行者也，立辭而不明其類，則必困矣！」例如公孫龍子卷上有云：

『龍聞楚王……喪其弓，左右請求之。王曰：「止！楚人遺弓，楚人得之，又何求乎！」仲尼聞之曰：「……亦曰：人亡之，人得之而已，何必楚。」若此，仲尼異「楚人」於所謂「人」。

夫是仲尼異「楚人」於所謂「人」，而非龍異「白馬」於所謂「馬」，悖！』

推公孫龍子之意，蓋以爲「楚人」之於「人」與「白馬」之於「馬」，皆同爲不周延之名詞，故「楚人非人」之命題與「白馬非馬」之命題係屬「同類」。既屬同類，則前一命題既能成立，後一命題亦必能成立。換言之，後一命題若不能成立，則前一命題，亦必不能成立矣！此二命題之間，既有「此然」則「是必然」之關係，自爲「比辭而俱行」矣！此之謂「侔」。又如小取篇云：

「盜，人也；多盜，非多人也；無盜，非無人也。奚以明之？惡多盜，非惡多人也；欲無盜，非欲無人也。世相與共是之。若若是，則雖：盜，人也；愛盜，非愛人也；殺盜，非殺人也。無難矣。」

此卽「侔」之應用也。

叁、援

小取云：「援也者，曰：子然，我奚獨不可以然也。」故援也者，卽今所謂「援例」是也。其與辟、侔之分別，梁任公以爲：「辟是用之於概念；侔是用之於判斷；援是用之於推論。」（墨子學案）蓋得之。皆邏輯學中所謂類比法也。所謂「子然，我奚獨不可以然也。」意卽對方若能如此，則我若在相同之條件下，亦必能如此。惟於此所宜留心者，卽爲其所以然之「條件」，亦卽「有之必然」之

「故」。必待其條件皆相同，然後可以援之，否則不能援矣！譬如某甲因爲生病故可以請假，則某乙生病，亦能援甲之例而請假，此之謂援。倘某甲因病重，無法行動而可以請假，某乙雖亦生病，然尙能行動，則不能援甲之例矣！此法苟用之於辯論，頗爲堅實有力，故爲論辯者所樂取。例如：

「莊子與惠子游於濠梁之上。莊子曰：『魚出游從容，是魚之樂也。』惠子曰：『子非魚，安知魚之樂？』莊子曰：『子非我，安知我不知魚之樂？』惠子曰：『我非子，固不知子矣！子固非魚也，子之不知魚之樂，全矣！』」（莊子秋水）

今觀墨子書中，亦不乏其例：

「以知饑而食之者，智也。固爲無智矣！今聖王有樂而少。此亦無也。」（三辯）

「巫馬子謂子墨子曰：『子兼愛天下，未云利也；我不愛天下，未云賊也。功皆未至，子何獨自是而非我哉？』子墨子曰：『今有燎者於此。一人奉水，將灌之；一人摻火，將益之。功皆未至，子何貴於二人？』巫馬子曰：『我是彼奉水者之意，而非夫摻火者之意。』子墨子曰：『吾亦是吾意，而非子之意也。』」（耕柱）

此皆援之應用也。

肆、推

小取云：「推也者，以其所不取之同於其所取者，予之也。是猶謂也（它）者同也，吾豈謂也（

它）者異也。」又經下云：「推諸其所然者於未然者，說在於是推之。」由以上兩條，可知所謂「推」，卽爲根據已知已然者，以推斷所未知未然者，乃兼就歸納、演繹與類比諸法言之，卽今邏輯學中所謂推論是也。然說者多謂此乃屬於歸納法之範疇者，蓋泥於「取」字之義耳。

今按：取字非舉例之謂，乃取而觀察、比較、分析、歸納之謂。由是言之，則「所不取」，卽爲所未經觀察研究而未知者；「所取者」，卽爲所已觀察研究而已知者；「予」卽推論。故凡所未知之事物中，若有與已知之事物相同者，卽可推論之。故曰：「以其所不取之同於其所取者，予之也。」換言之，凡自所已知已然者，以推及於未知未然者，卽謂之推。故曰：「推諸其所然者於未然者」。則其間自應包涵歸納、演繹與類比諸法。例如：吾人自「孔子、孟子、墨子、荀子……皆人也，而皆有死。」之已知已然者，以推知與其同類之「其他人亦必有死。」之未知未然者，因而斷之曰：「凡人皆有死。」此之謂推，亦卽邏輯學中所謂「歸納法」。反之，若根據「凡人皆有死」之已知已然者，以推知與其同類之「張三、李四亦必有死」之未知未然者，亦謂之「推」，則屬之「演繹法」矣。

又按：小取篇又有所謂：「以類取，以類予。」之語，歷來說者，皆以爲是卽西方邏輯學中所謂歸納法，然竊以爲是卽言「推」之方法，且正與歸納、演繹二法相應，且又可涵蓋類比推理。

一、以類取

說文云：「取，捕取也。」何爲而取之？將以觀察之、比較之、歸納之耳。故所謂「以類取」，卽爲舉諸同類之事物以觀察之，藉以規納出其中普遍之原理，是爲「歸納法」。至於歸納推理之方法，穆勒氏（Mill）又將之分爲求同法（Method of agreement）、求異法（Method of differencn）、同異交得法（Joine method of agreement and difference）、共變法（Method of Concomitant）、求餘法（Method of residues）五種。關於此五種方法，自梁任公以後，皆謂墨經蓋俱有求同、求異、同異交得三法（見墨子學案第七章第五節），然就余研究所得，發現此五種方法，實無一不備，毫不含混。益以見墨子哲學方法之完備矣！

㈠求同法：

經上：「同，異而俱於之一也。」

經上：「法同則觀其同。」

經說上：「法。法取同，觀巧轉。巧轉則求其故，大益。」

以上三條皆言求同之法。

例如：吾人取金屬、水、空氣等不同之物體，同樣加熱，以觀察其變化，此卽「法取同，觀巧轉。」結果發現物體雖異，但加熱後皆有膨脹之現象則一。此卽「異而俱於之一」。最後進而推求其所以膨脹之故，因而推知此一「加熱」之共同情況。卽爲「使物體膨脹」之原因。此卽「巧轉則求其故。」此種推論之過程，卽爲「法同則觀其同。」亦卽所謂「求同法」。

今按：穆勒氏言求同之法曰：「若某現象發生於幾個事例中，而此諸事例中僅有一共同之情況，則此情況卽爲該現象發生之原因或結果。」以此與墨經之說相互印證，可知其完全相符。

今觀墨子諸篇中，用此法以論證者多矣！例如尚賢下云：

「是故昔者堯有舜，舜有禹，禹有皐陶，湯有小臣，武王有閎夭、泰顛、南宮括、散宜生，而天下和。」

此卽以求同法，證明「得賢」卽爲「天下和」之故也。

㈡求異法：

經上：「法異則觀其宜。」

經說上：「法。取此擇彼，問故觀宜。」

以上經與經說，皆言求異之法。蓋求同法所獲得之結論，有時係偶然之共存，有時又係結果之共存。例如某人每於睡眠時作夢，此睡眠與作夢卽屬偶然之共存。吾人不能遂謂：睡眠卽爲作夢之原因。又如閃電與雷鳴皆爲太空中陰電與陽電接觸後燃燒之結果，是爲結果之共存；若遽謂閃電卽雷鳴之原因，則謬甚矣！因此，若欲證實此一情況確爲此一現象所以產生之故，則往往須「取此擇彼，問故觀宜」，此卽求異法。

例如：用求同法將鐵與水銀同時加熱，發現其皆有膨脹之現象。然又安知此一現象之發生非出於巧合，而或另有其它之原因致然乎？於是再用求異法證之。先取質料、形狀、大小皆完全相同之兩塊鐵塊，除却一加熱，一不加熱外，其餘之情況皆同，結果發現其中惟有加熱者，始有膨脹之現象，可見「加熱」確爲「使該物體膨脹」之故。此種從相同之情況中，採用不相同之方法，以觀察其不同之變化，是謂「取此擇彼」。至於藉此推求該現象所以然之故，從而證實先前之假設是否正確，卽謂之「問故觀宜。」此卽墨子之「求異法」也。

今按：穆勒氏言求異之法曰：「若某現象發生於某一事例中，而不發生於另一事例中，而此二事例，除某一情況相異外，其餘之情況皆同。則此一相異之情況卽爲該現象發生之原因或結果。」其說亦與墨經相合。

至於墨子諸篇中，亦不乏應用求異法之實例。例如非命下云：

「昔桀之所亂，湯治之；紂之所亂，武王治之。當此之時，世不渝而民不易，上變政而民改俗。」

蓋桀、紂與湯、武，其所以爲天子者，除辦理行政之手段不同外，其餘之條件皆同，結果一亂而一治。足見天下之治亂，繫乎政治之良窳。此卽求異法之應用也。

㈢同異交得法：

經上：「同異交得知有無。」

經說上：「同異交得，於福家良，知有無也；比度，多少也；免蚓還園，去就也；鳥折用桐，堅柔也；劍尤早，死生也；處室子，子母，長少也；兩絕勝，白黑也；中央，旁也；論行學實，是非也；難宿，成未也；兄弟，俱適也；身處志往，存亡也；霍爲姓，故也；賈宜，貴賤也。」

此條經與經說，皆言同異交得之法。惜經說傳寫訛脫，多不可解，然而紬繹其義，可略言之。蓋前二法言異中有同，同中有異；此則兼二法而言之，故謂之同異交得。其法乃自兩種極端之同異中，以推求其所以然之故者也。

例如：吾人分別取不同形狀，不同大小，不同質料之物體，分別於不同之時間，不同之場所，除同樣加熱外，其餘之情況皆不同，其結果皆有膨脹之現象。其次，再取另一組物體，除均未加熱外，其餘之情況與前一組完全相同，其結果，均未有膨脹之現象。於是得知「加熱」確爲「使該物體膨脹」之原因（大故），或其原因中不可少之一部份（小故）。此同時由正反兩面加以推論之方法，自然較單一之推論法爲正確。

今按：穆勒氏言同異交得之法曰：「若某一現象發生於兩個或兩個以上（可稱之爲一組）之事例中，其中僅有一共同之情況。而在另一組未發生該現象之事例中，除缺少前一組之共同情況外，其餘之情況與前一組完全相同。則此二組事例中唯一不同之情況，卽爲該現象之原因，或其原因中不可缺少之部分。」此非經上所謂「同異交得知有無」歟？

在墨子諸篇中，亦有採用同異交得法之實例，例如天志上云：

「禹、湯、文、武其得賞何以也？子墨子言曰：『其事上尊天，中事鬼神，下愛人。故天意曰：此之我所愛，兼而愛之，我所利，兼而利之；愛人者，此爲博焉；利人者，此爲厚焉。故使貴爲天子，富有天下，業延萬世，子孫傳稱其善；方施天下，至今稱之，謂之聖王。』然則桀、紂、幽、厲其得罰何以也？子墨子曰：『其事上詬天，中誣鬼神，下賊人。故天意曰：此之我所愛，別而惡之；我所利，交而賊之；惡人者，此爲之博也；賊人者，此爲之厚也。故使不得終其壽，不歿其世，至今毀之，謂之暴王。』」

蓋禹、湯、文、武在不同之時代中爲天子，然因順從天意，故皆得賞；桀、紂、幽、厲與禹、湯、文、武分別在同一時代中爲帝，然因未能順從天意，故皆未得賞而得罰。足見順從天意，確爲得賞之原因。此卽同異交得法之應用也。

四共變法：

所謂共變法，按穆勒氏之解釋，乃謂：「某一現象若於某情況發生變化時，亦隨之變化。則此一情況，卽爲該現象之原因或結果，或與其因果具有間接之關係。」例如寒暑表中之水銀，當媒介物之熱度增加愈多時，則亦上升愈多；當媒介物之熱度減少時，水銀亦隨之而下降。足見媒介物之熱度，卽爲促使水銀上升與下降之原因，或具有間接之關係。

按：此法實爲「求異法」之延伸。蓋求異法僅能證實其關係；共變法則更能測知其關係之程度耳。

經下：「景之大小，說在地（施）缶（正）遠近。」

經說下：「景，木杝，景短大。木正，景長小。大（光）小於木，則景大於木。非獨小也，遠近。」

以上經與經說，卽所以說明共變法。經下之義，乃謂影之大小，與物之斜、正及遠近，皆具有共變之關係。經說下又伸其義曰：倘光源在前，則木愈斜，影愈粗短；木愈正，則影愈細長。又如光源愈小，則木愈大；反之，則木愈小。再如光源離物愈遠，則影愈小；離物愈近，則影愈大。皆具有共變之關係。

此法之應用，墨書中亦有之。例如三辯篇云：

「昔者堯、舜有茅茨者，且以爲禮，且以爲樂；湯放桀於大水，環天下自立以爲王。事成功立，無大後患，因先王之樂，又自作樂，命曰護，又脩九招；武王勝殷殺紂，環天下自立以爲王。事成功立，無大後患，因先王之樂，又自作樂，命曰象；周成王因先王之樂，又自作樂，命曰騶虞。周成王之治天下也，不若武王；武王之治天下也，不若成湯；成湯之治天下也，不若堯、舜。故其樂愈繁者，其治愈寡。自此觀之，樂非所以治天下也。」

所謂「其樂愈繁者，其治愈寡。」卽謂樂之繁與治之寡，恰成正比。足證音樂之繁寡，卽爲政治興替之原因或具有間接之關係，故斷之曰：「樂非所以治天下也。」此卽運用共變法之實例也。

㈤求餘法·

所謂求餘法，根據穆勒氏之解釋，乃謂「某一現象若爲數種情況所造成，其中除尚有一部份未知其原因外，其餘之因果關係皆已明瞭。則此未知其原因之部份卽爲所賸餘之情況所造成之結果。」設如人之成功，乃智慧、努力與機遇所造成，某人旣有智慧，又極努力，然而失敗。則可知其失敗之原因，必因缺乏機遇也。

按：此法卽爲從造成某一現象之大故中，除去已知之小故，而求取所未知之小故也。其於原因之分析，甚具功用。

經上：「故：所得而後成也。」

經說上：「故。小故，有之不必然，無之必不然。體也，若有端；大故，有之必然，若見之成見也。」

以上經與經說，乃謂「故」爲事情所形成之原因，而其中又有小故與大故之別：小故爲形成此一情況之必要條件：有之不必然；無之，必不然；大故則爲形成此一情況之充要條件，亦卽小故之總和，因而「有之必然」。此乃所以說明小故與大故，以及小故與小故間之關係；亦正所以說明求餘法也。

此法之應用，墨書中亦不乏其例。例如魯問篇云：

「夫鬼、神之所欲於人者多。欲人之處高爵祿，則以讓賢也；多財則以分貧也。夫鬼神豈唯擢黍拑肝之爲欲哉？……今子事鬼神，唯祭而已矣！而曰：病何自至哉？是猶百門而閉一門焉，曰盜何從入？若是而求百福於鬼神，豈可哉？」

蓋墨子以爲人之有疾，其故（小故）有三：不敬鬼神，一也；處高爵而不以讓賢，二也；多財而不以分貧，三也；今曹公子既敬鬼神矣！而仍身湛於病者，是必不出於第一小故，而必爲「其餘」之二小故（或其中之一小故）所造成。此卽求餘法之應用也。

惟此一方法，於人文科學中，不易有精確之結論。蓋每一件事情之成因，往往錯綜複雜，其「故」甚難遍舉。例如人之「成功」，其因素究竟若干？亦只能大略言之，而無法若化學成分之加以提鍊與精密之分析也。

二、以類予

說文云：「予，推予也。」故所謂「以類予」者，乃謂：就已知之事務，以推知其同類之事物。——其中實可包涵「類比推理」與「演繹推理」；而在形式上，又往往與佛教之因明三支論有其近似之處：因之，亦足見其涵容性矣！玆分別比較，以見其同異焉：

㈠類比法：

凡由已知事物中所具有之特性，以推知與其類似之事物中，亦可能具有此特性之推理，謂之類比推理。例如某人爲燭火所灼，於是推知燈火、爐火等凡與火相類似之物，皆能灼人。此爲較原始之推理方式，而其推理之結果，亦僅爲蓋然性。然此法在日常生活中應用極廣。故古籍中亦處處可見，而墨子亦擅爲之。例如非攻上，卽全用此法組成。玆舉二例以明之：

例一：

「今有人於此：少見黑曰黑，多見黑曰白。則以此人不知白黑之辯矣；少嘗苦曰苦，多嘗苦曰甘。則必以此人爲不知甘苦之辯矣；今小爲非則知非之，大爲非攻國則不知非，從而譽之，謂之義：此可謂知義與不義之辯乎？」（非攻上）

今請以類比推理之形式表明之：

1. 少見黑曰黑，多見黑曰白。則以此人不知白黑之辯矣！
2. 少嘗苦曰苦，多嘗苦曰甘，則必以此人爲不知甘苦之辯矣！
3. 今小爲非則非之，大爲非攻國則不知非，從而譽之，謂之義。
4. 此可謂知義與不義之辯乎？

其中前二項爲人人所必認可者，而第三項之情況與前二項皆相類似，故其結論（即第四項）亦令人難以反駁矣！至其以反詰之語出之，義正辭嚴，尤令人不敢攖其鋒。

例二：

「今瞽曰：鉅（皚）者白也，黔者黑也。雖明目者無以易之；兼白黑使瞽取焉，不能知也。故我曰瞽不知黑白者，非以其名也，以其取也。今天下之君子之名仁也，雖禹、湯無以易之；兼仁與不仁，而使天下之君子取焉，不能知也。故我曰天下之君子不知仁者，非以其名也，亦以其取也。」（貴義）

本文若按類比推理之形式，則可寫成：

1. 瞽者雖能說出何者爲黑，何者爲白；然若兼黑白而使之取焉，則不知取。故曰：瞽者不知黑白。
2. 今天下之君子雖能說出何者爲仁，何者爲不仁；然若兼仁與不仁而使之取焉，則不知取。
3. 故曰：天下之君子不知仁與不仁。

其中第一項亦爲人人所認可者，而第二項之情況亦與之相似，故其結論亦甚堅實有力。

(一)三段式：

泰西邏輯學中所最常用之推論形式，厥爲三段論式。其法係由大前提、小前提、結論三部份所組成。今按墨書中用以推論之形式，亦多有與之相同者。茲舉數例以明之：

例一：

「白馬，馬也。乘白馬，乘馬也。」

本文依三段論式，可以寫成：

大前提：白馬，馬也。

小前提：（某人）乘白馬。

結　論：（某人）乘馬也。

按：本式之中詞「白馬」，在大前提內爲主詞，在小前提內爲謂詞。且大前提爲全稱命題，小前提爲肯定命題，完全符合三段論式中第一格之規則，故爲有效之推論；所不同者，乃在本文中省去小詞（某人）耳。此乃修辭使然，非形式上有所差異也。

例二：

「假必非也而後假；狗，假虎也：狗非虎也。」（經說下）

本條經說依三段論式，可以寫成：

大前提：假必非。

小前提：狗，假虎也。

結　論：狗非虎也。

按：本式亦完全符合第一格之規則。

例三：

「仁人之事者，必務求興天下之利，除天下之害；今吾本原兼之所生，天下之大利者也；吾本原別之所生，天下之大害者也。是故子墨子曰：別非而兼是者，出乎若方也。」

本文若依三段論式，可以寫成：

大前提：仁人之事者，必務求興天下之利，除天下之害。

小前提：兼爲天下之大利，別非天下之大利。

結　論：故別非（不合於仁人之事）而兼是（合於仁人之事）。

按：本式屬於第二格，其中大前題、小前題與結論皆可分割爲二，乃複合之三段論式。惟結論中之謂詞較爲簡略耳。

例四：

「苟虧人愈多，其不仁茲甚矣！罪益厚。當此天下之君子，皆知而非之，謂之不義；今至大爲不義攻國，則弗知非，從而譽之，謂之義：此可謂知義與不義之別乎？」

本文若依三段論式，則可寫成：

大前提：凡虧人愈多，其不仁茲甚，罪益厚。

小前提：今攻國（殺人必極多）。

結　論：故攻國爲罪大惡極之事。

按：本式亦屬於第一格。唯其中小前提之謂詞蓋不言可喻，因而省略。至於結論，原文係以反詰出之，乃語法之轉換，其涵義固無不同。

由以上諸例，可知墨書中之論證，頗多採用此一方式者。其於形式上卽或小有差異，然而此乃修詞上之變化，其基本原理，固無無二致也。

㈢兩難式：

在演繹法中，尙有所謂兩難推理者。其法乃藉兩個假言命題陳述兩個可能，以任由對方選擇；而對方無論選擇何種，皆無法逃出同一結論，因而進退兩難。例如：

大前提：倘知其不義而爲之者，惡人也；倘不知其不義而爲之者，愚人也。

小前提：今爾或知其不義，或不知其不義。

結　論：故爾非惡卽愚也。

此一論辯方式，亦頗爲犀利，故每爲辯論者所採用。今觀墨書中，亦不乏其例：

例一：

「人若不盈無窮，則人有窮也——盡有窮，無難；盈無窮，則無窮盡也——盡有窮，無難。」（經說下）

此條經說，乃闡明「無窮不害兼」之理，以答辯者「南者有窮則可盡，無窮不可盡」之論難。其所採用者，即為兩難式：

大前提：人若不盈無窮（之南方），則人有窮；人若盈無窮（之南方），則南方有窮。

小前提：人或不盈無窮，或盈無窮。

結　論：或人有窮，或南方有窮。——盡有窮，無難。

例二：

「子墨子曰：然則一人說子，一人欲殺子以利己；十人說子，十人欲殺子以利己；天下說子，天下欲殺子以利己；一人不說子，一人欲殺子，以子為施不祥言者也；十人不說子，十人欲殺子，以子為施不祥言者也；天下不說子，天下欲殺子，以子為施不祥言者也。說子亦欲殺子，不說子亦欲殺子，是所謂經口者也，殺常之身者也。」（耕柱）

本文乃駁斥巫馬子「利己」之說，亦採用兩難式：

大前提：倘天下人皆悅子之說，則皆將為利己而欲殺子；倘天下人皆不悅子之說，則以子施不祥之言亦皆欲殺子。

小前提：今天下人或悅子之說，或不悅子之說。

結　論：故子倡爲此說，則將殺常之身矣！

此外，例如墨子非攻篇中舉出：倘若戰敗，固然於己不利；即或戰勝，然而「計其所得，反不如所喪者之多。」故亦於己不利，以明爭戰之兩不利而無所利。又如明鬼篇舉出：「今潔爲酒醴粢盛，以敬愼祭祀。若使鬼神誠有，是得其父母姒兄而飲食之也。……雖使鬼神誠無，此猶可以合驩聚衆，取親於鄉里。」以明祭祀之必得其利。皆屬二難式之應用。

㈣三支式：

除西洋之邏輯學外，印度亦有一種邏輯學，唐玄奘法師翻譯佛教邏輯學之書籍時，譯爲因明論。而其中又有古因明論與新因明論之別。古因明論首創於足目仙人，其後彌勒、無著、世親等立五支作法，包括宗、因、喻、合、結，謂之五支論；新因明論爲佛教大師陳那和尙據五支論省改而成，其法將合包涵於喻中，結則省略，因成宗、因、喻三支。復經其門人商羯羅天主之修正，乃奠定佛教之因明法式。其中「宗」爲由主詞與賓詞所結合而成之命題，乃論者所欲證明之論點，相當於邏輯學之結論；「因」乃宗所以能成立之理由，略似小前題；「喻」爲引證，使理由更臻圓滿，猶如邏輯學之大前題，所不同者，在於須舉例以說明之。例如：

宗：聲無常！

因：所作性故。

喻：凡所作性皆無常，如瓶等。

今按墨家之論證中，亦不乏此一形式，玆舉數例，以見其包容之廣大焉：

例一：

「富且貴者，當天意而不可不順。順天意者，兼相愛，交相利，必得賞；反天意者，別相惡，交相賊，必得罰。然則是誰順天意而得賞者，誰反天意而得罰者？子墨子言曰：『昔三代聖王禹、湯、文、武，此順天意而得賞者也；昔三代之暴王桀、紂、幽、厲，此反天意而得罰者也。』」（天志）

本文按因明論，可得下列三支：

宗：富且貴者當天意而不可不順。

因：順天意者必得賞；反天意者必得罰。

喻：昔三代聖王禹、湯、文、武，此順天意而得賞者也；昔三代之暴王桀、紂、幽、厲，此反天意而得罰者也。

例二：

經說上：「故。小故，有之不必然，無之必不然。體也，若有端；大故，有之必然，若見之成見也。」

本條經說，按佛教之因明三支論，可得下列二式：

㈠宗：小故，有之不必然，無之必不然。

因：體故。
喻：若尺之有端。

宗：大故，有之必然。
因：（兼故）。
喻：若見之成見也。

例三：

經上：「罪，犯禁也。」

經說上：「罪。不在禁，雖害無罪，若殆。」

合本條經與經說，亦可得下列三支：

宗：不在禁，雖害無罪。
因：罪，犯禁也。
喻：若殆。（按：行路相擠曰殆。荀子榮辱篇：「巨涂則讓，小塗則殆。」是其義。）

由以上諸例證，可見墨家所用以推論之形式，不但與泰西邏輯學有相同之處，即與佛教之因明三支式亦多契合；其所以然者，皆緣於求真、求實之態度耳：誰謂我先民缺乏邏輯、實證之精神哉！

伍、論證法之謬誤

以上諸法，皆墨家論述推理論證之法則，其中優點固多，然用之不可不愼，以其易於致誤也。小取篇云：

「夫物有以同，而不率遂同。辭之侔也，有所止而止。其然也，有所以然；其然也同，其所以然不必同。其取之也，有所以取之；其取之也同，其所以取之不必同。是故辟、侔、援、推之辭，行而異，轉而危（詭），遠而失，流而離本。則不可不審也，不可常用也。故言多方，殊類異故，則不可偏觀也。」

蓋物之有以同者，不過有其相同之點耳，非卽同也。故曰：「物有以同，而不率遂同。」譬如相侔之二辭，必求其確爲同一歸宿然後可，決不可見其有以同，而遂謂之同矣！何哉？蓋事物之同然者，其所以同然之故未必相同。例如甲、乙二人同樣行善，是「其然也同。」惟甲之所以行善，乃根於至情至性；乙之所以行善，則在於沽名釣譽。則是其「所以然不同」矣。是則若謂「甲能行善，故甲爲善人。」則可；若因此遂謂「乙能行善，故乙亦爲善人。」則過矣！此其一。若某物之屬性或所含之意義甚多時，則二人雖皆有取於此物，然往往各因其需要，而自不同之角度以取之，是其所以取之未必相同。玆以水爲例：孔子曰：「逝者如斯夫，不舍晝夜。」（論語子罕）乃取其有恆之義；孟子曰：「觀水有術，必觀其瀾。」（孟子盡心）則取其有本之義；至其又謂：「如水益深，如火益熱。」（孟子梁惠王）則又取以喻災害；墨子曰：「譬之猶火之就上，水之就下也。」（兼愛下）則取其所俱有之「向下」之屬性。今孔子、孟子、墨子皆有取於水，是「取之也同」；然其各有取義，則是其「

所以取之」不同矣！然則又安可但見其所取相同，遂卽比而同之哉？故於比辭之時，稍一不愼，卽易陷於誤謬。例如小取篇云：

「白馬，馬也；乘白馬，乘馬也。」

又云：

「車，木也；乘車，非乘木也。」

卽其最佳之例證。蓋「白馬」之所以爲「馬」，乃小共名與大共名之關係；「車」之所以爲「木」，乃成品與材料之關係。則是此二命題（辭）之形式雖同，而其「所以然」則不同。自另一角度言之，「白馬，馬也。」之命題，乃取其同樣俱有馬之各種屬性（按：顏色與馬之屬性無關）而言之；「車，木也。」之命題，乃僅就其材料言之，是其「所以取之不同」。由是言之，則此二命題非同一歸宿也，明矣！然苟不深察之，而謂之侔，則過矣！倘以此不相侔之命題，用之於推論，因而援「白馬，馬也；乘白馬，乘馬也。」之推論，遂謂：「車，木也；乘車，乘木也。」而謂之援，不亦謬哉！由是而言之，以辟、侔、援、推諸法所形成之辭，每易因用之不愼，究之未詳，而生謬誤。（例如：孟子以水之就下，喻人性必善，在邏輯上卽未能中效。）或因流傳既久，而後人往往各因其所見之深淺而或角度之差異，遂各執其一端，因而乖其本旨。（例如：沈魚落雁一辭，原出於莊子，以喻禽獸之不知人之美醜，而後世章回小說，恆取以喻女子之美貌，蓋失其本旨矣！至若儒分爲八，墨離爲三者，其亦出於此乎！）故曰：「行而異，轉而危，遠而失，流而離本。則不可不審也，不可常用也。」要之，立辭之法甚多，然其中或因辭類有別，或因其故有異，務宜仔細甄別，不可僅觀其一偏，而率然譬之、侔之、援之、推之。庶免於謬誤耳。（按：閒詁云：偏與徧通。非是。）

第六節　論證之依據——三表法

墨子非命下云：「言必立儀。言而毋儀，譬猶運鈞之上而立朝夕者也。是非利害之辯，不可得而明知也。」蓋凡立言者，除必講求論辯之各種技巧而外，亦必有其立言之理論依據，以爲論斷是非之準則。亦猶夫爲工匠者，除必有高超之手藝而外，亦必有規矩準繩，以爲量度方圓曲直之依據。否則將如同於運轉之轉鈞上，立表以測方位，豈可得哉，然則墨子所據以論斷是非之儀法爲何？此其所謂三表（按：非命上曰三表，非命中、下則曰三法。）是也。非命上云：

「故言必有三表。何謂三表？子墨子言曰：『有本之者，有原之者，有用之者。於何本之？上本之於古者聖王之事；於何原之？下原察百姓耳目之實；於何用之？發以爲刑政，觀其中國家百姓人民之利。此所謂言有三表也。』」

據此，吾人可知所謂三表，實卽墨家一切言論之依據，且以爲判斷是非眞僞之標準。其性質，頗似三段論式之大前提。玆分述於后：

壹、本之者

所謂「本之者」，依據墨子之解釋，卽為「上本之於古者聖王之事」（非命上）或「考之天鬼之志，聖王之事。」（非命中）。蓋聖王之作為，為後人所共許；而聖王之典型，亦為後人所共仰者也。是故，若能依據古先聖王之舉措言談，以為量度是非之標準，自不致有所差忒矣！至於天鬼，則在墨子之理論中，乃至公至正，至聖至明之象徵，且為義之所從出，自然最足取法。故墨書中援引古聖王或天鬼之志者，俯拾皆是。茲僅就其非命之說，以明其三表法之運用。非命上云：

「今天下之士君子，或以命為有。蓋嘗觀於先王之事，古者桀之所亂，湯受而治之；紂之所亂，武王受而治之。此世未易，民未渝，在於桀、紂則天下亂，在於湯、武則天下治。豈可謂有命哉？」

非命中云：

「紂夷之居，而不肯事上帝，棄厥先神祇不祀。曰我民有命，毋僇其務。天亦縱棄之而不葆。」

於非命上，墨子舉出桀、紂之所亂者，湯、武却能受而治之。然則天下之治亂，與命運並無關連也，明矣！於非命中，墨子更具體提出紂卽因相信有命，因而干上帝之怒，以證明有命之非。此皆第一表之應用。

貳、原之者

所謂「原之者」，依據墨子之解釋，卽爲「下原察百姓耳目之實。」（非命上）或「徵以先王之書」（非命中）。蓋墨子以爲事之存在與否，必以衆人之曾否共見共聞以爲斷，卽或不然，亦當徵於古先聖王之書，以其必不我欺也。此種思想，殆與「邏輯實徵論」（Logical Positivism）相類。

非命中云：

「今天下之士君子，或以命爲有，或以命爲亡。我所以知命有與亡者，以衆人耳目之情，知有與亡。有聞之，有見之，謂之有；莫之聞，莫之見，謂之亡。然胡不嘗考之百姓之情，自古卽今，生民以來，亦嘗有見命之物，聞命之聲者乎？則未嘗有也。若以百姓爲愚不肖，耳目之情，不足因而爲法，然則胡不嘗考之諸侯之傳言流語乎？自古以及今，生民以來者，亦嘗有聞命之聲，見命之體者乎？則未嘗有也。」

非命下云：

「昔者桀執有命而行！湯爲仲虺之告以非之。太誓之言曰：『惡乎君子！天有顯德，其行甚章。爲鑑不遠，在彼殷王。謂人有命，謂敬不可行；謂祭無益，謂暴無傷。上帝不常（尙），九有以亡；上帝不順，祝降其喪；惟我有周，受之大商。』」

夫命之爲物，旣爲自古及今，生民以來，未嘗有見聞之者，而太誓中亦嘗駁斥有命之說，故墨子遂認定所謂命運云者，純屬無稽之談。此其第二表之應用也。

按：非命下引太誓之言，卽「徵以先王之書」，其與第一表不同者，則彼在是非之論斷，此在有無之辨析耳。

叁、用之者

所謂「用之者」，依據墨子之解釋，卽爲「發以爲刑政，觀其中國家百姓人民之利。」蓋墨子之學說，一切皆以百姓人民之利爲着眼點。故凡合乎百姓人民之利，則信之、爲之；不合乎百姓人民之利，則非之、舍之。是以僅就非命之說而言之，墨子既以第一表說明天下之治亂，不繫於命運，且相信有命，將違反天鬼之志；以第二表證明命運之說，純爲無稽之談；然後復繼之以第三表說明命運之說，不中國家百姓人民之利，以明其所以斷不可相信之理。其非命上云：

「執有命者之言曰：上之所賞，命固且賞，非賢故賞也。是故入則不慈孝於親戚，出則不弟長於鄉里，坐處不度，出入無節，男女無辨。是以治官府則盜竊，守城則崩叛，君有難則不死，出亡則不送：此上之所罰，百姓之所非毁也。執有命者言曰：上之所罰，命固且罰，不暴故罰也。以此爲君則不義，爲臣則不忠，爲父則不慈，爲子則不孝，爲兄則不長，爲弟則不弟。……昔上世之窮民，貪於飲食，惰於從事，是以衣食之財不足，而飢寒凍餒之憂至。不知曰：我罷不肖，從事不疾。必曰：我命固且貧。……今用執有命者之言，則上不聽治，下不從事。上不聽治，則刑政亂；下不從事，則財用不足。上無以供粢盛酒醴，祭祀上帝鬼神；下無以降綏天下賢可之士；外無以應待諸侯之賓客；內無以食飢衣寒，將養老弱。故命上不利於天，中不利於鬼，下不利於人。而强執此者，此特凶言之所自生，而暴人之道也。」

夫命運之說，倘其雖屬無稽之談，而深中國家百姓人民之利，則亦無妨信之。然而事實上，人們一旦迷信命運之說，則必將委心任命，而不知積極奮發，於是上不聽治、下不從事，而國將貧且亂矣！由是而觀之，則命運之說，誠乃凶言之所自生、暴人之道，而必痛加觝排之者矣！此其第三表之應用也。

第七節　堅白同異之辯

「堅白同異」爲公元前四、五世紀間吾國思想界爭論最烈之問題。而此一問題之提出，當在孔子以前。

「夫子問於老聃曰：『……辯者有言曰：「離堅白若縣寓。」若是，則可謂聖人乎？』」（莊子天地篇）

其後，墨翟、惠施、公孫龍等，皆嘗辯析之：

「遊心於堅白之間，而敝跬譽无用之言，非乎。楊墨是已。」（莊子駢拇篇）

「莊子（謂惠子）曰：『天選子之形，子以堅白鳴。』」（莊子德充符）

「公孫龍問於魏牟曰：『龍少學先生之道，長而明仁義之行。合同異，離堅白，……』」（莊子秋水篇）

「相里勤之弟子，五侯之徒，南方之墨者，苦獲、己齒、鄧陵子之屬，俱誦墨經，而倍譎不同，相謂別墨。以堅白同異之辯相訾，以觭偶不仵之辭相應。」（莊子天下篇）

其能持之有故，言之成理者，自當首推墨經；施、龍非其匹也。其間壁壘分明，論旨迥異，孫仲容墨子閒詁謂經上下及經說上下「四篇皆名家言」，實欠允當。後人本其說，至謂墨辯諸篇，若非出於施、龍之手，亦必爲其同時人所作，尤令人不敢苟同。用特論列之，藉見名、墨兩家之殊異焉。

壹、同異之辯——別同異

墨家既以極精密之思惟方法，以自張其學說，故於同異之間，亦辯析極精。小取篇云：「夫辯也者，將以明是非之分，審治亂之紀，明同異之處，察名實之理，處利害，決嫌疑。」卽謂此也。

經上云：「同，異而俱於之（按：之，此也）一也。」

經說上云：「二人而俱見，是相盈（相盈二字，舊作楹，依梁校改。）也。若事君。」

根據經上之說，則所謂同者，乃謂相異之事物，若有其相同之歸趨或相同之特點，卽爲同矣！例如：孔子、墨子、莊子，異也！而俱爲人。斯之謂同矣；張三、李四、王五，異也！而俱能「上之所是，亦必是之；上之所非，亦必非之。」（尚同中）斯亦同矣！故經說上引申之曰：「二人而俱見，是相盈也。若事君。」意謂若二人同見一物，則二人之所見相涵，斯之謂同，亦猶夫二人之同事一君也。

至於「異」，墨經中雖無專條以釋之，然自經說下，亦可窺其義蘊。

經說下云：「異。木與夜孰長？智與粟孰多？……。」

蓋木與夜固皆可以長短謂之；智與粟固皆可以多寡謂之。然木之長與粟之多，乃藉量度以知者；夜之長與智之多，則非尺之所能度，石之所能量；而必待內心之感覺、比較然後知之。（按：經下云：知而不以五路，說在久。即謂時間之久暫，非由五官得之。）今其所以知之之法既有不同，斯爲異矣！故吾人亦可仿效經上釋同之例，而爲「異」定一界說曰：「異，同而俱於之別也。」

關於同之種類，墨經中言之審矣！

經上：「同：重、體、合、類。」

經說上：「同。二名一實，重同也；不外於兼，體同也；俱處於室，合同也；有以同，類同也。」

由本條經與經說，可知所謂同者，乃有四義焉，所謂「重、體、合、類」是也。例如：狗之與犬，名異而實同，是謂「重同」；手、足，異也，而皆爲人之一體，是謂「體同」；張三、李四，異也，而俱處於中國，是謂「合同」；白馬、黑馬，異也，而其具有馬之屬性則同，是謂「類同」。皆「異而俱於之一也」，故統謂之「同」。

本此，故所謂「異」，亦有四義焉。所謂：二、不體、不合、不類是也。

經上：「異：二、不體、不合、不類。」

經說上：「異。二畢異，二也；不連屬，不體也；不同所，不合也；不有同，不類也。」

例如：張三、李四，皆人也，而張三非卽李四，是謂「二」；牛頭、馬嘴，皆動物之一體也，而不相連屬，是謂「不體」；墨子、亞里斯多德，皆哲人也，而一居中國，一居希臘，是謂「不合」；犬、羊，皆動物也，而其所具有之屬性不同，是謂「不類」。皆「同而俱於之別也」，故統謂之「異」。

以上所述，皆墨家所謂「同異之辯」也。此與施、龍輩所謂「合同異」者，大異其趣。惠施之言曰：

「天與地卑，山與澤平。……大同而與小同異，此之謂小同異；萬物畢同畢異，此之謂大同異。……氾愛萬物，天地一體也。」（莊子天下篇）

據惠施之意，乃謂萬物雖異，而皆有以同；雖同，亦皆有以異；遂混而同之，而謂之「畢同畢異」。因而產生「犬可以爲羊」、「狗非犬」等論調（見莊子天下篇）。蓋以爲宇宙之間，並無絕對之是非，亦無絕對之同異，此與墨家之觀點，蓋大相逕庭矣！

按：墨經於「狗非犬」之說，辯之甚詳：

經下：「知狗而自謂不知犬，過也。說在重。」

經說下：「知。知狗者重知犬則過，不重則不過。」

經下：「狗、犬也。而殺狗非殺犬。說在重。」

經說下：「狗。狗，犬也。謂之殺犬，可，若兩䏲。」

蓋狗之與犬，卽經說上所謂二名一實也。故知狗是卽知犬；若謂知狗者，仍須重行知犬，則過矣！故另一條首先確立「狗，犬也。」以爲大前題，然後引辯者「殺狗非殺犬之說，而斷之曰：「說在重」，蓋「重則過」，「不重則不過」。（按：孫仲容於本條未得其解，竟謂：「以經校之，說當作『而殺狗謂之殺犬，不可。』」若然，豈非與惠施「狗非犬」之說相同，且將何解於「狗，犬也。」之語哉？其爲謬也，固矣！）

此外，公孫龍子所謂「白馬非馬」之論，與墨家之說，亦相逕庭。其白馬論云：

「馬者，所以命形也；白者，所以命色也；命色者，非命形也。故曰：白馬非馬也。」

又曰：

「求馬，黃黑馬皆可致；求白馬，黃黑馬不可致。……故黃黑馬一也，而可以應有馬，而不可以應有白馬。是白馬之非馬，審矣。」

揆公孫龍子之意，蓋以「馬」與「白」爲不相類之名詞，故自其內涵觀之，則合「白」與「馬」二名詞所構成之概念，自與單用「馬」一名詞所構成之概念不同，故曰：「白馬非馬也」。再自其外延觀之，則「馬」可以涵括一切顏色之馬；「白馬」則不能涵括其它顏色之馬。故曰：「是白馬之非馬，審矣！」

至於墨家則曰：

「白馬，馬也；乘白馬，乘馬也。」（小取）

其與公孫龍之主張，全然相反，乃顯而易見者也。

今自邏輯學之觀點言之，則馬之外延中，自然包括白馬。換言之，決不可將白馬排除於馬之外延以外。由是言之，則「白馬」自然是「馬」；反之，則白馬之外延中，不能包涵所有顏色之馬。換言之，除白馬外，其餘顏色之馬，皆將排除於白馬之外延以外。是則「馬」非卽「白馬」矣！總之，在同類之中，小類名必屬於大類名；而大類名，則非卽小類名。故謂「馬，非白馬也。」則可；謂「白馬，非馬也。」則不可。亦猶夫謂「人，非白人也。」則可；謂「白人，非人也。」則不可。今施、龍之徒，自陷於謬誤而不自知，是所謂：「惑於用名以亂實」（荀子非十二子篇）者也。

貳、堅白之辯——合堅白

公孫龍子堅白論云：

「無堅得白，其舉也二；無白得堅，其舉也二。……視不得其所堅，而得其所白者，無堅也；拊不得其所白，而得其所堅者，無白也。……得其白，得其堅，見與不見離；見與不見離，一一不相盈，故離。」

其意蓋以爲：吾人於堅白之石，苟以目視之，則得白而不得堅；苟以手拊之，則得堅而不得白。無論其或得白與石，或得堅與石，是不能兼堅、白、石三者而得之，故曰：「其舉也二。」夫視石者，見白而不見堅，則堅離於白；拊石者，得堅而不得白，則白離於堅。堅白相離，則爲不相盈矣。此乃就知識論以證明堅與白是爲二分離之共相也。

至墨家之說則不然。

經上云：「堅白不相外也。」

經說上云：「於石無所往而不得，得二。堅白，異處不相盈，相非（同排），是相外也。」

經下云：「不堅白，說在無久與宇；堅白，說在因。」

經說下云：「無。堅得白，必相盈也。」

蓋墨家以爲石之堅與石之白，若同在一石之中，則有堅必有白，有白亦必有堅；是無往而不得堅與白。故曰：「得二」。至若異處則不然，譬如甲石之堅與乙石之白，則因各有其質礙而相互排斥，故不能相盈，而爲相外矣！至所謂「不堅白，說在無久與宇。」則係舉離堅白之說，而斥其昧於時空之義（按：久，謂時間；宇，謂空間。）。蓋得堅與得白，時間容或有先後，而堅白固存在於同一空間之中相因相涵；若必離之，則是將一物之兩種屬性予以割裂。其爲謬也，亦明乎！

除以上兩條經與經說外，尚有數條，皆能支持此一理論：

經下：「於一，有知焉，有不知焉。說在存。」

經說下：「於。石一也，堅白二也，而在石。故有智焉，有不智焉。可。」

經下：「不可偏去而二，說在見與俱。一與二，廣與脩。」

經說下：「不。見不見離，一二不相盈，廣脩堅白。」

蓋吾人於石，或得其白，或得其堅，此乃吾人有知有不知耳，與石之有無堅白無涉。換言之，堅白二者之存在於石中，並不因吾人之不見、不知而改易，自不可「偏去而二」。故石之堅白相涵，亦猶夫石之寬度（廣）與長度（脩）相涵，而不可離也。

要之，施、龍之說，乃在於「合同異，離堅白。」墨家之說，則在於「別同異，合堅白。」其爲異也，固矣！至於以今日邏輯之觀點而論評之，自以墨家之說爲中效也。莊子天下篇謂：「惠施多方，其書五車，其道舛駁，其言也不中；桓團、公孫龍辯者之徒，飾人之心，易人之意，能勝人之口，不能服人之心：辯者之囿也。」豈無故哉？而司馬談論六家要旨所謂：「名家使人檢而善失眞。」蓋亦確切不移之論也。

第八節　墨子哲學方法評析

由以上之論述，可知墨辯乃墨家爲鞏固其理論之壁壘，以抵拒辯者之論難，進而推行其學說，而以其精密之思惟，所發展而成之論證法；其中觀念之穎異，辯析之精微，殆無不深契科學論證之精神，而直入邏輯之堂奧；幾令人難以相信吾國於二千餘年以前，竟有如此精微之理論，而足以與泰西之邏輯學後先炳耀：此誠乃我中華文化之瑰寶也！玆評析其哲學方法之優劣，兼論其所以興替之緣由，以爲是章之結：

壹、重視知識、講求經驗

我國群經、諸子中，用以申述哲學思想之文字，多與文學作品相結合。爲求文辭之生動，遂無暇顧及論證之形式；而其哲學之內涵，多偏重於天人之際及道德心性等形而上學之探討，於知識論之探求，則鮮致其意；至其所採用之方法，往往不重說明，而重領悟，因而不講求論證之過程。簡而言之，中國之哲學，乃兼具哲學與藝術之境界，而形式邏輯，與此殊難融合，凡此，皆足以見中國哲學之特色，及其所以不走向形式邏輯之主要原因。

墨子本性質實，頗具實事求是之精神，因而强調外在之經驗，而略於哲學境界之體驗。故其哲學之成就，亦偏重於知識論。且其思想之內涵，既不若儒家之博大精深，是則爲求與儒家相抗衡，亦只得就論證之方法，以攻其堅。此於公孟篇與儒者論「何故爲樂？」及耕柱篇批評孔子答葉公問政（俱見本書第三章第三節第二小節之論述。）可知矣！由於墨子既注重論證之方法，因而遂發展成其所特有之論證形式。因而於諸子百家之中，獨樹一幟。此其所以可貴也。

貳、重語意而不拘泥於形式

墨子論證法之最大特色，在於具有形式，但不拘泥於形式，因而能在中國傳統哲學及泰西形式邏輯之間，獲得若干調和。例如辟、侔、援、推四者，卽爲具體提出論證之形式與方法，亦足見其非不自覺而用之；而其論證之形式，有合於泰西之形式邏輯者，有合於印度因明論式者，亦有墨子所獨具者。然而推究其各種形式，又往往因句法及文氣之需要，而略有改變：此其所以不同於純粹之形式邏輯，而具有活潑性與更大之包容性。

其論證法之另一特色，在於重視語意，强調「有所止而止」。例如小取篇提出：「其弟，美人也。」又謂：「愛其弟，非愛美人也。」蓋前句之「其弟」，乃指其弟之容貌，——僅爲其弟之部分內涵；下句之「其弟」，乃指其弟之個體，——包括其弟之全部內涵。其「所止」不同，因而謂「愛其弟，非愛美人也。」再如小取篇云：「車，木也。」又云：「乘車，非乘木也。」蓋前句之「車，木也。」僅爲「成品」與「材料」之關係。故車雖爲木所製，而木非卽車，故云：「乘車，非乘木也。」（詳見本章第四節及第五節第五小節）可知有效之論證形式，倘忽略語意，亦將陷於繆誤，又如經上云：「知，材也。」另一條又謂：「知，接也。」同一「知」字，而一指「知之體」，一指「知之用」，其「所止」亦不相同。端賴人們之體悟而已。凡此，皆所以說明墨子論證法之重視語義，勝於重視形式矣！

叁、三表法之論證效果

墨子之論證，恒以「三表法」爲依據。其性質頗似三段論式之大前提。其可貴之處，乃在於能以科學實證之精神，實事求是之態度，以論斷是非眞僞。惟在邏輯學上，猶未能構成精密而有效之推理方式。就第一法言之，則歷史之可靠與否，有時頗難徵驗，而尤以上古爲然。且其卽或可靠，然因時代不同，種種客觀之條件互異，故合於古先聖王之事者，未必盡合於今日；而未見於古先聖王之事者，亦未必全不可信，全不可行。至於天鬼之志，則乃無法證驗之者也；無參驗而必之者，愚也；弗能必而據之者，誣也。然則依照第一表所推定者，並非絕對之眞理也，明矣！

次就第二表而觀之。乃重視人類感官之經驗，着重外在現象之考察。此固合於實證科學之精神，却非必然之事實。蓋人類之感官，有時易生錯覺與幻覺，未必完全可靠。而感官所能接觸之範圍，亦甚有限。是則全憑感官之然否以爲斷，實亦有未必然者。就感官之正確性言之，則墨子天志、明鬼之說，雖言之鑿鑿，然時至今日，雖科學昌明，亦未能證實鬼神之存在，豈得謂之眞理乎？荀子曰：「冥冥而行者，見寢石以爲伏虎也，見植林以爲後人也」（解蔽篇）然則足以蔽惑感官者，多矣！再就感官所能接觸之範圍言之，則具有實質之事物，固能憑感官以覺察之，然於不具有實質之事物，（例如：仁義、道德、理性、正氣等），則將無能爲力矣！卽就「命運」此一概念言之，豈耳、目所能接觸，所能斷其有無者哉？故墨子雖因未見命之物，未聞命之聲而倡非命之說，却在無意中承認：「今王公大人，其所富，其所貴，皆王公大人骨肉之親，無故富貴，面目美好者也，……此非可學而能者也。」（尚賢下）此種種事實，卽執有命論者所據之理由，而墨子言之，亦可謂不思之甚矣！且「鬼神」與「命運」二者，旣均非耳目所能聞、能見者；墨子本身亦均未親聞之，親見之。遂依據幾本古籍中神話式無稽之傳說，遽爾一斷其有，一斷其無，亦可謂草草落案，何足以服有識者之心？此亦其學說中之重大敗筆也。

再就第三表觀之，墨子根據國家人民之利益，以為量度是非之標準，固然無可非議，惟墨家於運用此法之時，往往因急功近利，遂致僅見眼前之利，而忽略長遠之利；僅見物質之利，而忽略精神之利。例如非樂一事，卽其著者。此其學說之所以往往陷於偏狹者也。

總之，三表法之建立，僅供墨家做為立言之依據與判斷可行與否之標準，而亦為墨家哲學精神之所在。其實用之範圍，乃在於一般現實社會，而不在於學術理論。故其實質之意義，遠勝於形式之意義。在哲學發展之過程中，自有其不可磨滅之價值。然苟據以為人類思惟所必須依賴而有效之法則，則過矣！

肆、墨子論證法式微之原因

由以上之分析，可知墨子之論證法，確已具相當之規模，且亦有其不可磨滅之價值。然其所以未獲繼續發展者其外在與內在之原因固多，約而言之，蓋有下列數點：

一、由於墨家勢力之衰微

墨子論證法式微之主要原因，乃因墨家勢力之衰微，因而自秦漢以後，除晉之魯勝嘗為墨辯注外，歷世綿邈，纂述無聞；而墨辯注亦已久佚，無以知其詳。遂使世人，誤以我先民為缺乏邏輯、實證之精神者，豈不令人扼腕？至於泰西之邏輯學，自亞里斯多德具其規模，其後有培根、洛克、穆勒諸哲，繼起改作，踵事增華，遂使其日益光大，而成為百學之母。即今日之科技文明，亦多利賴之。凡我中華兒女，能不深體墨子開創之功，而思所以繼述、發揚，且迎泰西先進諸國之科學文明，超而前之乎？

二、名、道兩家之興起

墨子以後，名家興起。惠施、公孫龍、鄧析諸子，務為苛察繳繞之說，「飾人之心，易人之意，能勝人之口，不能服人之心。」（莊子天下篇）由於此種朱、紫相奪之情況，遂漸失論證之精神，而遭致一般人之排斥，扼殺其發展之契機，良堪痛惜。

至於道家，主張絕聖棄智，反對儒墨兩家之爭辯。且以為「因是因非，因非因是。」（莊子齊物論）而其一切學說，皆屬玄思冥想，而充滿形而上之色彩。亦為阻滯邏輯發展之重要因素。

三、形式不夠嚴整

以上兩點，皆為外在之因素。至於內在之因素，主要在於形式之不夠嚴整。蓋墨子之論證法，注重語意，而不拘泥於形式。在墨子本身，固能靈活運用，而構成有效之推論；然於不精於名學者，往往有無所適從之苦。因而其論證法之優點，自另一角度而觀之，又適為其缺點。

四、定義之正確性不夠

墨子論證法式微之另一內在因素，則在於定義之正確性不夠。蓋墨經之中，經上諸條，幾全爲定義或界說，其說理固無差忒，然正確性則不足。例如：「孝，利親也。」然則何謂「利親」，仍須頗費斟酌。又如同一「知」字，有解爲「材也！」有解爲「接也！」有解爲「聞、說、親。」者。其間之分別，仍當由讀者自行體悟，故羅光主教謂：「墨經的定義，從西洋理則學所看，不是定義，而是簡賅的叙述或描寫。這種方法，可以勝過西洋理則學對於具體物下定義的困難；但墨經的定義，還缺欠西洋理則學定義所有的正確性。」（中國哲學思想史第五章第三節第三小節）既缺乏正確性，故應用於形式邏輯，自亦有所窒礙。此亦其本身之缺陷也。然無論如何，其作始之功，蓋不可滅；惜後人未能繼起改作，踵事增華耳。

第七章　墨子之科技教育

自黃帝發明指南車，吾國之科技文明，蓋已發其皇矣！其後容成作渾天，隸首定算數，大撓置甲子，伶倫造律呂，尤爲科技文明之漸。及至墨子，本其濬哲之思慮，與夫創作之精神，於是科學之理論與科技之發明，一時蔚爲大觀。觀其爲車轄，爲木鳶，又與公輸般論攻守，足見其科技之造詣；而墨經兩篇，於科學之知識，尤多闡發；惜其文辭古奧，間多訛脫。有清以降，雖歷經畢、王、俞、孫、梁、胡諸哲，相繼整治；而今賢亦多所附益。然而疑義闕文，仍待補苴者，固亦所在多有。玆參酌各家之說，間以一得之愚，臚叙其有關科技之理論與實際，以見其科技教育之一斑：

第一節　科學知識

經與經說，全文不過五千餘言，而其內容，包羅宏富；其中有關哲學方法者，已見前章所述；玆就其中論及天文學、數學、物理學諸條，分別申述其義旨於后：

壹、天文學（Astronomical time）

自堯命羲和，「歷象日月星辰，敬授人時。」「朞三百有六旬有六日，以閏月定四時成歲。」（書虞夏書）吾國之天文學，蓋已肇其端矣；至周世，於觀測宇宙，尤有精密之理論；及至戰國，諸子中，尤多侈談天體者。例如：自惠施與黃繚論天地所以不墜不陷，則似已略知太空引力；愼子曰：「天形如彈丸，半覆地上，半隱地下，其勢斜倚。天依形，故運行太虛沖漠之際而無停，地附氣，故束於動風旋轉之中而不墜。」；而呂氏春秋圜道篇亦謂：「冬至日行遠道，夏至日行近道，乃參於上，當樞之下無晝夜。」皆可以推知彼時已瞭解地形之圓，及天體運行之理，且知冬至太陽偏南半球，夏至則偏北半球，而南北兩極，無晝夜之分也。至於墨子，於天文學亦頗有闡發。例如：

一、論天體之運行

㈠論太空引力：

經下：「缶而不可擔，說在摶。」

經說下：「正。凡無所處而不中縣，摶也。」

按：缶，正也，本經多作缶；經上：「缶，無非。」是其例。擔本作儋，乃負荷之謂。摶，說文手部云：「摶，圜也。」說文通訓定聲云：「圜，天體也。从口，睘聲。」本經之義，乃謂地球正懸虛空，而無他物爲之負荷也。而其所以如此者，蓋其爲天體之一，有太空引力，相爲吸引也，故曰：「說在摶。」經說因就「正」之義而申之曰：地球無論其如何轉動，終必北極在上，南極在下，若球體之懸於空中者然。其於地球自轉之理，蓋已深明之矣！

㈡地球之運轉：

經下：「宇，或徙，說在長宇久。」

經說下：「長宇，徙而有處，宇。宇，南北在旦有在莫。宇徙，久。」

按：說文：「或，邦也，或从土作域，今作區域字。」本條經文，蓋謂宇宙運行無已也。經說下云：「徙而有處。」「南北在旦又在暮。」劉昶續墨子閒詁釋之曰：「地體自轉，繞日而旋，歷一年一周橢軌；日力攝之，不入於別種恒星之範圍。故云：宇徙而有處；南北二極，遞見日光者各有六月，除暮光七十餘日外，北旦三月半，卽南暮三月半；南旦三月半，卽北暮三月半。更相徙易，亙古如斯。有與又同，故云：南北在旦又在暮。宇徙久，卽侯失勒（按：卽約翰侯失勒 John Herchel 1792-1871，英人，著有天文學通論。）談天所謂恒動也。墨子去侯氏二千餘年，已溉其旨，洵疇人之初祖焉。東方文化，卓絕如斯。」以今日天文學證之，則本條所言，殆全然相符，實令人訝異矣！李師漁叔並引申「宇徙久」之義曰：「宇徙久三字，在墨經中最堪重視：由中外各世紀實際觀察與推理所得，證明地球爲一自轉之球體，每二十四小時在地軸上自轉一周，每三百六十五日繞太陽公轉一周：此卽人類所謂時間之累積，由宇徙而成久也。」所論至爲精當。

㈢方位之確定：

經上：「日中，缶南也。」

按：此條無說，然其經旨，固明暢易曉也。蓋中國地處北半球，故日中（卽正午）之時，日在正南方之上空也。

二、論空間之遠近

經下：「宇進無近，說在敷。」

經說下：「傴宇不可偏舉，宇也。進行者，先敷，近，後敷，遠；行者必先近而後遠。」

按：敷，布施也。書皐陶謨：「翕受敷施。」傳云：「言能受三六之德而用之，以布施政教也。」是其義。本經之義，乃謂空間原無所謂遠近。經說因申之曰：蓋以宇宙之大，其區無涯，不可偏舉，故遠、近亦無定論，僅能以比較得之耳。譬如政教之推行，先布施者爲近，後布施者爲遠；而行者亦以先至爲近，後至爲遠耳！莊子天下篇釋文引司馬彪云：「天下無方，故所在爲中；循環無端，故所行爲始也。」亦卽此意。

三、論時間之久暫

經下：「行脩以久，說在先後。」

經說下：「行。遠近，脩也；先後，久也。民行脩，必以久也。久，有窮，無窮。」

按：前條僅就空間之遠近言之；此條則兼就時間而言之。蓋空間原無遠近，時間亦原無久暫，皆比較得之耳。如人由近及遠，則當其抵達遠處時，其時間必較抵達近處時爲久，於是乃有久、暫之別。故最後又申「久」字之義曰：無窮，固爲久矣！有窮，亦可以爲久。故曰：「久，有窮，無窮。」據此，則千百年可以爲久，一分、一秒亦可稱之曰久，端在於比較得之耳！

貳、數學（Mathematics）

墨子於數學，頗具新穎之概念，故墨經中，論及數學者甚多，茲舉其要者以申明之：

一、算學（Arithmetic）

㈠論數之倍：

經上：「倍，爲二也。」

經說上：「倍。二尺與尺但去一。」

按：此言「倍」字之義。蓋所謂倍者，某數之二也，亦即某數之自加也。故曰：「爲二」。高亨墨經校詮云：「去即數學所謂減也。二尺爲一尺之倍，因二尺但減一尺，正餘一尺也。」此言倍數之理，甚簡明而易曉。

(二)論減法：

經上：「損，偏去也。」

經說上：「損。偏去也者，兼之體也，其體或去或存，謂其存者損。」

按：梁云：「從總體中去其一部分，則所存之部分損矣！」曹耀湘箋云：「不曰去者損，而曰存者損，何也！去者已去，不可曰損矣！存者失其偶，故曰損也。」此即算學中之減法也。

(三)論數之建位：

經上：「一少於二而多於五，說在建。」

經說上：「一。五有一焉，一有五焉；十，二焉。」

按：此言數字之建位也。俞云：「數至於十，則復為一，故一多於五。經說下篇曰：『一，五有一焉，一有五焉。』五有一者，一、二、三、四之一也；一有五者，一十，一百之一也。」故數之大小，必視其所建之位。譬如珠算：同為一珠，可代表一，亦可代表十、百、千、萬，以至無盡，故其大小，亦必視其所建之位為定耳。故一可少於二，亦可多於五，不可不察也。

(四)有窮與無窮：

經上：「窮，或有前不容尺也。」

經說上：「或不容尺，有窮；莫不容尺，無窮也。」

按：經文謂：以尺為一基數，尺尺而度之，有時而窮，則為窮矣。故曰：「或有前不容尺也。」

經說下又申之曰：尺尺度之，有時而窮，是謂有窮；尺尺度之，無有盡時，則爲無窮矣！故曰：「或不容尺，有窮；莫不容尺，無窮也。」此釋有窮、無窮，其義甚精。

二、幾何學（Geometry）

幾何學在實用科學中，應用甚廣，諸如丈量土地、繪製圖案、製作器械、建築房舍等，恒需利賴之，故墨經中論及之者，達十數條。玆舉其要者，論列之：

(一)點之定義：

經上：「端，體之無序而最前者也。」

經說上：「端。是無同也。」

按：陳蘭甫東塾讀書記卷十二云：「此所謂端，卽西人算法所謂點也。體之無序，卽所謂線也；序如東序西序之序，猶言兩旁也。幾何原本云：『線有長無廣，卽此所謂無序，謂無兩旁也。』又云：『線之界是點，卽所謂最前也。』又：『直線止有兩端，兩端上下，更無一點，卽所謂無同也。』」愚並按：有點然後有線，有線然後有體，而體之任何一頂點，皆可以爲線之端，故曰：「體之無序而最前者也。」另一條經上云：「尺之端。」義與此同。至於「無同」，諸家之說，仍不愜吾意。愚意以爲幾何學中所謂之點，乃僅有位置，並無實質；既無實質，自不能更覓一相同之點以與之比次矣！故曰：「是無同也。」

(二)點、線、面之關係：

經說上：「尺，前於區穴，而後於端。」

按：梁校云：「穴字疑衍。」是也。蓋尺卽相當於幾何學之線，區則相當於面。故此條經說之義，乃說明線爲介於點與面間之一種概念也。蓋點而延伸之，則成線；線而橫張之，則成面。故曰：「尺，前於區，而後於端」也。

(三)體之定義：

經上：「厚，有所大也。」

經說上：「厚。區無所大。」

按：梁校云：「區舊作惟，因形近譌區爲唯，又轉譌爲惟耳。」雖稍見遷强，而理或然也。玆從之。蓋幾何學以面爲僅有面積，而無厚度；至於體，則有厚度矣！故以「有所大」、「無所大」，以爲體與面之辨焉。

(四)中之定義：

經上：「中：同長也。」

經說上：「心中。自是往相若也。」

按：梁校云：「心字爲必字之損，必字又爲平字之譌。本爲第五二條牒經標題之字，錯入此處，今刪。」愚按：梁著第五一條經說牒經字作必，此心字，或卽因之而衍。此條經與經說，俱謂：凡距兩端同長，則謂之中，所謂中點也。

(五)圓之定義：

經上：「圜，一中同長也。」

經說上：「圜，規寫交也。」

按：此中字，即爲圓心。先立一圓心，然後以相同之長爲半徑，即可成一圓矣！換言之：圓心距圓周之任一點，皆同長，是爲圓矣！即以之言球體，亦可相合。經說更說明畫圓之法曰：以規寫圓，使其圓周既經周匝而歸於相交，斯成一圓矣！

(六)方之定義：

經上：「方，柱隅四讙也。」

經說上：「方。矩見交也。」

按：古讙、驩、懽、歡諸字，可相互通假。張皋文云：「讙亦合也。」國策秦策：「而大國與之懽」，注：「懽猶合也。」故經文之義，乃謂：方者，若柱隅之四合也。經說則言畫方之法曰：以矩畫方，使四周之線相交，則成方矣！

(七)論點線之相交：

經上：「攖，相得也。」

經說上：「攖。尺與尺，俱不盡；端與端，俱盡。尺與端，或盡或不盡；堅白之攖相盡；體攖不相盡。」

按：莊子大宗師釋文引崔注云：「攖，有所繫著也。」玉篇：「攖，結也。」又韻會云：「與人契合曰相得。」故攖與相得，皆相契合之義，亦卽幾何學中所謂之相交接也。因兩線之相交，僅在一點，不能彼此相涵，故曰：「俱不盡。」至於點，則二點可以相涵。故曰：「端與端，俱盡。」至於線與點相交，則線可以涵蓋點，點則不可以涵蓋線。故曰：「尺與端，或盡，或不盡。」至於堅白石，則有白卽有堅，有堅卽有白，二者完全相涵蓋，故曰：「堅白之攖相盡。」孫云：「此言堅、白雖殊，而同託於石，性、色相含，彌滿無間，故其攖爲相盡，卽經說下：『堅白相盈』之義。」說甚精當。至於二體相攖，則因各有質礙，卽物理學所謂不可入性（Impenetrability）自不能彼此相涵。故曰：「體攖不相盡」也。

(八)論相切：

經上：「次，無間而不相攖也。」

經說上：「次，無厚而後可。」

按：次、切同在段氏古音十七部，爲同音假借。孫云：「言兩物相次，則中無間隙。然不相連合，故云不相攖也。」後人多從之。然愚以爲旣云二「物」相次，則其間必有間。經上另一條謂「有閒，中也。」說謂：「有閒。謂夾之者也。」是其證。且本條經說亦謂：「無厚而後可。」二物旣皆有厚，則不能相次，其必非有實質之「物」也，明矣！蓋幾何學中所謂之點、線、面，具無實質，故其相切，可以既無間，又不相含蓋（按：相含蓋，則二而爲一，是相攖，而非相切矣！）故曰：「無間而不相攖也。」至於有厚之兩個物體，則因各有質礙，故其相夾也，既不能相攖，亦不能無間。故曰：「無厚而後可。」此與今日幾何學言相切之原理，正相符合。

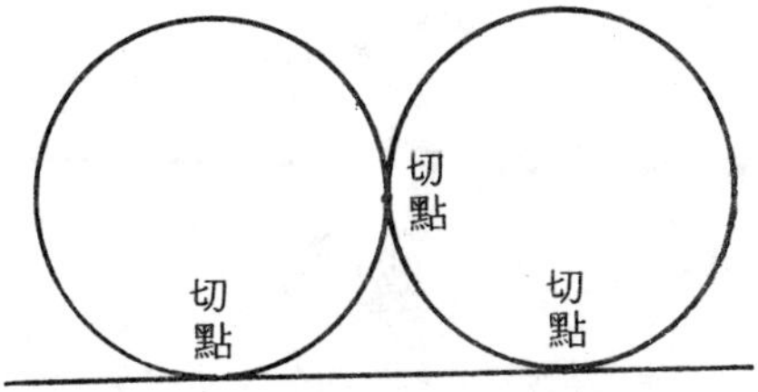

相切圖

㈨長短之比較：

經上：「仳，有以相攖，有不相攖也。」

經說上：「仳。兩有端而後可。」

按：仳字爲比之繁文。高亨校詮云：「仳者，較其長短也。按幾何學，較其長短，其法有兩：一用兩線相交法，即經所謂相攖也；二用兩線平行法，即經所謂不相攖也。故曰：『仳有相攖，有不相攖也。』」又云：「較兩線之長短，或用兩線相交法，或用兩線平行法，均必須兩線各有定點，以爲之準，而後方可得其差數。故曰：『兩有端而後可。』」說甚明晰。

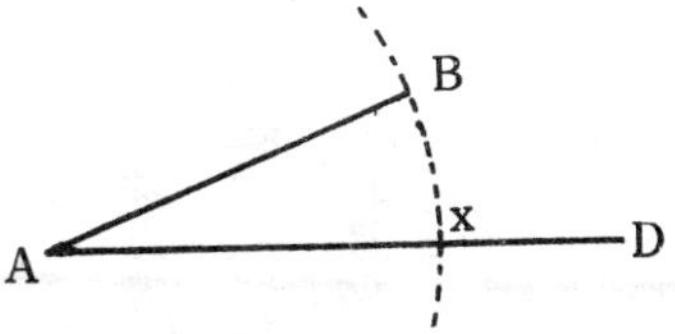

兩線相交法

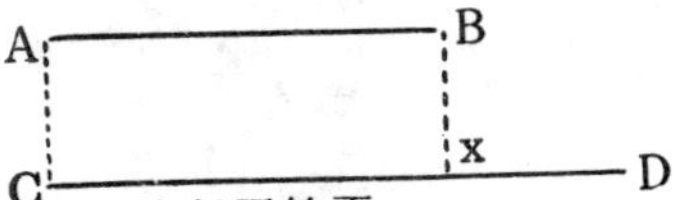

兩線平行法

㈩論同長：

經上：「同長，以正相盡也。」

經說上：「同，捷與狂之同長也。」

按：捷，畢沅云：「一本捷作楗。」限門木也。狂，譚戒甫云：「狂疑假爲匡，門框之類也。」頗合於同長之旨，玆從之。此條蓋卽前叙「仳」之餘義也。蓋旣經比較之後，發現兩線之長，適相若也，則爲同長矣！故曰：「以正相盡也。」經說則又舉限門之木與門框同長爲例，以明同長之義耳。

㈩論平：

經上：「平，同高也。」

按：此條無說。陳澧云：「此卽海島算經所謂兩表齊高。」此蓋用以駁名家「山與澤平」之說也。意謂兩物同高，始得稱平也。山之與澤，高低懸殊，烏得謂平哉？

㈩一論體之分合：

經上：「體，分於兼也。」

經說上：「體，若二之一，尺之端也。」

按：「兼」指整體而言，「體」，則其一體也，亦卽部分之謂。故經上曰：「體，分於兼也。」經說上並舉例而釋之曰：若一爲二之體，而端（卽點）又爲尺（卽線）之體也。故合之則爲兼；分之則爲體。此言體之分合也。

叁、物理學（Physics）

物理學者，乃經由精密之觀察與正確之實驗，以研究物體諸性質及其所呈之各種現象之學也。其中約可包含光學、力學、熱學、電學、磁學、物性學等。茲就墨經中與以上諸學有關之各條，分別論列之：

一、力學（Optics）

㈠影與光之關係：

經下：「景不徙，說在改爲。」

經說下：「景，光至，景亡；若在，盡古息。」

按：此卽莊子天下篇所謂：「飛鳥之影，未嘗動也。」此條經義，乃謂飛鳥自甲地飛至乙地，其影似隨之而動。實則影之若有動，乃因鳥不斷向前，故其後影既滅，前影又生；如此，舊影不斷亡於後，新影不斷生於前，此之謂「改爲」。經說下因申之曰：舊影因光至而不斷消失；反之，新影亦因光蔽而不斷產生。故舊影實未嘗移動，乃因光至而消失耳。故梁云：「若云前影猶在，則永遠在原處耳。」此如今日之電影，其人其物若恒在運動，實則乃由許久靜止之鏡頭，相續而成之耳。

㈡論影之形成：

經下：「景二，說在重。」

經說下：「景，二光夾一光；一光者景也。」

按：莊子齊物論云：「罔兩問景」。郭象注：「罔兩，景外之微陰也。」蓋於光體放射時，倘置物於前，則其所蔽之光，卽成一影，此卽光學中所謂本影（Umbra）；景外又有微陰，其狀若有若無，謂之罔兩，卽所謂副影（Penumbra），旣有本影、副影，故曰：「景二」；而其所以有二影者，以其重也，故曰：「說在重。」

經說乃在於說明重字之理。二光一光，爲義各異。例如甲圖：卽一光而得一景也。所謂：「一光者，影也。」又如乙圖：設AB爲一光體；CD爲一物。則由AB所放射之光線，一方爲CD所遮，分別沿AC及BD而成EF之本影；又沿AD、BC，而成HG之副影：此副影必須ADG與BCH二光線相會於K，而夾AB一光體，方能得重；故又以「二光夾一光」句說明之也。

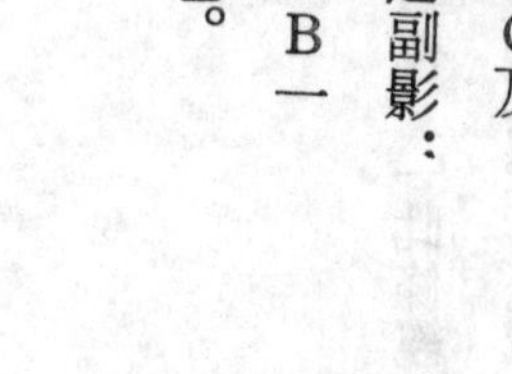

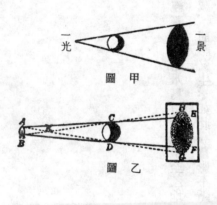

甲圖

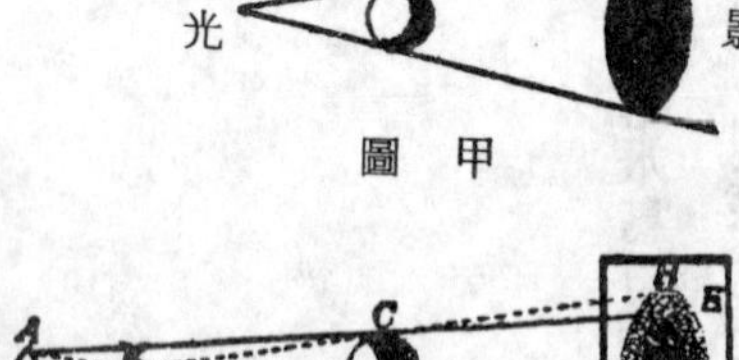

乙圖

㈢**針孔成像原理**：

經下：「景到，在午有端與景長，說在端。」

經說下：「景，光之人煦若射，下者之人也高，高者之人也下。足蔽上光，故成景於上；首蔽下光，故成景於下。在遠近有端與於光，故景庫內也。」

按：「到」同「倒」，莊子外物：「草木之到植者。」

注：「鋤拔反之更生者曰到植。」朱駿聲云：「到植，今作倒，又爲弔。」「午」，張惠言云：「交午也。」午有端，卽交點。

本條所云卽今日攝影所用之光學原理也。譚氏墨辯發微並以圖明之曰：「如下圖甲：設AB爲一光體，其AB間之各光線，一一穿過隔屏午孔，而射於右之照壁上，成CD之倒影，所謂『景到』也。AB二光線交午，必有一點。然旣云『在午』，又云『有端』者，蓋謂在交午之處，僅須一甚小之孔如點，決不可令其稍大（卽今攝影暗箱所謂針眼），如圖甲與乙之午點是。又影之所以倒及影之所以大小，殆全由此點爲其主因，是以更出其故曰：『說在端』。反之，若屏孔過大，如圖丙：則孔周之光線，繁複散漫，而影卽模糊。苟置照壁於屏午之間，將映出孔形矣。與景長，與，當讀預；長，猶言長短（計長而短自見），蓋影之大小，係於線之長短；若午點距光近，線短；距壁遠，線長，則影大：如圖甲。午點距光遠，線長；距壁近，線短，則影小：如圖乙也。

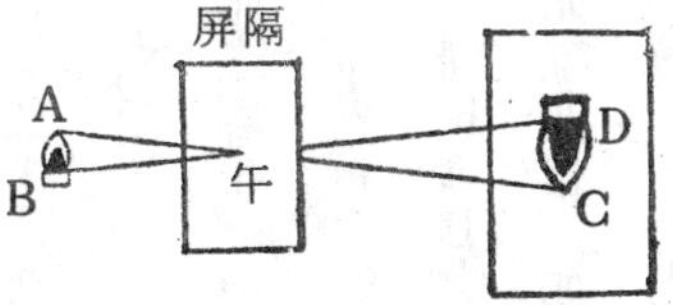

圖甲

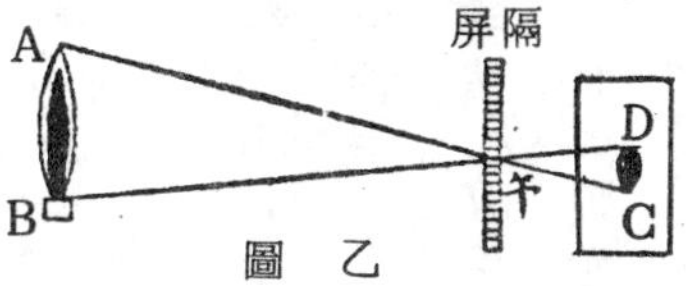

圖乙

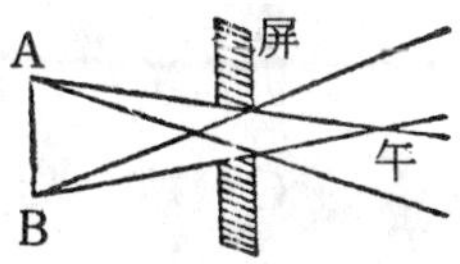

圖丙

說承經文推言光之直達（Rectilineal Propagation）、反射（Refection）及今照像（Photography）之理。茲分三段言之：

(一)光之直達：據今光學，光之傳布，恒依直線進行。如上條圖乙：AB一光，被CD遮斷，而現本影EF於照壁上，即為光線不能曲行之證。又如本條圖甲：A光線由午孔徑射於C，B光線由午孔徑射於D，若目在CD以內，必盡見AB之光，以光線直行故也。

(二)光之反射：日體極大，光線四布，如圖丁：有AB無數光線至人CD之間，盡行反射。其達午點者，一一入暗箱至EF之間，以成EF之倒像。蓋光線下至人反射於上，上至人反射於下，其CD午與EF午之兩三角形，皆屬光域，今僅以CE及DF二線表其外界而已。鄒伯奇云：『密室小孔漏光，必成倒影。雲鳥東飛，其影西逝。』按即此所謂光之反射也。

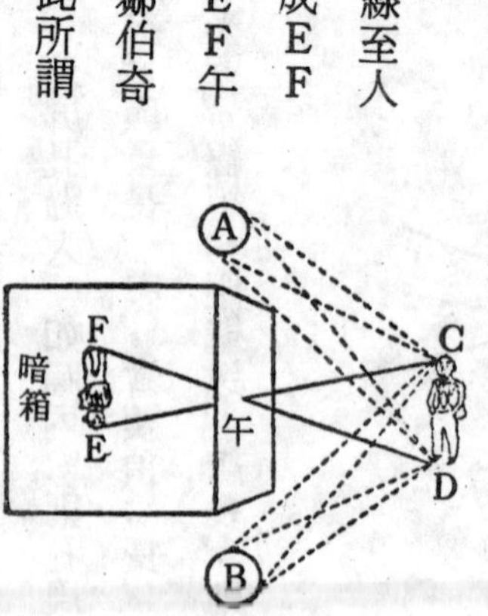

圖丁

(三)照像之理：足蔽下光故成影於上者：因日光至人，為D足所遮蔽，故D光反射入午而達於F，即成人足F之影於上。首蔽上光故成影於下者：因日光至人，為C首所遮蔽，故C光反射入午而達於E，即成人首E之影於下。首下，足上，所謂影倒也。與經文「與影長」句相應。蓋當照像時，其午端與CD距離之遠近，須參合於光之強弱，以進退其暗箱，庶能使影明晰，故曰景庫內也。」

譚氏甚諳於今日之光學原理，故所釋至為精當。

四光之反射：

經下：「景迎日，說在摶。」

經說下：「日之光反燭人，則景在日與人之間。」

按：孫云：「摶，道藏本作慱，吳鈔本作博，亦並難通，以形聲校之，疑當作轉。謂鑑受日之光，轉以射人成影，亦卽反燭之義也。」李師漁叔則以爲：「摶訓圜，有周繞之義，不必破字爲合也。」高亨墨經校詮云：「日之光，射於晶體上，而後方能反照。如取一大鏡，鏡面向上而植於地上，人向日立於鏡前，日光射於鏡上，其光反射於人，則人影見於人之前。影適在日與人之間。」此卽光線反射之原理也。

五影之大小：

經下：「景之大小，說在地　遠近。」

經說下：「景。木柂，景短大；木正，景長小。大小於木，則景大於木。非獨小也，遠近。」

按：柂，孫云：「道藏本柂作杝。」畢云：「猶言木斜。」「大小於木」，孫云：「疑當作光小於木。」是也。又云：「木斜近地，故景短；陰景濃，光不內侵，故大；木正遠地，故景長；光複映射，景界不清，故小。」蓋木直立於地，而光源在前，則其影必長而細；木斜近地，則影必短而粗。至於光源小於木，則其影必大於木（見第二條甲圖）。故曰：「大（光）小於木，則影大於木。」至於光源去木愈遠，則影愈小；愈近，則影愈大。故曰：「非獨小也，遠近。」

㈥平鏡成像之理：

經下：「臨鑑而立，景倒；多而若少，說在寡區。」

經說下：「臨。臨正鑒，景寡；貌能、白黑、遠近、柂正，異於光；鑒當，景俱。就、去，亦當、俱，俱用北。鑒者之臬於鑒，無所不鑒；景之臬無數，而必過正；故同處其體俱，然鑒分。」

按：「鑒當景俱」，原「當景」二字誤倒，與今光學原理不合；下文「當、俱」卽雙承此言，疑讀者據下文臆改；「亦」原作「介」據畢改；二「臬」字，原作「臭」，疑形近而誤。

禮檀弓疏：「以尊適卑曰臨。」按此臨字，猶云自上俯下也。廣雅釋器：「鑑謂之鏡。」景到：景，像也！篇海：「景，像也。」卽是；到，倒之省文。張惠言云：「若，如也。」區，卽面（見本章幾何學）。

正鑒：卽今之平面鏡（Plane Mirror），省曰平鏡。景寡，猶云單像，與經文寡區訓少者有別。釋名：「寡倮也；倮，猶單獨也。」卽是。張云：「能，態字。」孫詒讓云：「備城門篇，態作能；此又能之省。」按能，態之省文。異，冀之省文。冀於光者，謂像之差別，望光而生也。當者相值之義。說文：「當，田相值也。」鑒當者，二鏡交置也。俱者，相合之義。景俱者，二像同聚也。就、去，言二鏡面就而近之，或離而去之也。用，以也。北，背之省文。按說文：「北，乖也；從二人相背。」吳語韋昭注：「北，古之背字。」然則北爲背之本字。說文：「臬，射的。」徐曰：「射之高下準的。」按卽其義。過，讀爲咼。通俗文：「斜戾曰咼。」正，指二平面鏡言。咼正，謂斜置二平面鏡。其，與「之」同。體，分像。分，分界。

本條論平鏡成像及重複反射（Mutiple Retleetion）之理。吾人日常所用以對照者，多係平鏡；其像之成，卽由鏡面反射所致。故物若爲一點，則像亦爲一點。如圖甲：設mn爲一平鏡，A爲臨鏡之一點。光線AB射至平鏡時，卽依反射律而反射至D；又別線AC亦反射至E；皆入於眼。今延長DB及EC於鏡後，皆相會於O點。可知凡自A所發出之各光線一一反射後，其延長線總合於O。

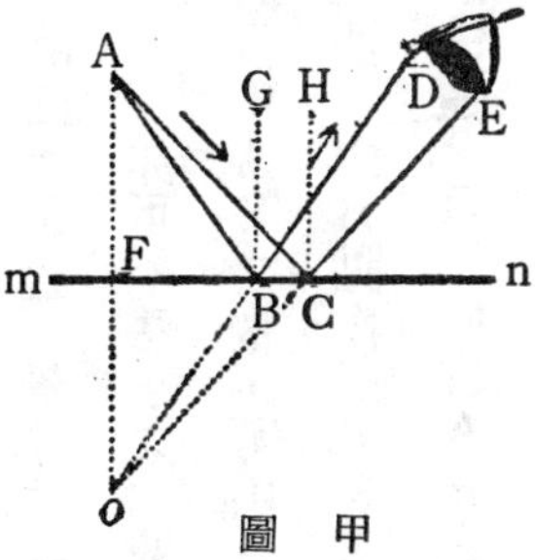

圖　甲

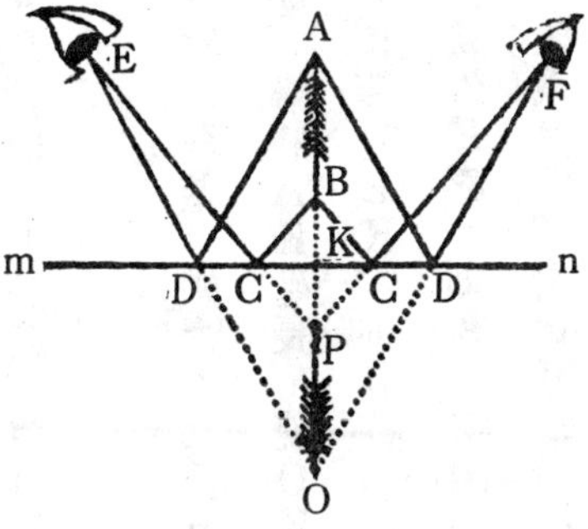

圖　乙

兹連AO二點，成AFO線。則按幾何理；AF與OF同長；而AFO線爲mn之垂線。由是，若推則平鏡中物體之像；只須由物點如A，垂一直線於鏡面如AF，而後引長之，使OF等於AF；則O點卽爲A點之單像，故曰「正鑒，景寡。」

若物體爲多點所成，亦可照法求之；連合諸點，卽得其物之全像。如圖乙：設mn爲一平鏡，AB爲臨鏡之一物。若欲得AB之像，可由A點作一AK垂線，繼將AK延長，使OK等於AK；則O點卽爲A點之像。同法；由B點作一BK垂線，引長，使PK等於BK，則P點卽爲B點之像。此外，AB間各點，卽由連合OP而成AB之像。故人眼若在鏡外E處，則AB物體；反射光線CE、DE入於眼中，祇覺光線一若由OP像而來者，凡此所成，皆爲虛像。由此可知，凡臨正鑒而立之物體如AB，其所成之像必倒如OP，故曰「臨鑑而立，景倒。」

又正鑑若爲極平之面，則僅有一像；而像之貌態、白黑、遠近、斜正等之差別，皆望光而生，與物毫髮不爽。故曰：「正鑒，景寡。貌態、白黑、遠近、柂正、異於光。」

以上皆就一平鏡成像言也。若以二平鏡交置成一正角，則當得三像。如圖丙：設AB與AC二鏡相交，而BAC角爲正角；D爲物體；人目在H。則於AB鏡內見E像；AC鏡內見F像。又E復反射於AC鏡中，見G像；F復反射於AB鏡中亦見G像。故此成像凡三，卽EFG是也。至諸像之方法，可按以上平鏡求像法而得；其光線入目之路，亦可按圖知之。若二鏡之交角漸小於九十度，則所成之像亦漸多。如圖丁：設AB與AC二平鏡相交之角爲四十五度；D爲物體；人目在E，其成像之次序；先於ＡＢ鏡內見⑴像；次⑴像復反射於ＡＣ鏡內見⑵像；此⑵像更反射於ＡＢ鏡內見⑶像；此⑶像更反射於ＡＣ鏡內見⑷像。自此不能再反射者，以像之位置適在鏡背方向，故也。至於Ｄ物之反射於ＡＣ鏡中者，先見⑸像；次展轉反射，成⑹⑺⑻各像。但⑻像重在⑷像上；故其像數惟七。

據右以觀，正鑑爲一平面，卽一百八十度，祇成一單像；減半爲九十度，便得三像；再減半爲四十五度，乃得七像。由是可知，角度愈大，成像愈少；角度愈小，成像愈多，故曰：「多而若少。」此其故，乃因成像多者，其角度之區面寡少，因而反射重複故也。故曰：「說在寡區。」

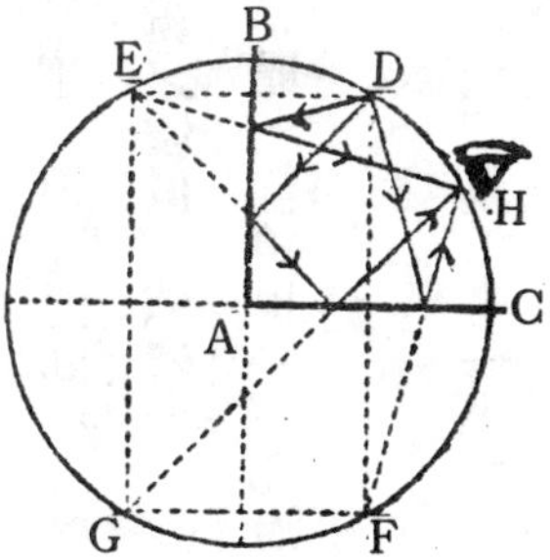

圖丙

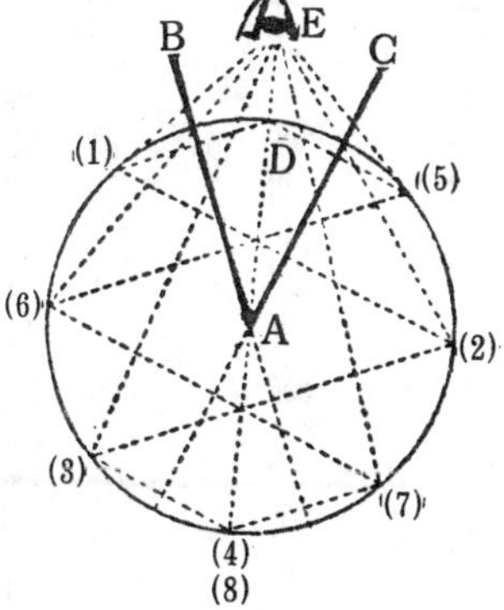

圖丁

凡二鑒相交成正角時，其間必有二像俱於一處，如圖丙之G，故曰：「鑒當，影俱。」又二鑒之交置，或相就小於正角，或相去大於正角，其中必有二像之俱。其相就者，卽如圖丁之⑷⑻；其相去者，所成俱像幾乎不可得見，設如圖丙ＡＢ鏡向左斜置，約與ＡＣ鏡成一百十五度之鈍角時，其物體

D須置於AC鏡之面上右端，人目須高懸於AB鏡之上端，方能得見AB鏡內之映像及俱像；故曰：「就、去、亦當、俱。」總括以上三類之俱像，莫不爲鏡背所蔽，故曰：「俱用背。」

人目注視線於像，猶射之有臬也。所以二鑒之間，高下任取一點，皆可爲見像之臬。故曰「鑒者之臬於鑒，無所不鑒。」夫二鑒間之臬既無數，而其像應亦無數。但欲像之無數，自必使二正鑒咼斜置之方可，卽如圖丁；因此而同在一處之分像相俱，正會於二鏡間之分界處。故曰：「景之臬無數，而必咼正；故同處之體俱，然鑒分。」

本條自鄒伯奇謂「窪鏡也」，凡治墨經者多以凹鏡釋之，實則本經所論者，乃平面鏡成像之理也。

㈦凹鏡成像之理：

經下：「鑑低，景──一小而易；一大而缶。說在中之外、內。」

經說下：「鑒。中之內：鑒者──遠中，則所鑒大，景亦大；近中，則所鑒小，景亦小，而必正。起於中緣正而長其直也。中之外：鑒者──近中，則所鑒大，景亦大；遠中，則所鑒小，景亦小，而必易。合於中緣正而長其直也。」

按：「鑑低景」原作「鑑位量」，義不可解。譚戒甫云：「『低』，照篆文本寫作『仾』，致因形似誤爲『位』耳。『低』下『景』字，原誤作『量』，據王改。」又經說下：原「遠中」、「近中」二辭互倒，據譚改；「合於中緣正而長其直也。」原缺「中緣正」三字，據王引之改。

按低下曰凹，故「鑑低」，卽凹面鏡（Concave Mirror）也，省曰凹鏡。「易」，謂首尾易位，卽「倒」

也。中之外內之「中」，殆兼凹鏡之弧心與焦點而言；蓋弧心即圓之中，焦點又常在弧心與鏡心之中。故說云中之外，卽謂弧心之外；以下三中字同。又中之內，卽謂焦點之內；以下三中字亦同。鑒者，在此指光體，如燭之類是也。中緣正之「正」，卽正軸；緣正，謂平行於正軸之光線也。直，同值，相遇也；在此卽指共軛點言。

本經乃說明凹鏡成像之理也。經言凹鏡成像有二：一爲小而倒；一爲大而正。主要由於光體一在弧心以外，一在焦點以內也。

說則謂鑒：在焦點以內：光體遠於焦點，則所照之光強，像亦大；近於焦點，則所照之光弱，像亦小；然皆大於光體而正立。及光體最近於焦點，似卽始於焦點，則平行於正軸之光線反射向鏡後引長，當成極長之共軛點，而像則遠離鏡後。在弧心以外：光體近於弧心，則所照之光強，像亦大；遠於弧心，則所照之光弱，像亦小；然皆小於光體而必倒置。及光體合於中心則平行正軸之光線反射，當成極長之共軛點，而像卽與光體相等而仍倒置。

王錦光嘗解本經云：「此說明凹面鏡之現象。經說：照鏡子（凹面鏡）的人，在凹面鏡的『中』點之外，他所看見自己的像是倒像，比人小，照鏡的人，在『中』點之內，他所看見自己的像是正像，比人大。經說說：人站在『中』點之內；他所看見自己的像總是正立的，他從『中』點向鏡面移動，離『中』點越近像越大；離『中』點越遠像越小；人在中點以外呢？他所看見自己的像總是倒立的。從『中』點向外移，離『中』點越近像越大，離『中』點越遠像越小。依照現代科學的解釋，這

『中』點應該是指凹面鏡的焦點。」說甚透闢，既合於凹鏡成像之理，且合墨經之旨。

㈧凸鏡成像之理：

經下：「鑑團，景一，天而必击，說在得。」

經說下：「鑒。鑒者近，景亦大；亣遠，所鑒小，景亦小，而必正。景過正故招。」

按：團，圜也，鑑團，卽凸鏡也。「亣遠」，亣，原本作「亦」，王引之云：「當作亣遠。亣，古其字。」又：「鑑團景一」四字，原竄入上文，依經說，當在此處；「一天」，疑本作「一小一大」，蓋小字誤脫，一大兩字誤并爲天耳。說云：「景亦大」、「景亦小」，卽「大、小」之義也。「景過正故招」疑本作「景遇招故正」遇、過，形近而誤，招、正二字上下誤倒。

此條乃言凸鏡成像之理也。蓋鏡爲團面，映成物影，其現象有二：一爲影小，一爲影大。故曰：「鑑團，景一小一大。」然無論大小，其影必正，故曰：「而必正」。其影之小，乃因鏡光攝得之物形小；其影之大，乃因鏡光攝得之物形大；其影之正，乃因鏡光攝得之物形正。故曰：「說在得」。

經說並申之曰：團面所映物影之大小，必視其距離而定：物距鏡面近，則鏡光所照於物之光線多，其光線佔鏡面之面積大，物影亦大；物距鏡面遠，則鏡光所照於物之光線少，其光線佔鏡面之面積小，物影亦小。故曰：「鑒者近，則所鑒大，景亦大；亣遠，所鑒小，景亦小。」然無論其影之大小，而其影必爲物之正影。故曰：「而必正。」而其所以必正者，乃因凸鏡之攝物，乃迎而攝之也。故曰：「景遇招故正。」

就以上諸條而觀之，足見墨家之於光學，頗能深通其理，幾令人難以置信。然其可貴則誠可貴矣！終不能與今日之光學相抗衡。故李師漁叔曰：「今世科學昌明，光學已造精微之境，以墨子時較之，度越遠矣！通其理術，別有專書，殊不必於此多費研尋。況經文簡奧，更無煩摭現代光學原理，強爲比附誇飾；只就常識所及，略加疏釋可矣！」故今日所亟當從事者，不在於探索經旨，而在於體悟其科學之精神，而思所以紹述之而已。

二、光學（Mechamics）

魯問篇載墨子能以三寸之木，爲車轄，而任以五十石之重，足見其於力學，實有精深之造詣。其墨經中論及力學者，約有下列數條：

㈠力之定義：

經上：「力，刑之所以奮也。」

經說上：「力。重之謂，下與重，奮也。」

按：刑同形，形體也；奮，廣雅釋詁：「奮，動也。」與，同舉。經義謂力乃形體奮動之因也。蓋形體本靜，其所以奮動者在力。今動力學：「凡改變物形之動止狀態者，皆謂之力。」是也。力加於物而後物動，惟力不自見，由重乃見，故曰：重之謂。「下舉重，奮也」句，張其鍠墨經通解釋之甚詳。其言曰：「以力釋重，與西人重學說合，自下舉重，以有力能動也。凡物體皆有重量，重卽下墜之因，自下以力舉之向上，必奮動也。」

㈠動之定義：

經上：「動，或從也。」

經說下：「動。偏祭從者，戶樞免瑟。」

按：「動或從也。」孫云：「此義難通，從當作徙。經下篇云：宇或徙，此與彼文義正同。彼徙字今本亦譌作從，可證。說文辵部云：『徙，移也。』或當爲域之正字。」故知所謂動者，乃移易其位置也。「偏祭從」，梁校以爲當從孫校作「偏際徙」，並謂：「際，指空間，偏際，卽彌異所。戶樞者，戶之樞也。」「免瑟」，孫云：「疑免瑟當作它（蛇）蠶。」並謂：「戶樞、它、蠶，皆常動之物。」其所校確否，未敢遽斷，惟其意旨則近之耳。

㈡論力之反作用：

經下：「合與一，或復否，說在拒。」

按：此條無說。譚戒甫云：「本條論動力學之理。合者合數力也，一者，一力也，相對爲文。此與襄公二十五年傳「一與一」之辭例正同；則「與」猶敵也，當也。或復否，猶云或復，或不復。復者反也，今力學謂之反動力（Keaction）。拒，抵禦之義。此具二義：㈠合與一或復；㈡合與一或不復。何以知其復？以其相拒敵。牛頓動例第三律曰：『凡動（Action）（卽謂主動力）必復，物等，其力亦等；惟力向反。』卽此之所謂復也。或不復者，乃二力懸殊泰甚，則反動力等於無，已無速率之可見，故曰不復。」蓋得之也。

㈣槓桿原理：

經下：「負而不撓，說在勝。」

經說下：「負。衡木加重焉而不撓，極勝重也。右校交繩，無加焉而撓，極不勝重也。衡加重於其一旁必捶。權，重相若也。相衡則本短標長，兩加焉，重相若，則標必下，標得權也。」

按：此言力學上重心之理。曹氏曰：撓，傾也。勝，能勝任也。極，中也。說中兩「極」字，均爲中心，或重心之義。負而不撓，說在勝者，謂負物而不傾欹，以其本體能勝任之也。衡，謂平衡，以肩負木，平均增加其重量，卽不至傾覆，吾人恒見市中人以首載物行，重疊至十數層，甚高危而不墜。所謂極勝重，亦卽重心穩定是也。右校交繩：校、連木也。（見說文繫傳）繩與承同。詩「抑子孫繩繩」韓詩作「承承」。謂此負木者若僅從右疊增之，雖所負仍是原本之數，而必至傾仄者，以右肩偏重，失却重心，所謂極不勝重也。以下就此理以權衡喻之，此一衡字，與前訓平者異義，蓋專指「稱」而言。說文：「衡，稱也。」橫者爲衡，卽秤桿；懸者爲權，卽秤錘。捶、垂同聲假借字。此言懸一秤桿於此，一旁加重，必偏下。然若本短標長，則兩端雖加相等之重量，而標必下垂。（見下圖）

吳毓江以爲經之貞，勿須校改，反校改說之負爲貞。釋「右校交繩」謂「校者校量攪動之意，交繩爲繫權之繩。」「衡加重一旁」之「衡」爲「平衡」，「相衡」之衡爲「相觀察」，以解本經，亦可通。其言曰：「本條以衡木說明槓桿之理，正而不偏撓，卽衡木之平衡狀態也。淮南子說山訓曰：『重鈞則衡不傾。』義與此同。如下圖所示：W爲重，繫重之點爲抗力點A，E爲權，懸權之點，爲施力點B，其提絜處，爲支點P。第一節之公式爲：W×AP之距離＝E×BP之距離。此爲槓桿基本公式，雙方重相若故不傾撓。第二節雙方之重量不變，僅交繩向右移動，卽P點向右移動，則衡必向E方傾撓，其公式爲：W×AP＞E（BP＋向右移動之距離）。第三節AP與BP之距離不變，僅於W方加重量，則加重之一方必垂下，其公式爲：（W＋新加之重）×AP＞E×BP或爲：W×AP＜（E＋新加之重）×BP。第四節，權力與重力平衡，假定本短標長，卽AP小於BP，今於兩方各加以等量之重，則標方必下垂，因標力得權勢也。其公式爲：（W＋新加之重）×AP＜（E＋新加之重）×BP。」又云：「新論明權篇曰：今加一環於衡左，則右蹶；加之於右，則左蹶。卽依本條第三節公式立言也。」

槓桿原理圖

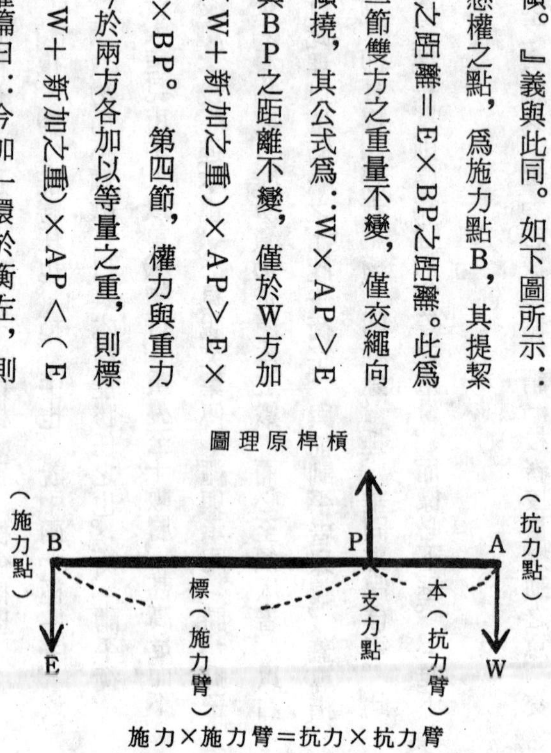

施力×施力臂＝抗力×抗力臂

㈤力之均衡：

經下：「均之絕不（否），說在所均。」

經說下：「均。髮均縣輕重而髮絕。不均也；均，其絕也，莫絕。」

按：此言力均不易折物。若公子牟釋公孫龍「髮引千鈞」之言曰：「髮引千鈞，勢至等也。」至等卽均之義也。列子雖爲僞書，但張湛注湯問篇此文之言，頗可據。其言曰：「髮甚微脆而至不絕者，至均故也。今所以絕者，由輕重相傾，有不均處也。若其均也，寧有絕理。」

世說新語巧藝篇，有文一則可爲本條確證，其文云：「陵雲臺，樓觀精巧。先稱平衆木輕重，然後造構，乃無錙銖相負揭。臺雖高峻，常隨風搖動，而終無傾倒之理。魏明帝登臺，懼其勢危，別以大材扶持之，樓卽頹壞。論者謂輕重力偏故也。」此皆所以說明均衡之理也。

㈥升重之法：

經下：「挈與枝板，說在薄。」

經說下：「挈，有力也，引無力也，不正，所挈之止於施也，繩制挈之也，若以錐刺之。挈，長重者下，短輕者上，上者愈得，下者愈亡。繩直，權重相若，則正矣。上者愈喪，下者愈得，上者權重，盡在遂挈。」

按：本經鄒伯奇謂爲升重之法，吳毓江以爲承前條槓桿原理而申言之，高葆光則以爲解釋單滑車起重之原理。

㈦車梯原理：

經下：「倚者不可正，說在剃。」

經說下：「倚、倍、拒、堅，䠷倚焉則不正。兩輪高，兩輪爲輲，車梯也。重在前，弦其前，載弦其前，載弦其軲，而縣重於其前，是梯，挈且挈則行。凡重，上弗挈，下弗收，旁弗劫，則下直，扡，或害之也，洓，梯者不能洓，直也。今也廢石於平地，重不下，無跨也。若夫繩之引軲也，是猶自舟中引橫也。」

按：本經孫詒讓以爲此四輪前高後低，是爲車梯，蓋假爲斜面升重之用，吳毓江以爲應用斜面學理，作爲舉重之具，高葆光以爲講複式滑車之道，譚戒甫以爲似釋機械學斜面之理。

(八)轉重之法：

經下：「推之必往　說在廢材。」

經說下：「推，跰石絫石耳。夾寖者，法也。方石去地尺，關石於其下，縣絲於其上，使適至方石，不下，柱也。膠絲去石，挈也。絲絕，引也。未變而名易，收也。」

按：本經鄒伯奇以爲轉重之法，譚戒甫以爲論建築之術，高晉生以爲言物之壓力，高葆光以爲解釋挈收引柱之意義。

今按：以上(六)、(七)、(八)三條，前賢釋之者，雖各有所據，然說法頗不一致，且多以改字之法，以足其說，實難判定其何者爲是。梁任公於「推之必往」條末亦云：「右十八條，自審學力不足以釋之，故不强爲釋，所校亦未精。僅采舊說耳。世有達者，疏通證明，實愜所望。」博學如梁任公，尚爲此言，則吾又安敢强作解人？亦俟諸君子而已！

三、熱學（Thermodynanics）

墨經中亦嘗論及熱學，其鮮明可見者，得其一焉：

經下：「必熱，說在頓。」

經說下：「火。謂火熱也。非以火之熱我有，若視日。」

按：必熱，孫云：「依說疑當作火不熱，火必形近而誤，而脫不字耳。」李師漁叔則以爲：「本條經文必熱二字不誤，但必字上傳寫脫火字耳；當據說增。孫氏以莊子天下篇有『火不熱』三字，遂疑本條與之相同；不知墨氏與名家持論迥異，名家離堅白，墨則合之；辯者謂狗非犬，墨則云：狗，犬也。皆詳見本經：此云火熱者，正駁辯者『火不熱』之說耳。」孫氏未瞭墨旨，遂以名爲墨，當以李說爲是。蓋火必熱，卽肯定火之熱；頓，遽也；說在頓，謂火一經燃燒，其熱之傳，必立時知之。故火之熱，實火爲之，非我所自有。故曰：「非以火之熱我有。」「若視日」者，謂猶以目視日，張目立見其光，此亦源於光爲日之所傳，非我所自有也。名、墨二家之說，當以墨家爲合於事實耳。

四、物性學（Matter）

物理學中，尙有專硏究物質之性質，——包括分子之組成、結構及相互間之作用等之學問者，謂之物性學。墨子亦嘗論及之。

(一)**物質間之不可入性：**

經上：「有閒，中也。」

經說上：「有閒。謂夾之者也。」

按：畢云：「閒隙是二者之中。」張云：「就其『夾之』而言，則謂有閒；就其『夾者』而言，則謂之閒。」今按：此謂兩物質間之不可入性。李師漁叔曰：「此似言兩體不相依，雖以他力合之，無論至若何堅緻密切之程度，其閒必有空隙，爲兩體之中，故曰：有閒，中也；謂夾之者，兩體夾其有閒處，謂之中。說意更屬明顯。」莊子養生主云：「彼刄者無厚，而節者有間，以無厚入有間，恢恢然，其於游刄，必有餘地。」亦卽此意也。今按：同種物質之分子間，始有內聚力之存在，餘則否。

(二)**論相互依存性：**

經上：「堅白，不相外也。」

經說上：「於石無所往而不得，得二。堅，異處不相盈，相非，是相外也。」

按：孫云：「堅下當有白字。」非，釋名云：「非，排也。」此言同一堅白石中，堅、白二性必相互依存於此石，而不相排斥。故曰：「堅白，不相外也。」經說因申之曰：每一堅白石中，堅白二性必相互依存，故曰：「於石無所往而不得，得二。」至於甲石之堅，與乙石之白，是爲「異處」，旣屬異處，則有其質礙，亦卽不可入性，故不能相含容，而具有排斥性，是爲相外矣！故曰：「堅白，異處不相盈，相非，是相外也。」（按：有關堅白之辯，見本書第六章第七節。）

第二節　科技發明

墨書中，除顯示墨子具有豐富之科學知識外，並處處表現其創作發明之精神，遠非徒有理論而不能實踐者比也；此於前數章中多已論及之。至於科技之創作，則見於載籍者，有製作木鳶、車轄、車輗，及種種防禦之器械等。玆分述於后：

壹、木鳶、車轄、車輗

韓非子外儲說左上載：「墨子爲木鳶，三年而成；蜚一日而敗。弟子曰：『先生之巧，至能使木鳶飛。』墨子曰：『不如爲車輗者巧也。用咫尺之木，不費一朝之事，而引三十石之任。致遠力多，久於歲數。今我爲鳶，三年成，蜚一日而敗。』惠子聞之曰：『墨子大巧，巧爲輗，拙爲鳶。』」墨子魯問篇則載：「公輸子削竹木以爲鵲，鵲成而飛之，三日不下。公輸子自以爲至巧，子墨子謂公輸子曰：『子以爲鵲也，不如翟之爲車轄。』須臾，劖三寸之木，而任五十石之重。」列子湯問篇亦有：「墨翟之飛鳶」之語，張注云：「墨翟作木鳶，飛三日不集」。足見墨子及公輸般，皆爲當時偉大之科技發明家，均有許多科技之創作，而墨子之爲木鳶、車轄、車輗及公輸般之爲鵲，皆其著者也。

又淮南子齊俗訓云：「魯般、墨子，以木爲鳶而飛之，三日不集。」而論衡儒增篇亦謂：「儒書稱魯般、墨子之巧，刻木爲鳶，飛之三日不集。」亂龍篇亦有相同之記載。則是以木鳶爲二人所同爲之。惟今就墨子與公輸般論攻守之事而觀之，則墨子在科技上之成就，當在公輸般之上。惟墨子注重實用，並不自以能製爲木鳶爲巧，而反以作車轄、車輗爲巧耳。由此，足見其科學技術之高超，且以利於民之用爲第一要務之精神矣！

貳、防禦工事

公輸篇載墨子見公輸般，「解帶爲城，以牒爲械；公輸般九設攻城之機變，子墨子九距之；公輸盤之攻械盡，子墨子之守圉有餘。公輸詘。」史記亦稱墨子「善守禦」。而墨子備城門以下諸篇，尤爲墨子論守禦之具體記載。

例如備城門云：「備城門爲門縣沈，機長二丈，廣八尺，爲之兩相如。門扇數，合相接三寸，施土扇上，無過二寸，塹中深丈五，廣比扇，塹長以力爲度，塹之末爲之縣，可容一人所。」其言守備城門之道，皆科學技術之應用，非深於科學智能者，不能爲也。

備高臨云：「以連弩之車，材大方，一方一尺，長稱城之厚薄，兩軸四輪，輪居筐中。重，下上，筐左右旁二植，左右有衡植，衡植左右皆圜內；內徑四寸，左右縛弩皆於植，以弦鉤弦，至於大弦，弩臂前後與筐齊，筐高八尺，弩軸去下筐三尺五寸，連弩機郭用銅，一石三十斤，引弦鹿盧。」此即利用各種科學原理，製作防禦工事，以防敵人自高臨下之攻擊也。

備梯云：「雲梯者，重器也，亓（其）動移甚難。守爲行城雜樓，相見以環亓中，以適廣陜（狹）爲度，環中藉幕，毋廣亓處；行城之法，高城二十尺，上加堞廣十尺，左右出巨（距），各二十尺。雜樓高廣，如行城之法。」此則針對雲梯之性能，以設爲防守之具，而破敵人攻城之計謀也。

餘如「備水」，論水戰之法，與通典所載守拒法相類；「備突」，則利用城內之突門，置窯竈，寇至，則「下輪而塞之，鼓橐而熏之」，而使其潰散；「備穴」，則言爲穴、守穴之道，猶今之壕溝是也；「備蛾（蟻）傅」，言敵人之士卒，緣城而上，如蟻之緣牆，令人手足失措，則以「行臨射之，校機藉之，擢之，太氾迫之，燒荅覆之，沙石雨之。」以敗其謀，並以木製爲「縣陴」以抵拒之；「迎敵祠」則言造「壇」、「堂」以迎敵之法，此非諳於土木工程者，不能爲也；「旗幟」則言利用各種旗幟，以爲訊號，卽今日之兵陣中，仍採用之；「號令」則言兵士之調度；「雜守」則綜論各種防守之術，就其「築郵亭者圜之」、「爲臂梯」、「爲縣梁、聾竈」等事而觀之，亦俱以見其精於各種工程矣！

以上所言墨子之論守備，以原文浩繁，間多訛奪，故不具引；然就以上所述者而觀之，亦可以見其擅於防禦工事之一斑矣！此皆科學技術之應用，而亦爲墨子平日所教導其徒衆者也。

第三節　墨子科技教育評析

由以上之論述，可以確認墨子實爲我國古代最偉大之科學家，不但具備豐富之科學知識，且具有極其卓越之科學技能。而其最難能可貴者，則在於墨子之教導其徒衆，乃以如何運用此一科學智能，爲人類謀求福祉，爲其最大之意願，亦爲其科學教育之目標。故曰：「所爲功，利於人謂之巧，不利於人謂之拙。」（魯問）推此義也，故墨子之於科技發明，乃以戢止戰爭，維護人類之和平，爲其創作之目的。是故野心勃勃，務以攻城略地爲其製作之目的如公輸般者，亦竟爲墨子此一偉大之人格及其爲人類爭取和平之遠大目標所折服，乃謂：「吾未得見之時，我欲得宋；自我得見之後，予我宋而不義，我不爲。」於戲！其精誠之感人，竟有如此者矣！

反觀今世之科技發明，往往違背利人及實用之宗旨；至於製爲武器，又恒以破壞力及殺傷力之大小，以定其價值及成就，必欲使人類同歸於毀滅之途而後可。此種玩火自焚之行徑，以視墨子和平博愛之胸襟及抱負，能不汗顏而愧殺也哉？

所惜者，墨經之文，過於簡奧；而其它諸篇，於墨子科技之理論與實際，亦缺乏翔實之記載；益之以墨學之銷沈；遂令吾國此一科學之秘藏，塵封千載；而中國之科技文明，較諸泰西各國，亦瞠乎其後矣！此吾所爲深惜之者也。我輩後人，其勉之哉！

第八章　墨子教育思想之價值

大凡論定學術思想之有無價值，應就其對人類所發生之影響及其是否切合於社會之需要，為其評騭之標準：人類以求生存為第一要務，故凡有助於人類之生存者為上選；人類必須過群體之生活，故凡有助於人類相安共樂者為上選；人類生而有理性，故凡能誘導人類理性之正常發展者為上選。苟能符合以上之條件，則其學說，雖歷經攻擊磨折，而其價值，仍將亙古而不變，且終必為人類所蘄求而嚮往之者也。然則墨子之教育思想，是否符合此諸要件？茲分別就其對後世之影響，及其是否切合於當前之需要，而論述之：

第一節　墨子教育思想對後世之影響

戰國初期，儒、墨兩家，在學術思想上，蓋有中分天下之勢，故韓非子曰：「世之顯學，儒墨也。」（顯學）呂氏春秋亦曰：「孔墨徒屬彌衆，弟子彌豐，充滿天下。」（尊師）而此兩大學派，雖因取舍不同，論旨斯異，因而交相攻詆；然其交互影響之跡，則歷歷可見；至於墨家之勢力，旣煊赫於一時，則於各家之學術思想，自亦有舉足輕重之影響；其後秦焚書坑儒於前，漢武黜百家於後，墨學雖有若遽爾中絕者，然其精神固已深入人心，而形成一股潛流；其寖假而成爲我民族特性之一者，豈曰少哉？玆分述之：

壹、學術思想方面

一、對儒家之影響

墨子生長於孟、荀之前，孟子雖斥之爲無父；而荀子亦多非之之論（見非十二子、樂論、富國、天論、解蔽諸篇），然其受墨子之影響者，固亦不少。就孟子而言，則墨子之言非攻，曰：「殺一人謂之不義，必有一死罪矣；殺十人，十重不義，必有十死罪矣；殺百人，百重不義，必有百死罪矣！」（非攻上）而孟子亦以戰爭爲「率土地而食人肉，罪不容於死。」因而主張「善戰者服上刑」（離婁）；其於天下也，墨子主「尙同」，而孟子主「定于一」（梁惠王）；其於天子之選立也，墨子主天選之說，（見本書第四章第二節），而孟子亦以爲：「天子不能以天下與人，——舜相堯二十有八載，非人之所能爲也，天也。」「天與賢則與賢，天與子則與子。」（萬章）；其於國君之行事也，墨子主一切應以民利爲依歸，而孟子亦主「保民而王」（見梁惠王），並有「民貴君輕」（見盡心）之說；

其於君臣之關係，墨子主張乃相互對待者，故曰：「君之不慈臣，此亦天下之所謂亂也。」（兼愛上）而孟子亦曰：「君之視臣如土芥，則臣之視君如寇讎。」（離婁），蓋皆能於專制之社會中，破除階級之觀念，强調人格之平等。實爲思想上之一大突破也。其於天下之事也，墨子重分工，主「君子聽治」而「賤人從事」（見非樂上）而孟子亦以「勞心者治人，勞力者治於人。」爲天下之通義，而斥「君民並耕」之非（見滕文公篇）；其於日常行事也，墨子主：「天下從事者不可以無法儀。」（法儀）孟子亦主：「大匠誨人必以規矩，學者亦必以規矩。」（告子）乃所以確立行事之規範也；其於行有不得者，墨子乃教人：「爲義而不能，必無排其道。」（貴義）而孟子亦教人：「愛人不親，反其仁；治人不治，反其治；禮人不答，反其敬。」（離婁）蓋皆重於自反也。凡此，孟子雖未必全襲自墨子，然其無形中受墨子之影響，自屬可能。熊十力先生謂：「孟子以能言距墨爲聖人之徒，其自任如此之重，誠不偶然，但孟子融攝墨義處，却亦不少。」（十力語要卷二論墨子）固非虛語矣！

至於荀子受墨子影響之跡，尤爲顯著。其顯而易見者如：墨子雖未明言人之性惡，然就其說而觀之，實性惡說之胎始也（見本書第二章第二節第一小節）；其於尚賢也，墨子主：「官無常貴，而民無終賤；有能則舉之，無能則下之。」（尚賢上）荀子亦主：「雖王公士大夫之子孫，不能屬於禮義，則歸之庶人；雖庶人之子孫，積文學，正身行，能屬於禮義，則歸之卿相大夫。」（王制）；墨子曰：「不義不富，不義不貴，不義不親，不義不近。」（尚賢上）荀子亦曰：「無德不貴，無能不官，無功不賞，無罪不罰。」（王制）墨子曰：「不黨父兄，不偏富貴，不嬖顏色。」荀子亦曰：「內不可以阿子弟，外不可以隱遠人。」（君道）蓋皆立於庶民之立場立說，主張開放政權，惟賢是用，而謀政治地位之平等也；其於民也，墨子以爲「天之愛民之厚也。」（天志）因而國君必順從天意以愛民，而荀子亦曰：「天之生民，非爲君也；天之生君，以爲民也。」（大略）；其於驅民之爲善也，墨子重賞罰，（見本書第三章八四頁），而荀子亦主「嚴刑罰以戒其心。」（富國）皆具有法治之精神也；其於經濟也，墨子主節用，荀子亦主張：「節用以禮，裕民以政，……不知節用裕民則民貧。」；其於軍事也，墨子重防衛，荀子亦主張：「彼兵者，所以禁暴除害也。」（議兵）；其於學也，墨子頗强調環境之重要（見本書第三章第四節第二小節），而荀子亦主張：「居必擇鄉，游必就士。」（勸學）餘如墨子重力行，倡「非命」，而荀子亦有「非相」之說，以破除世之宿命論；墨子倡辯學，而荀子亦重「名理」（見正名篇）凡此，皆可以見其影響之跡矣！

二、對法家之影響

荀子倡性惡、重法治，既胎始於墨子，及至後世法家如韓非者，則以爲人絕無善性，不能以教化力量使之爲善，只可繩之以嚴法，使之不敢爲惡，故曰：「明主不養恩愛之心，而增威嚴之勢」「衆其守，而重其罪，使民以法禁，而不以廉止。」（韓非子六反）而李斯亦勸秦二世「明申韓之術，修商君之法」，皆可以見其一脈相傳之迹。至於商君立木示信之作法，亦適與墨子經說上所謂：「信。不以其言之當也，使人視，誠得金。」蓋如出一轍；至於呂氏春秋去私篇載：墨者鉅子腹䵍之子殺人，秦惠王欲赦之，腹䵍對曰：「墨者之法曰：『殺人者死，傷人者刑。』此所以禁殺傷人也。夫禁殺傷人者，天下之大義也；王雖爲之賜，而令吏弗誅，腹䵍不可不行墨者之法。」而商君亦有太子犯法，而刑其師傅之事，以示法之必行；韓非子亦曰：「夫立法者，所以廢私也。」（詭使）「能去私曲，就公法者，民安而國治；能去私行，行公法者，則兵强而敵弱。」（有度）「刑過不避大臣，賞善不遺匹夫。」（二柄）其法治之精神，蓋如此其同也；此外，墨子主「尚同」，而愼子亦云：「法者所以齊天下之動。」（佚文）至於墨子主「去六辟」，而一以天意爲斷（見本書第五章第四節）與法家「愛多則法不立。」（內儲說上）「故不養恩愛之心，而增威嚴之勢。」（六反）等去情、去愛、去恩，而一斷之於法之理論，亦且相合。

至於統御之術，墨子曰：「聞善而不善，必以告其上。」（尚同上）「是以數千里之外，有爲善者，其室人未徧知，鄉里未徧聞，天子得而賞之；是以擧天下之人，皆恐懼振動惕慄，不敢爲淫暴。曰：天子之視聽也神；先王之言曰，非神也。夫唯能使人之耳目，助己視聽；使人之脣吻，助己言談；使人之心，助己思慮；使人之股肱，助己動作。」（尚同中）而韓非子亦主張：「人主以一國目視，故視莫明焉；以一國耳聽，故聽莫聰焉。」（定法）皆所以發姦摘伏，藉知民之善惡，而掌握其思想言行也。

至於任官之道，墨子主：「不能治百人者，不可使之處乎千人之官；不能治千人者，不可使之處萬人之官。」（尚賢中）而韓非子亦主張：「因任而授官。」（定法）；墨子重「名實合」（經上），而韓非子亦主張「循名而責實。」（定法）皆所同也。

至於墨子之行事也，「尙功用」，「重實利」（見本書第二章第二節第二小節）而韓非子亦以：「所利非所用，所用非所利。」（五蠹）爲病；墨子倡「非樂」，而韓非子亦歷述晉平公好樂，強師曠奏濮上之音，因而「晉國大旱，赤地三年，平公之身遂癃病。」並謂：「不務聽治，而好五音不已，則窮身之事也。」（十過）至其以「聖人之治民度於本，不從其欲，期於利民而已。」（心度）而愼子亦曰：「立天子以爲天下，非立天下以爲天子也。」（威德）尤爲墨家之根本精神也。

此外，墨子蓋極具科學實證之精神，實事求是之態度（見本書第二章五一頁及第三章七四頁），絕不因循苟且，而韓非子亦主張：「不苟於世俗之言，循名實而定是非，因參驗而審言辭。」（姦劫臣）又曰「無參驗而必之者，愚也；弗能必而據之者，誣也。」（顯學）其精神，固深相契合也。

三、對道家之影響

墨、道二家，一重「力行」，一主「無爲」其宗旨既異，學說亦迥然不同，故莊子天下篇訾議墨子之文，亦獨多。然其相異之中，固亦有同者存焉；蓋莊子之「無爲」，苟究其極，實乃「無不爲」也，其目標固無二致，直所從言之異路耳。此外對人之情慾，墨子主：「必去喜、去怒、去樂、去悲、去愛、去惡。」（貴義）而莊子亦主張：「人樂其性，是不恬也；人苦其性，是不愉也；人大喜邪毗（傷）於陽；大怒邪毗於陰。」（在宥）蓋以喜怒哀樂之過分，足以傷情失和也，因而皆有節慾、去慾之主張」；至於墨子言「非樂」、倡「節用」，而莊子亦曰：「五色亂目，使目不明；……五聲亂耳使耳不聰；……五臭薰鼻，困惾中顙；……五味濁口，使口厲爽；……趣舍滑心，使性飛揚。」（天地）亦所以言節慾也；至於墨子之徒，赴火蹈刃，視死如歸之精神，或亦為莊子「以生為喪，以死為返。」（庚桑楚）等「以死生為一」之觀念所自出。此其影響於道家者也。

此外，在邏輯觀念方面，莊子主張：「方生方死，方死方生；方可方不可，方不可方可；因是因非，因非因是。」（齊物論）此種理論，苟分析之，則包含相對、齊一與辯證三者。蓋莊子以為大凡是、非之辯，皆相對而立者也，故齊物論又云：「彼出於是，是亦因彼。」「非彼無我，非我無所取。」（同上）是非既相對而立，故莊子處理之原則為「齊是、非」或「一是、非」故曰：「得其環中，以應無窮。」然則天下果無是、非乎？是又不然。故至樂篇云：「天下是、非，果未可定也？雖然，『無為』可以定是、非。」此所謂「無為」，卽是道家至高無上之「道」，亦卽「自然之理」。因此，莊子以儒、墨兩家之爭辯，乃「道隱於小成，言隱於榮華。」（齊物論）之結果。蓋俱為「既成之見」與「浮辯之詞」所蔽耳。（按：隱，王注：「蔽也」。）實為主觀而無意義之辯也。

然則墨，道二家之邏輯，果無有同乎？是又不然。司馬談論六家要旨云：「道家使人精神專一，動合無形，贍足萬物；其為術也，因陰陽之大順；采儒、墨之善；撮名、法之要；與時遷移，應物變化。」足見道家之於儒、墨，乃兼採其長，而予以融合之者也。故嚴師靈峯曰：「中國古代邏輯思想的發展，正依着黑格爾所稱的『三聯式』（Triad）的過程或道路。儒家的邏輯是『正』（Thesis），而墨家的邏輯就是『反』（Antithesis），爲儒家邏輯之『否定』（Negation）；至於道家的邏輯就是『合』（synthesis）爲儒墨兩家邏輯『否定之否定』（Negation of negation），乃是儒、墨兩家邏輯思想之統一與集大成。」（老莊研究甲編第七章）由此亦足見其關係之密切矣！

四、對名家之影響

墨辯諸篇，對名家影響之大，可謂不辯自明。因而胡適之先生乃逕謂：「墨辯諸篇，若不是惠施、公孫龍作的，一定是他們同時的人作的。」（見中國哲學史大綱第八篇）至於孫仲容之釋墨經，亦未能宣究，往往釋墨爲名，或誤名爲墨。足見此二家之關係，竟已至難以廓清之地步矣！（按：以上兩點，本書第一章第三節已爲辨析；第六章第七節亦略論及之，玆不贅言。）

今就經與經說中，實不難考證墨、名兩家邏輯之血緣關係；經上云：「堅白不相外也。」「同，異而俱於之一也。」而莊子秋水篇引公孫龍之言曰：「龍少學先生之道，長而明仁義之行。合同異，離堅白。」；經下云：「火必熱」、「狗、犬也。」、「非半，弗斱則不動。」而莊子天下篇引辯者之言曰：「火不熱」、「狗非犬」、「一尺之捶，日取其半，萬世不竭。」。皆以見其相互對立之情形。至於經說下云：「牛，或不非牛而非牛也可，則或非牛或牛而牛也可。故曰：牛馬非牛也，未可；牛馬牛也，未可。則或可，或不可，而曰牛馬，牛也，未可，亦不可。」而公孫龍通變論云：「而牛之非羊也，羊之非牛也，未可。是不俱有，而或類焉。羊有角，牛有角，牛之而羊也，羊之而牛也，未可。是俱有，而類之不同也。」又如經說下云：「彼。正名者，彼此，彼此可。彼彼止於彼，此此止於此；彼此不可，彼且此也，彼此亦可。彼此止於彼此，若是而彼此也。則彼亦且此此也。」而公孫龍名實論亦云：「正其所實者，正其所名也；其名正，則唯乎其彼此焉。謂彼而彼，不唯乎彼，則彼謂不行；謂此而此，不唯乎此，則此謂不行。以其當爲當也，不當而亂也。故彼彼當乎彼，則唯乎彼，其謂行彼；此此當於此，其謂行此。以其當而當也，以當而當，正也。故彼彼止於彼，此此止於此，可；彼此而彼且彼，此彼而此且彼，不可。」不僅所論之內容相同，卽文詞亦酷似。若非公孫龍輩嘗研讀墨經，而深受其影響，將何以解釋此一現像也哉？

由以上之論述，可知墨、名兩家之觀點雖異，而名家之說，深受墨經之影響，則無可置疑者也。

五、對其他各家之影響

墨子詳於天文之理，又長於製作器械，蓋與陰陽家之術相合；至於迎敵祠篇謂敵來自東方，則迎者色主青，數必八，其牲雞；來自南方，則迎者色主赤，數必七，其牲狗；來自西方，則迎者色主白，數必九，其牲羊；來自北方，則迎者色主黑，數必六，其牲彘。其中所言之方位及顏色，均合於五行，惟缺中央黃；其事合於禮記月令，與呂氏春秋十二紀。而經說下亦有「五行毋常勝」之說，皆於陽陰之術相通。至於隋志醫方家有墨子枕內五行紀要一卷，抱朴子遐覽篇亦云：「變化之術，大者惟有墨子五行記，本有五卷，昔劉君安未仙去時，鈔取其要，以爲一卷。」此或方士所僞作，不足採信。惟其術，嘗影響於陰陽家者，當屬可信也。

至於墨子崇本務實之精神，乃農家之所本；善守禦、製兵械、嚴紀律，則又為兵家之所法；奔走四方，游說諸侯，以遏止戰爭，實為縱橫之先聲；而墨書中，屢備述古先聖王之事蹟及鬼神之故事，則又為小說家之雛形；至於雜家，更無論矣！故呂覽屢稱述其言行。此其所影響於各家者也。

貳、民族性之含泳方面

墨子之學，雖歷秦火，而至漢初，仍具有舉足輕重之地位，載籍中，且往往以配孔子：列子載惠盎見宋康王曰：「孔丘、墨翟，無地而為君，無官而為長；天下丈夫、女子，莫不延頸舉踵而願安利之。」（黃帝篇）賈誼過秦論云：「非有仲尼、墨翟之賢。」徐樂云：「非有孔、曾、墨子之賢。」亦足見其在人們心目之中，實居於極重要之地位。

自漢武罷黜百家，而墨家之鉅子，亦後繼乏人，其學遂遽爾中絕。然其精神，實已深入人心，至今不息。此精神者何？第一，為自我犧牲之精神，亦即經下所稱：「士損己而益所為」之精神也。試觀孟勝死陽城君之難，弟子死之者八十五人，誠可謂壯烈矣！此種精神，流傳於後世，遂形成俠義之風，如漢世二客及五百餘義士死田橫之難；朱家陰脫季布之厄而不求報；郭解之以德報怨，而賢豪爭附之，皆其著者也。至於滿清末造，革命先烈為達成救國、救民之理想，而犧牲奮鬥，前仆後繼，尤為此一犧牲精神之高度發揮。而張溥泉先生亦曰：「在此神聖抗戰時期，尤宜昌明墨學；同盟會時代之民報創刊號，以黃帝、墨子、盧騷肖像同時登載，更足以表明吾黨革命進行之方向。……先烈赴湯蹈火之行，及捨己救人之志，出於墨子任俠一派者多。」（張溥泉全集）其在一般民間，則朋友之間，重義輕利以紓人之難，解人之困，雖犧牲性命，亦所甘心。又如村婦弱嫠之撫孤育幼，不惜強奮其殘弱病羸之軀，不惜爲人奴僕；或襁負幼子，襤褸行乞。亦皆此「損己而益所爲」之體現也。善夫梁任公之言曰：「今之匹夫匹婦，曷嘗誦墨子書？曷嘗知有墨子其人者？然而不知不識之中，其精神乃與墨子深相懸契；其在他國，豈曰無之！然在彼則爲畸行，在我則爲庸德。嗚呼！我國民其念之！此庸德者非他，乃墨翟、禽滑釐、孟勝、田襄子諸聖哲，濺百餘年之力，以蒔其種於我先民之心識中，積久而成爲國民性之一要素焉。我族能繼繼繩繩，與天地長久，未始不賴是也。」（墨子學案第二自序）

第二，爲和平博愛之精神，亦卽兼愛、非攻之精神。試觀中國自古以來，雖國勢强大，亦未嘗以侵略他族爲目的。其於個人，則講仁愛，重禮讓，於好勇鬥狠者，莫不鄙視之。是皆表現我中華愛好和平，崇尚博愛之國民性也。國父孫中山先生嘗謂：「仁愛也是中國的好道德，古時最講愛字的，莫過於墨子；墨子所謂的兼愛，與耶穌所講的博愛是一樣的。」又曰：「中國更有了一種極好的道德，是愛和平。現在世界上的國家民族，祇有中國是講和平，外國都是講戰爭，主張帝國主義去滅人國家。……中國人幾千年酷愛和平，都是出於天性。」（民族主義第六講）此種和平博愛之精神，雖未必全出自墨子，然其影響力，宜當居於首位。故梁任公先生乃分析之曰：「我國人二千年來言軍旅之事，其對於開邊黷武，皆輕賤而厭惡之；對於守土捍難，則最所尊崇。若關羽、張巡、岳飛之流，千百年後，婦人孺子猶仰之如天神者，皆捐軀於所職以衞國土、禦外難者也；此種觀念，皆出於墨子之非攻而尊守。故吾國之豪傑童話，與他國多異其撰。故中國史蹟中，對外雖無雄略，且往往受他族蹂躪，然始終能全其祖宗，彊守勿失墜，雖百經挫撓而必光復舊物者，則亦墨子之怯於攻而勇於守，其教入人深也。而斯義者，則正今後全世界國際關係改造之樞機，而我族所當發揮其特性以易天下者也。」（墨子學案第二自序）此眞能深體墨子精神之價值者也。

第三，爲刻苦之精神，亦卽「以自苦爲極」之精神。蓋墨子鑒於一般儒者士大夫之作風爲不切實際，乃倡導苦身力行，而以實際之行動，實踐其理想。故我中華之國民性，多能吃苦耐勞，克服環境不求名利，惟知盡其在我。例如魏晉時代之魯芝，自幼勤奮樸實，刻苦自勵，爲官清廉耿介，數十年而無自宅；魏之王淩，九歲時，遭滅門之難，與兄晨四處亡命，不賴親友之助，而能於百般橫逆之中，卓然有成；清之彭玉麟，傭書養母，達數十年，而堅苦卓絕，力學不輟，終爲曾國藩所賞識，方其事成功立，清廷屢以要職相徵召，皆不就。其剛介如此。此類事蹟，在我先民中，蓋比比皆是也。此外，試觀中國僑胞，遍及世界各地，咸能自力更生，奮鬥不懈；忍人所不能忍，爲人所不能爲。只有吃虧，只有助人，絕無取巧佔上風之事。卒能開創命運，立業成功。此種精神，亦皆墨子之流風餘韻，二千餘年來，爲我民族文化中之一股暗流，至今不衰者也。

第二節　墨子教育思想在今日之時代意義

墨子之教育思想，乃皆針對時弊而發者。究其內涵，雖不若儒家之囊括萬理，允執厥中，然實為補偏救弊，應急持危之要道。尤以際玆世局擾攘，而共產集團，更逞其赤化世界之野心，到處製造動亂；其阢隉之象，較之戰國之世，蓋尤有甚焉。而一般國人或因受歐風美雨之侵襲而迷失自我；或因狃於一時之苟安，而縱慾無度；於社會之善良風氣，實有極其不良之影響。是則墨子教育學說之在今日，實為挽頹風、藥末俗之鍼砭也。玆就管見所及，列舉數要端，以見其在今日之時代意義焉：

壹、以節用革除奢華之風氣

墨家節用之教，確乎過於嚴苛而自苦，非人情所能堪，且亦有悖於刺激經濟成長之原理，其不可以為生活之常則也，固矣！然而吾人今日乃處於非常時期：河山未復，奸匪未除，我大陸同胞，猶深陷於水深火熱之中，而吾人尚無以登之於衽席之上；每念及此，輒為之悚慄慚惶，不知所止；方當效法勾踐、田單復國之精神，臥薪嘗膽，枕戈待旦，何忍縱其所欲，以貪圖生活之享受也哉？

然而環視國內，到處歌舞昇平，而奢侈之風，亦處處彌漫。部份富豪之家，尤縱情於聲色犬馬之徵逐；歌廳、劇院，每每爆滿；飯館、遊樂場，人潮充斥；而文教場所，則乏人問津。人們日用所需，輒以泊來品爲榮，徒然將自身經濟成長之成果，齎予外人。甚者一衣一飯之費，動輒數十萬元；而棟宇之經營，品物之陳設，所費尤爲不貲，其影響所及，卽少數國民小學之學生，在其稚嫩之心靈中，亦深受感染，而以奢華相競，至於儉樸之子弟，每懷羞澀自卑之容；社會之狀況與學校之教育，每多抵牾，教育之失敗，莫此爲甚！此種現象，卽今日先進諸國，且不多見，而謂我國難當前，方當困心衡慮，以孤臣孽子自居者，所應爲哉？是則今日欲倡新風氣，實當秉承先總統 蔣公於民國四十年所倡導之克難運動，切實推行，並揭櫫墨家節用之教，以拯人心之陷溺，而矯末俗於旣頹。然後將一切金錢，一切力量，用之於厚植國力，以促成中興大業之早日實現也。

貳、以貴義提昇社會之道德

今日世亂極矣！其影響所及，社會道德亦普遍低落；其存乎人者，往往鉤心鬥角，惟私利之是求；甚者爲達目的，不擇手段。於是人與人間，乃相互築爲心理之提防；相互猜疑，相互防範；而古代純樸之民風與淳厚之人際關係，已難以復見矣！生活在此種社會之中，旣乏安全之保障，亦乏樂趣之可言。至於作奸釀亂，殺人越貨之徒，於社會秩序之破壞，尤深且巨；而貪贓枉法，徇私舞弊之行，實亦嚴重斲傷社會之元氣：凡此種種，尤爲今日我國家所處之環境，所萬萬不能容許者也。然則易之之道，實有賴社會道德之提昇耳。

惟儒家之倫理道德，其理論固極圓滿周到，然以其內容過於繁擾，非常人所能盡知；益之以宋明理學之侈言心性，其辨析之精微，在學術上固屬可喜，而其使人望而却步者，乃比比皆是也。然則欲重整今日之社會道德，實首當標舉其淺顯易行者，乃能期於爲一般人所接受，則竊以爲莫若墨子之「貴義」爲當也。

蓋墨子之言「義」，並不排斥「利」且以求利爲當然之事。因而鼓勵人們在義之前提下，盡力以謀人我之利。即此而論，實較儒家「正其誼不謀其利」之說爲洽於今日之人心也。而究其義之內涵，雖託之天志，然實以天理、良心爲斷，與儒家之旨，固無殊異也。

此外，吾人尤當效法墨子以行義爲理所當然之事，因而「獨自苦而爲義」（見貴義）之精神。雖他人不行，而我仍將行之；毫不退縮，毫不遲疑。若此，始足以蔚然成風，而社會之道德一新矣！

叁、以非命鼓舞奮鬥之勇氣

儒家「知命」、「安命」之說，雖絕無教人因循苟且，聽天由命之意，而實有其積極之意義存焉。其要旨，乃在於勸人凡事但求盡其在我，問心無愧，不必斤斤於得失之間；於無可如何之事，尤不可逞欲强求。其理論確極圓滿周到。惟其立說之精神，未必人人皆能體會，而方其施用於現實之社會，輒易爲人以之作爲不肯積極進取之藉口。且所謂「盡人事而聽天命」云者，亦僅爲原則之限定，至於如何始能稱之爲「盡人事」，則殊無明確之標準；於是人們每稍事努力，而未能成功，即廢然摧沮，而歸咎於天命。此雖非儒家知命之本意，然而數千年來，我國人殊乏戰勝自然之意志，缺少創造發明之精神，則知命、安命之說，實亦有以致之。

且知命、安命之說，於古代純樸之農業社會，使人安分守己，與世無爭，因而造成祥和之社會，自屬可喜。而撫慰因努力而遭受失敗者，受創之心靈，其用意亦可稱道；然處今日之世界，列國競存，優勝劣敗；而曩昔所以爲不可能者，今日每一一變爲可能——是則知命、安命之觀念，實已不能盡符今日時代之要求也，明矣！

然則，今日欲使我中華能競立於斯世，仍當取墨子非命之說而倡新之：使人們於凡所應爲之事，皆抱持人定勝天之信念，而全力以赴，決不畏難，決不退縮；鞠躬盡瘁，死而後已。若此，方足以振拔暮氣沈沈之現象，而我中華之富强康樂，乃可指日以待矣！

肆、以哲學誘導正確之思維

我國之哲學思想，自古卽與文學相結合，因而未能走向形式邏輯之路綫。於是哲學之發展，乃偏重於形上學之研討；於知識論之探究，則未遑多致其意焉。由於人們缺乏哲學方法之訓練，是以每各就其智慧、學力之所及，自成一套哲學理論，而各是其所是，非其所非，殊無客觀之依據；遂使中國之哲學，頗有漫無端緒之感，此亦爲阻滯學術整體發展之一大原因。惟獨墨家，最具有邏輯辯證之精神，實爲今後發展學術思想之重要憑藉也。

縱觀今日世界，共產邪說橫行，馬列主義之敎條，往往蠱惑人心，遂使億萬人蒙受空前之浩刼，

——此誠所謂邪說橫流，甚於洪水猛獸之災也。而我民族復興基地之臺灣，亦有少許野心分子，往往為逞其個人之政治慾望，不惜散播邪說，製造謠言，以打擊政府之威信，而達其譁衆取寵之目的；亦有人受共黨及其同路人之蠱惑，而不自知，乃甘心作共黨宣傳之工具，而或宣揚臺獨之謬論，以瓦解我民心士氣，破壞我三十年來，全體軍民，生聚教訓，積極建設之成果。凡此，皆有賴於宏揚墨家邏輯辯證之精神，建立正確之思維方法，舉此一切之邪說，而一一予以廓清之。若此，方足以息邪說而正人心，而全體人類之福祉，亦利賴焉。此墨子哲學教育之眞價值也。

伍、以科技謀求人類之福祉

我國今日科技之發展，其落於歐美諸國之後，乃為不爭之事實；然而今日歐美諸國之競相發展科學，是否能為全體人類帶來福祉，亦殊堪令人懷疑。

試觀今日科技最先進之美、蘇兩國，表面上均聲聲呼籲限制戰略武器之發展，而暗中則競相研究最精密之戰略武器。而其所謂科技之成就，亦往往以所擁有之武器，其破壞力之强弱，殺傷力之大小，以為衡量之標準。是則科學愈昌明，則人類所潛伏之危機亦愈大；文明愈進步，而人類精神之威脅亦愈深。嗚呼！科技發展之目的，原在謀求人類之福祉，而今竟成為人類自相毀滅之工具，豈不令人痛心也哉？

我國自古以來，最具有科學精神者，自當首推墨子，而其科技發展之方向，乃以「利於人，謂之巧；不利於人，謂之拙。」（魯問）必不得已而製造武器焉，亦僅以防禦性者爲限，乃所以保障人民生命財產之安全，而消除侵略者之野心已耳。此誠乃人類科技發展之正鵠也！是則吾人今日除當積極效法墨子求眞、求實、創造、發明之精神使我國之科技文明，急起直追，而迎頭趕上歐美諸國而外，尤當揭櫫其科學發展之正確方向，以謀求全體人類之福祉，而化除全體人類，同歸於盡之危機耳。

陸、以非攻確保世界之和平

我中華民族，乃愛好和平之民族，是以自古聖哲，無不反對人與人之相爭，國與國之相伐。然多僅有議論，而無具體之方法與作爲。至於儒家之反對戰爭，往往僅就義與不義立說，其宗旨固光明正大，然恐非侵略成性者，所暇顧及之者也。且戰爭之產生，每源於偏狹之心靈意識，爲維護或增益自身之利益，因而不惜以人民之生命、財產作爲其代價。故墨子之言非攻，除義不義之外，更就好戰者競求私利之心理，而分析其利弊，實較儒家之說，尤爲切於實際。且其又能製爲防禦之器，講求防禦之術，更能運用外交之方法，及國際之組織，以謀求和平共存之道；而其最可貴者，則在於誘導人們在思想觀念上，破除畛域之分，人我之別。若此，乃可以確保眞正之和平。其眞知灼見，蓋有足多者。

環顧今日世局，雖有聯合國之組織，而列强緊張之情勢，未嘗稍緩。而自一九四七年杜魯門主義宣佈，馬歇爾計劃實施以來，美、蘇兩强及其所領導之東、西歐集團，卽已陷入冷戰之狀態，雙方雖屢次極力宣揚和解，以避免重蹈二次大戰之覆轍，然而戰事仍未稍戢，韓戰、越戰、兩伊之戰、中東危機，在在顯示人類未能履行「非攻」之理想。

然而此一事實，並不表示此一時代中；缺乏非攻之理念，惟所當特別指陳者，則在於今日之言非攻，乃僅限於形而下「策略」之運用，而缺乏精神本質之確立。試觀二次大戰後，睿智之政治家，亦確曾殫精竭慮以謀和平共存之道；彼等將世局之發展，由二極帶向多元化；將整體合作改爲區域合作；強調制衡之原則：主張維持強大之軍力，以相互牽制，不容許任何國家之勢力凌駕他國，以維持彼此間之和平。此由美、蘇之限武談判，東西之裁軍會談，美、匪之勾搭，蘇、越之合作等過程中，卽不難見其端倪。然而事實上，此種和平，僅爲一種假像，實難望其維持長久。

按：美政治家喬治肯南（George F. Kennan）於一九四七年在外交季刊Mr. X一文中，宣佈其圍堵蘇俄之理論。其後杜勒斯（John Foster Dulles）於一九五二年擔任美國務卿時所提出之軍事策略、甘廼廸總統所提出之「和平革命」之主張，以及詹森、尼克森等所採取之策略，亦皆沿續此一理論。至於季辛吉（Henry Kissinger）則又提出多元化之主張。其作法容有小異，然其在維護和平之「認識層面」上，僅止於形而下策略之運用則一。是則欲謀眞正之和平，仍當深體墨子非攻之精義，標舉其「兼愛」之根本精神，以從人類之心理上，作根本之建設，則眞正之和平，乃可以望其獲得確切之保證耳。

柒、以兼愛馴致大同之理想

我國政治之最高理想，厥為「大同」之治；而 國父之首倡革命，亦以「天下為公，世界大同」作為革命黨人積極奮鬥之目標，至於此一理想之提出，雖見於禮記，而實與墨子之社會理想，極為近似。（見本書第五章第一節）宋呂祖謙與朱元晦書曰：「蜡賓之嘆，自昔前輩共疑之，以為非孔子語。蓋不獨親其親，子其子，而以堯、舜、禹、湯為小康，其眞是老聃、墨翟之論。」自是，如近人梁漱溟、方授楚等，皆並疑大同為出自墨子（見墨學源流墨學餘論），然竊以為禮運大同之義，雖未必出於墨子，然其亦必為墨子所努力以赴之目標，自屬可信。此所謂「天下『一致』而百慮，『同歸』而殊途」也。

然而今日之社會，人人惟私利之是務，其或克勤克儉，創立基業者，其目的，亦往往僅預為其子孫謀耳，而未能將社會整體之利益，置於優先考慮之列。此種短視近利之作為，實為社會進步、發展之絆腳石；至於慈善事業之推行，亦倍極艱辛，人類互助合作之精神，其所存者蓋幾希矣！殊不知社會不能進步發展，則個人之利益將何所依托？社會問題不能有妥善之解決，則個人之利益又安得保障？此皆狹隘之心靈意識，有以致之也。至於國與國間之情形，亦莫非如此者，此又安能奢望於大同理想之實現耶？

因此，今日吾人苟欲朝向大同之理想邁進，則國與國間，必當消除畛域之念；人與人間，必當祛除人我之別。敞開胸懷，互助互惠；以和平博愛之胸襟，維繫世界之安定；以大公無私之精神，謀求全人類之福祉。若此，舍墨子兼愛之精神，則將何所歸乎？

參考書目

墨子　畢沅　中華書局四部備要本

墨子閒詁　孫詒讓　世界書局諸子集成排印本

續墨子閒詁　劉昶　藝文印書館景印本

墨子校注　吳毓江　重慶獨立出版社排印線裝本

墨子集解　張純一　上海世界書局修正排印本

墨子刊誤　蘇時學　上海中華書局排印本

墨子箋　曹耀湘　湖南官書報局排印本

墨子拾補　劉師培　藝文印書館景印本

墨子斠證　王叔岷　國立中央研究院歷史語言研究所集刊排印本

墨家佚書輯本五種　馬國翰　世界書局影印本

墨經校釋　梁啟超　中華書局臺一版景印本

墨辯疏證　范耕研　上海商務印書館國學小叢書排印本

墨經通解　張其鍠　長春圖書文具公司景印本
墨辯發微　譚戒甫　世界書局影印本
墨經校詮　高亨　世界書局翻印本
墨經哲學　楊寬　正中書局臺一版排印本
墨辯新注　李漁叔　商務印書館排印本
墨子學案　梁啟超　中華書局臺一版景印本
子墨子學說　梁啟超　中華書局臺一版景印本
墨學源流　方授楚　中華書局臺一版景印本
墨子簡編　嚴靈峯　商務印書館排印本
墨子知見書目　嚴靈峯　台灣學生書局排印本
墨子今註今譯　李漁叔　商務印書館排印本
墨子研究　李紹崑　現代學苑月刊社排印本
墨學概論　高葆光　中華文化出版事業委員會排印本
墨學新論　王寒生　民主憲政雜誌社排印本
墨子政治哲學　陳顧遠　上海泰東圖書局排印本
墨子政治思想之研究　孫廣德　中華書局排印本

墨學研究　陳拱　東海大學排印本
儒墨平議　陳拱　商務印書館排印本
墨學發微　史墨卿　臺灣學生書局排印本
墨學新探　王冬珍　世界書局排印本
墨學要義　陳維德　台北女師專學報抽印輯合本
十三經注疏　鄭玄等著　藝文印書館景印本
國語　韋昭注　商務印書館景印本
史記會注考證　瀧川龜太郎　藝文印書館景印本
漢書　班固　藝文印書館景印本
群書治要　魏徵等　上海商務印書館四部叢刊本
太平御覽　李昉等　商務印書館景印本
通志　鄭樵　中華書局四部備要本
世本　中華書局四部備要本
路史　羅泌　中華書局四部備要本
先秦諸子繫年　錢穆　香港大學出版社排印本
直齋書錄解題　陳振孫　廣文書局景印本

荀子集解　王先謙　中華書局四部備要本
莊子集解　王先謙　中華書局四部備要本
老子　王弼注　浙江書局華亭張氏本
淮南子　高誘注　世界書局景印本
列子　張湛注　商務印書館四部叢刊本
韓非子集解　王先愼　世界書局景印本
愼子　愼到　中華書局四部備要本
公孫龍子　公孫龍　正中書局景印本
呂氏春秋　高誘注　世界書局景印本
讀書雜志　王念孫　上海商務印書館國學基本叢書排印本
東塾讀書記　陳澧　商務印書館景印本
僞書通考　張心澂　上海商務印書館排印本
諸子平議　兪樾　上海商務印書館國學基本叢書排印本
讀子札記　陶鴻慶　北平中華書局排印本
先秦諸子學　嵇哲　洪氏出版社排印本
諸子的我見　王昌祉　光啟出版社排印本

諸子新證　于省吾　藝文印書館景印本
諸子考索　羅根澤　泰順書局景印本
諸子學纂要　蔣伯潛　正中書局臺一版景印本
諸子學概要　吳康　正中書局排印本
諸子十家平議述要　毛鵬基　藝文印書館排印本
中國哲學史大綱　胡適　上海商務印書館排印本
中國哲學史　馮友蘭　上海商務印書館排印本
中國哲學原論　唐君毅　香港人生出版社排印本
中國哲學大綱　羅光　商務印書館排印本
中國政治思想史　蕭公權　中華文化出版事業委員會排印本
論衡　王充　世界書局景印本
敎育概論　孫邦正　商務印書館排印本
敎育概論　雷國鼎等　國立臺灣師範大學排印本
敎育概論　賈馥茗　玉南圖書出版公司排印本
先秦敎育思想　余書麟　華岡出版部排印本
先秦諸子敎育思想　伍振鷟　偉文圖書出版社排印本

教育哲學導論　歐陽教　文景出版社排印本

穆勒名學　嚴復　上海商務印書館排印本

中國哲學的特質　牟宗三　香港人生出版社排印本

理則學　陳耀祖　三民書局排印本

思想與方法　殷海光　文星書局排印本

印度理則學　陳大齊　中華文化出版事業委員會排印本

因明入正理論悟他門淺釋　陳大齊　中華書局排印本

Realities of American Foreign Dolicy　George F. Kennan　紐約Norton Library

Sources in American Diplomacy　Armin Rappaort　Macmillan Company

美國的新交外政策　James Chace　林立樹譯　新亞出版公司排印本